SUPER FUNDADORES

ALI TAMASEB

SUPER FUNDADORES

O SEGREDO DAS STARTUPS BILIONÁRIAS

São Paulo
2024

SuperFounders: What data reveals about billion-dollar startups
Copyright © 2021 by Ali Tamaseb

Copyright © 2024 by Universo dos Livros

Todos os direitos reservados e protegidos pela Lei 9.610 de 19/02/1998.
Nenhuma parte deste livro, sem autorização prévia por escrito da editora, poderá ser reproduzida ou transmitida sejam quais forem os meios empregados: eletrônicos, mecânicos, fotográficos, gravação ou quaisquer outros.

Diretor editorial **Luis Matos**	Tradução **Daniela Tolezano**
Gerente editorial **Marcia Batista**	Preparação **Alessandra Miranda**
Produção editorial **Letícia Nakamura** **Raquel F. Abranches**	Revisão **Nathalia Ferrarezi** **Jonathan Busato**
Arte **Renato Klisman**	Capa **Zuleika Iamashita**
	Diagramação **Vanúcia Santos**

Dados Internacionais de Catalogação na Publicação (CIP)
Angélica Ilacqua CRB-8/7057

T156s

    Tamaseb, Ali
        Superfundadores : o segredo das startups bilionárias / Ali Tamaseb ; tradução de Daniela Tolezano. — São Paulo : Universo dos Livros, 2024.
        288 p.

    ISBN 978-65-5609-280-5
    Título original: Superfounders: What data reveals about billion-dollar startups

    1. Empreendedorismo 2. Negócios I. Título II. Tolezano, Daniela

22-2857   CDD 338.88

Universo dos Livros Editora Ltda.
Avenida Ordem e Progresso, 157 — 8º andar — Conj. 803
CEP 01141-030 — Barra Funda — São Paulo/SP
Telefone: (11) 3392-3336
www.universodoslivros.com.br
e-mail: editor@universodoslivros.com.br

SUMÁRIO

INTRODUÇÃO 7

PARTE UM • OS FUNDADORES 15
1. Mitos sobre a origem dos fundadores 17
   Fundando uma startup bilionária aos 21 anos de idade 30
2. Mitos sobre a educação dos fundadores 35
   Um professor que criou várias startups bilionárias 42
3. Mitos sobre a experiência profissional dos fundadores 47
   Fundadores que criaram uma empresa de tratamento de câncer de 2 bilhões de dólares sem experiência médica 57
4. O superfundador 63
   Um fundador que encontrou o sucesso na segunda tentativa 74

PARTE DOIS • A EMPRESA 79
5. A história da origem 81
   Uma startup bilionária que deu origem a uma grande empresa de tecnologia 86
6. Pivôs 91
7. O que e onde? 99
   Uma mudança bilionária do Vale do Silício para Denver 108
8. Produto 115
   Um fundador que sempre desenvolveu produtos altamente diferenciados 125
9. Mercado 131
   Um fundador que criou e expandiu um mercado 138
10. *Timing* do mercado 145
    Uma startup bilionária com o *timing* perfeito do mercado 150
11. Concorrência 155
    Concorrência com fortes empresas estabelecidas 163
12. O fator defensibilidade 169

PARTE TRÊS • A CAPTAÇÃO DE RECURSOS 175

13. Capital de risco *versus bootstrapping* 177

    Empresa de 7,5 bilhões de dólares que ficou sem investimento externo pelos primeiros cinco anos 189

14. *Bull market versus bear market* 195

    Uma empresa bilionária que começou em plena recessão 200

15. Eficiência de capital 205

16. Anjos e aceleradoras 215

    Um prolífico investidor-anjo que se tornou investidor de risco 223

17. Investidores de risco 229

    Um investidor de empresas como Airbnb, Doordash, Houzz, Zipline e outras 241

18. Captação de recursos 249

    Um investidor de empresas como Facebook, SpaceX, Stripe e outras 264

AGRADECIMENTOS 275

NOTAS 279

INTRODUÇÃO

> Há apenas padrões, padrões sobre padrões, padrões que afetam outros padrões. Padrões ocultos por padrões. Padrões dentro de padrões. Se observar de perto, a história não faz nada além de se repetir. O que chamamos de caos são apenas padrões que não reconhecemos. O que chamamos de aleatoriedade são apenas padrões que não podemos decifrar. O que não conseguimos entender, chamamos de absurdo. O que não conseguimos ler, chamamos de bobagem.
>
> – Chuck Palahniuk, *Sobrevivente*

Anos atrás, quando criava minha primeira empresa, minha ideia de uma startup de sucesso vinha principalmente de filmes a que assisti, artigos que li e a presente mitologia popular de empresas famosas. A história do Facebook me fez acreditar que os fundadores de maior sucesso começam quando estão na faculdade, como Mark Zuckerberg. A história da Apple me fez acreditar que são necessários dois cofundadores, um gênio técnico e um visionário da área de negócios, para ser extremamente bem-sucedido (descobri um pouco depois que a Apple, na verdade, tinha um terceiro cofundador desde o início).

Startups bilionárias – ou "unicórnios", um termo criado pela investidora de risco Aileen Lee – são, como o nome indica, relativamente raras. Elas representam menos de 0,1% das startups.

Quando me tornei um investidor de risco anos mais tarde, percebi que uma amostra pequena e distorcida tinha ido parar na mídia e moldou minhas percepções. Como um investidor de capital de risco, reviso, analiso e acompanho centenas de startups todo ano, e vi algumas dessas empresas obterem resultados de bilhões de dólares, mas ainda não podia estabelecer qual era a verdadeira diferença entre as que se tornavam grandes sucessos e as que não conseguiam; talvez ninguém pudesse, pelo menos não com dados, apenas com instinto. Então, decidi embarcar em uma jornada para responder à pergunta que me importunava por anos: como eram realmente as startups bilionárias quando começaram? Elas se destacaram de seus pares desde o primeiro dia? Se sim, como?

Comecei em 2017, mergulhando em arquivos da internet, lendo centenas de entrevistas, analisando milhares de perfis no LinkedIn e no Crunchbase e estudando cada fonte de dados, pública ou privada, que conseguisse encontrar. Passei milhares de horas por quatro anos para reunir essas informações, juntando manualmente 30 mil pontos de dados, analisando mais de 65 fatores por startup. Reuni informações sobre tudo, dos concorrentes iniciais de uma empresa a seus fatores de defensibilidade; da idade do fundador ao ranking de sua universidade; da qualidade dos investidores de uma empresa ao *timing* das rodadas de captação de recursos – e muito, muito mais. Nenhum estudo é relevante sem uma comparação com um grupo de base, por isso também coletei os mesmos dados sobre um grupo de tamanho semelhante de startups selecionadas aleatoriamente, fundadas no mesmo período e que não chegaram a um valor de bilhões de dólares.

Enquanto reunia essas informações, continuei ouvindo estereótipos perpetuados por outros investidores e fundadores sobre o sucesso: que a maioria das empresas bilionárias era criada por pessoas que abandonaram universidades da Ivy League, o grupo de universidades de elite dos Estados Unidos. Que essas empresas deviam ter passado por programas de aceleração reconhecidos. Que os fundadores deviam ter resolvido um problema pessoal, ou suas ideias tinham de ser pioneiras no mercado, sem concorrência. Apesar de algumas poucas startups bilionárias se encaixarem nesses arquétipos, isso não acontece com a maioria. Meu conjunto de dados mostrou que era mais comum que fundadores das empresas bilionárias tivessem doutorado do que abandonado a universidade, que muitas delas não tinham cofundadores técnicos, que menos de 15% passou por um programa de aceleração, que muitas não estavam resolvendo um problema pessoal e pouquíssimas eram pioneiras no mercado.

Fiquei pensando em quantas empresas não conseguiam financiamento por não se encaixar nos padrões conhecidos. E quantos possíveis fundadores de sucesso não tinham sequer começado um negócio pelo mesmo motivo. Essas questões me levaram a ir além do meu conjunto de dados, reunir histórias de primeira mão dos fundadores dessas empresas bilionárias – e não apenas das mais conhecidas – e escrever este livro.

Havia mais de duzentas empresas bilionárias fundadas no período do meu estudo, entre 2005 e 2018, muitas das quais você nem deve ter ouvido falar. Além dos Ubers, Airbnbs e Zooms incluídos neste livro, há startups bilionárias como a Nevro, criadora de um dispositivo médico que usa estimulação elétrica de nervos para reduzir dores crônicas como alternativa a medicamentos, ou a Tanium, que desenvolve software de gestão de segurança de pontos de extremidade. Há também muitos exemplos de startups bilionárias que estão fora dos típicos centros tecnológicos, como a Peak, uma desenvolvedora de jogos populares para celular com sede em Istambul.

Os dados fundamentam meu argumento, e minhas entrevistas com fundadores e investidores, que estão no final de quase todos os capítulos, exemplificam os detalhes. No capítulo sobre experiência profissional, você lerá sobre como dois fundadores foram capazes de revolucionar o mercado de tecnologia de tratamento de câncer sem nenhuma experiência no setor. No capítulo sobre pivôs,* lerá sobre como o YouTube foi formado a partir de um pivô. No capítulo sobre *bootstrapping*,** lerá sobre o financiamento inicial do GitHub por mais de quatro anos antes de ser adquirido por 7,5 bilhões de dólares. E, no capítulo sobre captação de recursos, verá como empresas como a Peloton e o Airbnb tiveram dificuldades em captar recursos no começo. Você vai notar que parte da minha pesquisa mostra que certos fatores não importam (portanto, liberte-se da culpa e pare de se preocupar!) e conhecerá, também, alguns fatores que tornaram um fundador ou uma ideia mais propensos ao sucesso e que podem inspirá-lo a mudar seu pensamento. Responderei a perguntas como:

- Quantas startups tinham vários concorrentes na época de sua fundação?

---

* Do inglês "pivot", que significa "girar", "mover-se em torno do próprio eixo". Trata-se de alterar a direção de um negócio, mantendo a base existente. (N. da T.)
** Fazer *bootstrapping* significa iniciar um negócio sem o apoio de investidores ou fundos de investimento, utilizando recursos próprios. (N. da T.)

- Quantos anos de experiência profissional, em geral, os fundadores tinham antes de abrir suas empresas? Eram no mesmo setor?
- A maioria dos fundadores tinha outra empresa antes? Se sim, a tentativa anterior foi bem-sucedida?
- Quanto tempo se passou de quando começaram até conseguirem seu primeiro investimento? Foi de um investidor conhecido ou não?

Além de obter dados, as entrevistas são uma oportunidade de conhecer as histórias mais sutis diretamente de alguns desses fundadores. Em alguns casos, são uma amostra representativa dos dados e, em outros, são pontos fora da curva. Estes são importantes também – eles demonstram que, às vezes, é possível obter sucesso mesmo quando os dados mostram o contrário. Teremos Max Levchin, cofundador da PayPal e da Affirm, falando sobre criação *versus* expansão de mercado; Tony Fadell, fundador da Nest e inventor do iPod, comentando sobre diferenciação de produto; Michelle Zatlyn, cofundadora da Cloudflare, falando sobre abrir uma empresa durante a recessão; e Eric Yuan, fundador da Zoom, tratando de concorrência. Falaremos com Peter Thiel, investidor de empresas como Facebook, SpaceX e Spotify; Alfred Lin, da Sequoia Capital, investidor de empresas como Airbnb e DoorDash; e Keith Rabois, do Founders Fund, investidor de empresas como YouTube e LinkedIn, sobre o que buscam em um *pitch** e como as startups deveriam se preparar melhor para a captação de recursos. Encontrei-me com cada um desses especialistas e fiz perguntas sobre sua origem, a formação de sua startup ou histórias de investimento, como administravam sua empresa etc.

Em meu conjunto de dados há todo tipo de startup que, em algum momento, ultrapassou o valor de 1 bilhão de dólares, seja abrindo o capital (por meio de uma oferta pública inicial, ou IPO), seja por ter sido adquirida, ou por rodadas de financiamento privado – sendo assim, meu estudo é definido de forma mais abrangente do que apenas avaliações de investidores privados, que, em geral, são conhecidas como unicórnios. Algumas pessoas podem argumentar que o valor de um unicórnio está apenas no papel; de

---

* Apresentação cujo objetivo é vender a ideia de uma startup para um possível investidor. (N. da T.)

fato, muitas avaliações são sobrevalorizadas ou perdem seu *status* posteriormente. Ainda assim, a maioria das startups bilionárias é um fenômeno revolucionário. Afinal, uma startup mediana costuma fracassar e morrer, enquanto uma startup bilionária mediana emprega centenas de pessoas e cria produtos usados por milhares de clientes. A avaliação não é a métrica ideal para definir o "sucesso" por si só, mas, na falta de dados disponíveis sobre receita, lucro ou impacto social dessas empresas, é uma maneira razoável, ainda que arbitrária, de delinear o objeto de estudo.

Espero que os *insights* deste livro não sejam apenas reveladores, mas úteis e práticos em sua jornada de empreendedorismo. Alguns fundadores podem tentar se conformar a certas narrativas, montar equipes de uma forma específica ou moldar suas startups para que se encaixem nos estereótipos. Aqui usaremos os dados para descobrir o que importa de fato. Você verá que aqueles que eram obcecados por desenvolver e liderar projetos ou atividades paralelas tiveram uma chance muito maior de criar uma empresa bilionária e que, embora com uma média de quase dez anos de experiência profissional, muitos deles não sabiam nada sobre o setor que estavam para revolucionar – e outros tantos nunca tinham previsto o nível de sucesso que atingiram. Veremos que criar produtos bem diferenciados é importante, mas ser pioneiro no mercado, não. Algumas das empresas que incluí neste livro perderão seu *status* de unicórnio em algum momento.

As empresas citadas aqui não são exemplos de impérios geracionais dos quais se espera a resistência ao tempo; são exemplos de startups que tiveram um sucesso inicial e inovador, que cativaram a imaginação dos clientes e acabaram avaliadas em mais de 1 bilhão de dólares.

Este livro também não vai prever quem terá ou não sucesso em criar a próxima startup de enorme sucesso, mas é um olhar embasado em dados sobre os padrões inseridos na essência e na história dessas empresas bilionárias, uma história que provavelmente se repetirá. Espero que os leitores aprendam com os dados e se inspirem com as entrevistas. Meu objetivo é representar as diversas origens dos fundadores, traçar a jornada deles – com seus fracassos e sucessos – e eliminar concepções errôneas e vieses injustos que prejudicam os que aspiram a ser fundadores e investidores. No final das contas, você pode se parecer com um superfundador mais do que imagina.

Uma observação final: durante essa pesquisa, não pude deixar de notar a falta de diversidade entre as equipes de fundadores. Inspirado por Ben Horowitz, doarei a renda deste livro a organizações sem fins lucrativos e a causas que apoiam a mobilidade social e a diversidade.

CORRELAÇÃO NÃO É CAUSALIDADE
UMA OBSERVAÇÃO SOBRE MÉTODOS E ESTATÍSTICA

O objetivo deste livro é reduzir vieses e não gerar mais concepções errôneas, por isso começo com uma observação sobre os métodos e as estatísticas que o sustentam.

Você vai ver muitos números e porcentagens nestas páginas, e, às vezes, é fácil tirar as conclusões erradas dos dados sem ter o contexto certo. Por exemplo, se 10% dos fundadores de empresas bilionárias se chamam João, isso não significa que ter esse nome aumenta sua chance de criar uma empresa bilionária. Pode haver outros fatores que causem confusão. Pode ser que 10% de todas as pessoas no país se chamem João. Ou pode ser que as pessoas que se chamam João venham de famílias com origem socioeconômica mais elevada e que as pessoas com pais mais ricos tenham os meios para criar uma empresa em vez de procurar um emprego. Ou pode ser ainda que os investidores de capital de risco sejam mais propensos a investir em pessoas chamadas João.

Para melhor interpretar os dados, precisamos entender a linha de base. O caso ideal seria observar cada pessoa que já fundou uma startup e contar quantas se chamam João. Mas isso seria impossível, já que centenas de milhares de startups foram criadas. Para considerar o possível viés dos investidores de risco, seria ótimo saber quantas empresas que receberam investimentos destes tinham um fundador chamado João. Se apenas 1% de todas as empresas que receberam investimentos de investidores de risco foram fundadas por pessoas chamadas João, mas 10% dos fundadores de startups bilionárias eram João, talvez ter esse nome seja mesmo uma varinha mágica e todos *devêssemos* mudar de nome!

Neste livro, os dados de empresas bilionárias são comparados com dados de um grupo de base de startups que não se tornaram unicórnios. Entre 2005 e o final de 2018 – o período de meu conjunto de dados –, foram fundadas cerca de 20 mil startups que obtiveram pelo menos 3 milhões de dólares em financiamento cada. No futuro, pode ser possível usar inteligência artificial e processamento de linguagem natural para coletar dados de forma automatizada sobre cada uma dessas empresas. No momento, porém, isso teve de ser feito de forma manual – por exemplo, para determinar concorrentes ou fatores de defensibilidade. Coletei manualmente a maior parte dos dados sobre cada uma das startups em meu estudo. Isso exigiu uma combinação de julgamento e ampla pesquisa. Portanto, coletar dados sobre todas as 20 mil empresas teria sido impraticável.

Nessas situações, os estatísticos costumam fazer o que chamamos de amostragem. Para o estudo, eu selecionei aleatoriamente duzentas empresas deste grupo e coletei todos os mesmos elementos de dados que havia coletado para as bilionárias. Os dados deste grupo de empresas aleatoriamente selecionadas – o que chamo, aqui, de "grupo aleatório" – servem para representar uma startup típica para que possamos utilizá-la como linha de base para a comparação com o grupo bilionário. Testes estatísticos mostraram que duzentas amostras eram suficientes e representavam o grupo mais amplo.

Quando comparei o grupo bilionário com o aleatório, usei testes estatísticos com um intervalo de confiança de 95%. Já que eu estava comparando dois grupos em vários fatores diferentes (como idade do fundador, quantia de financiamento, ranking da universidade etc.), estava propenso a um problema chamado "problema de comparação múltipla" – ou seja, se eu continuasse comparando os dois grupos em muitos fatores distintos, poderia acabar, por puro acaso, encontrando um fator em que eles eram diferentes. Corrigi esse problema de *false discovery rate* (taxa de descoberta falsa) usando o procedimento Benjamini-Hochberg, que certifica que apenas as diferenças mais significativas (aquelas que não podem acontecer por acaso) entre os dois grupos sejam relatadas.[1]

Mesmo fazendo todos os esforços para ter solidez estatística, é importante notar que este não é um estudo acadêmico. Não pude normalizar cada um dos fatores, portanto, há algumas armadilhas. Com um estudo como este, vieses potenciais sempre aparecem nos próprios dados – por exemplo, o viés de sobrevivência (empresas fracassadas que não aparecem em nenhuma lista), o viés da variável omitida (métricas externas que não estudamos e que poderiam ter tido impacto), o viés do observador (alguns dos pontos de dados se baseiam em meu julgamento, que pode ter tido influência de um viés, ainda que de modo involuntário), dados incompletos (para algumas empresas, embora não muitas, eu não consegui encontrar o ponto de dados) e dados defeituosos (algumas vezes, a história é reescrita pelas empresas, por exemplo, elas identificam um executivo que entrou mais tarde na empresa como um dos fundadores). Também devemos reconhecer o papel que a sorte, o privilégio e o acesso desempenharam no sucesso de muitos desses fundadores.

Dito isso, passei incontáveis horas coletando e analisando o que talvez seja um dos maiores conjuntos de dados já compilados sobre startups e o que as leva ao sucesso, e trabalhei com vários acadêmicos para me certificar de que os métodos eram válidos e as conclusões, robustas. Espero que as conclusões deste livro possam ajudar a fazer nosso setor avançar.

PARTE UM
OS FUNDADORES

Pergunte a qualquer investidor de risco o que ele busca ao avaliar empresas, e a força de "equipes" ou "fundadores" é a primeira coisa a ser mencionada. E com razão. Nos primeiros passos de uma empresa, não há nada que deva ser mais avaliado do que as pessoas por trás dela. Grandes ideias só são executadas por grandes equipes, e a busca pelas melhores pessoas tem levado muitos investidores a confiar em arquétipos de grandes fundadores. Para entender o que faz com que as empresas bilionárias se destaquem, primeiro devemos entender as pessoas que as construíram, por isso começamos com uma análise desses fundadores.

MITOS SOBRE A ORIGEM DOS FUNDADORES

SOBRE A IDADE

Em 2005, Aaron Levie era um estudante do segundo ano na Universidade da Carolina do Sul – jovem demais para beber legalmente – quando teve a ideia para sua startup bilionária. Ele tinha visto, em primeira mão, o quão difícil era para os professores e estudantes compartilhar e armazenar arquivos grandes. Até os executivos do estúdio na Paramount Pictures, onde ele estava fazendo um estágio, enfrentavam o mesmo problema, muitas vezes usando pen-drives para movimentar os arquivos digitais. Era complicado e ineficiente. Levie, que há pouco trabalhara em um projeto da escola sobre armazenamento em nuvem, teve a ideia da Box, uma maneira de as pessoas alugarem uma pequena quantidade de armazenamento em nuvem para acessar seus arquivos de qualquer lugar. Ele e alguns amigos do ensino médio criaram um protótipo. Logo, a demanda aumentou tanto que Levie, equilibrando dezesseis horas na empresa e uma carga imensa de trabalhos da faculdade, abandonou os estudos para se tornar o CEO da Box. Ele tinha dezenove anos.

Há um mito persistente de que a maioria das startups bilionárias começam desta forma, criadas por jovens livres para assumir riscos. Não é apenas Levie – a lenda do prodígio da tecnologia está gravada na imaginação popular.

Mark Zuckerberg notoriamente programou o Facebook em seu dormitório em Harvard. Melanie Perkins tinha 22 anos quando apresentou a ideia do Canva, uma plataforma de design gráfico avaliada em bilhões de dólares. Ritesh Agarwal tinha dezenove anos quando criou a Oyo Rooms, uma cadeia de hotéis avaliada em muitos bilhões de dólares. E Patrick e John Collison, os irmãos cofundadores da Stripe, ficaram bilionários antes dos trinta anos.

Há, de fato, muitos fundadores de startups bilionárias bem-sucedidos que lançaram suas empresas quando tinham vinte anos de idade – mas não é o caso da maioria. Apenas ouvimos menos sobre os mais velhos na mídia. Veja Guy Haddleton, por exemplo, que fundou a Anaplan, uma empresa de software empresarial baseada em nuvem. Haddleton abandonou a faculdade para se alistar no exército, chegando ao posto de capitão das forças especiais da Nova Zelândia. Mais tarde, em 1998, trabalhando como executivo corporativo, Haddleton idealizou uma forma melhor de planejar, rastrear, analisar e prever atividades de negócios com software. Ele transformou a ideia em sua primeira empresa, Adaytum, que foi adquirida uma década depois por 160 milhões de dólares. Alguns anos após a aquisição, quando Haddleton tinha 50 anos, ele pensou em uma maneira de melhorar o produto que havia criado – com software baseado em nuvem. Haddleton abriu uma nova empresa, Anaplan, que vende serviços de software de planejamento de negócios a grandes corporações. A Anaplan acabou entrando na bolsa de valores de Nova York com um IPO de 3 bilhões de dólares.

Entre as empresas bilionárias, a faixa etária é bem extensa. Alguns fundadores eram bem jovens, com 18 anos, outros tinham 68 anos quando as criaram. A idade média de um fundador de startup bilionária era de 34 anos – o que significa que metade dos fundadores tinha aquela idade ou era *mais velha* quando começou. A distribuição de idade é mais ou menos a mesma no grupo aleatório de startups, o que significa que a idade do fundador – seja mais jovem, seja mais velho – não tem correlação com o sucesso da empresa. Em outras palavras, a idade não tem importância. Os dados mostraram uma pequena vantagem para os fundadores mais jovens, mas não é uma grande diferença estatística. No entanto, eles também mostraram que as empresas fundadas pelo grupo mais jovem (até 34 anos) geravam maior valor em média.

SUPERFUNDADORES

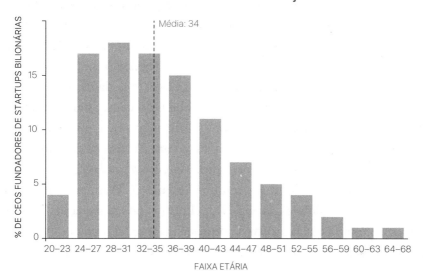

CEOs fundadores de empresas bilionárias estão em uma ampla faixa etária, com metade acima dos 34 anos no momento da fundação. A idade de um fundador – seja mais jovem, seja mais velho – não tem forte correlação com o sucesso.

Em média, os fundadores que tinham 34 anos ou mais possuíam um histórico maior de empreendedorismo. Dois terços deles já haviam criado uma empresa, como Haddleton. O outro terço, de fundadores pela primeira vez, em geral, tinha anos de experiência profissional relevante como executivos em grandes empresas e estava acostumado a gerenciar grandes equipes e produtos. Eric Yuan, fundador da empresa de comunicação por vídeo Zoom, abriu-a aos 40 anos; naquela época, era vice-presidente sênior da Cisco, liderando uma equipe de mil pessoas. Eric Baldeschwieler tinha 46 anos quando criou a Hortonworks, startup multibilionária de *big data* criada a partir do software de código aberto Hadoop. Ele criou e gerenciou a equipe do Hadoop no Yahoo antes de empreender. Todd McKinnon tinha 37 anos quando criou a empresa de gerenciamento de identidade Okta; naquela época, ele administrava uma equipe de engenharia de cem pessoas na Salesforce.

Há uma distribuição etária ainda mais ampla entre os CxOs fundadores, termo que uso para descrever a pessoa na segunda posição de hierarquia na empresa. Na maioria dos casos, este cargo é ocupado pelo *chief executive officer*, ou CTO, mas pode, às vezes, ser o *chief scientific officer*, *chief medical officer* ou, em setores mais tradicionais, um *chief operating officer*. Entre as startups bilionárias, os CxOs fundadores tinham uma faixa etária ainda mais ampla – de 16 a 76 anos no momento da fundação.

Os fundadores de empresas de saúde e biotecnologia geralmente são mais velhos – em média, tinham 42 anos quando começaram –, mas há também uma ampla faixa etária entre os fundadores de empresas de tecnologia corporativa e de consumo, que vai contra a lógica de que apenas os *millennials* possam captar esses mercados. Marc Lore tinha 42 anos quando fundou o site de *e-commerce* Jet.com e 45 quando o Walmart o adquiriu por 3,3 bilhões de dólares. David Duffield tinha 64 anos quando criou a Workday, empresa que faz software de gestão de capital humano. Portanto, não há uma vantagem relevante em ser mais jovem ou mais velho.

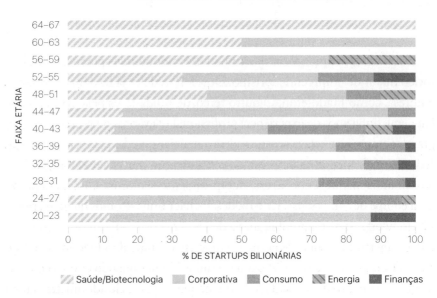

Os fundadores de startups bilionárias da área de saúde e Biotecnologia eram, em média, mais velhos, e os fundadores de qualquer idade tiveram sucesso tanto na área corporativa quanto na de consumo.

SOBRE OS FUNDADORES SOLO

Há outro mito de que os fundadores fracassarão se não tiverem um sócio. Existem tantas duplas de sucesso – Larry Page e Sergey Brin, do Google; Steve Jobs e Steve Wozniak, da Apple; Bill Hewlett e David Packard, da HP – que é quase difícil de imaginar criar uma empresa sem um cofundador.

Na verdade, a maioria dos que desejam ser empreendedores é aconselhada a não o fazer. Este conselho-padrão de startup está tão enraizado que algumas incubadoras e programas de aceleração afastam os fundadores do empreendedorismo solo e incentivam rituais de "encontro" de cofundadores como parte do programa. O senso comum parece ser de que os cofundadores dão um ao outro uma base sólida para as primeiras ideias e dividem a carga de trabalho intimidadora. Além disso, ter um sócio demonstra que pelo menos outra pessoa acredita na empresa. Alguns investidores de risco ficam assustados com fundadores solo, considerando a falta de um cofundador como um voto de não confiança. Estes mitos podem levar os aspirantes a fundador a se juntar com alguém que não seja compatível, para evitar ter que fazer um *pitch* como fundador solo.

Na realidade, 1 em cada 5 empresas bilionárias foi criada por um fundador solo. Isso é menos comum que uma dupla de fundadores (36%) ou que empresas com 3 cofundadores (28%), mas é mais comum do que você pode pensar. Há também alguns casos em que empresas bilionárias foram fundadas por mais de 3 pessoas: 12% delas tiveram 4 cofundadores; uma pequena porcentagem teve 5 ou mais. Esses números são semelhantes aos do grupo aleatório, o que sugere não haver vantagem ou desvantagem específica em nenhuma dessas situações, inclusive no cenário de fundadores solo. Mais uma vez, não é um fator. Um estudo feito por Jason Greenberg e Ethan Mollick sobre projetos financiados coletivamente no Kickstarter até mostrou uma pequena vantagem para os fundadores solo.[1] Projetos iniciados por estes tinham mais chance de obter sucesso como empresas e tinham receitas de pré-venda mais elevadas.

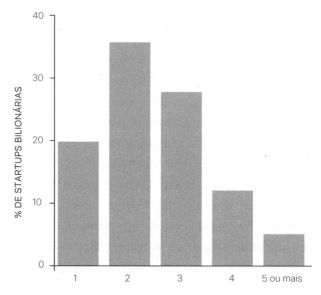

Uma em cada cinco startups bilionárias foi criada por um fundador solo. Não há vantagem ou desvantagem em ter um número maior ou menor de cofundadores.

Há algumas vantagens claras em abrir uma empresa sozinho. O conflito entre cofundadores – seja um conflito de personalidade, seja uma luta por poder, seja uma falta de visão compartilhada – é um dos principais motivos pelo fracasso de startups. A análise dos dados revela outro motivo pelo qual certos fundadores solo têm um desempenho melhor que os outros: eles tinham um histórico significativamente melhor do que aqueles com cofundadores. Uma proporção mais alta deles já tinha fundado uma empresa, descoberto como dimensioná-la e, em muitos casos, tinha-a vendido por uma quantia considerável. Pessoas que já têm grandes conquistas no currículo parecem ter mais facilidade em criar outra empresa por conta própria. Outras sem tais credenciais podem precisar depender de cofundadores para estabelecer a visão da empresa, buscar os funcionários iniciais e trabalhar nas conexões com os investidores. Junte-se a um ou vários cofundadores se isso for ajudar a empresa, mas não o faça apenas porque precisa.

Quando Langley Steinert fundou o CarGurus, em 2006, ele já tinha um bom histórico como empreendedor. Ele tinha passado os últimos anos anteriores administrando o TripAdvisor, o site de recomendações de viagem que cofundou em 2000, posteriormente avaliado em mais de 1 bilhão de dólares. O CarGurus era semelhante a ele, que funcionou primeiro como um fórum para pessoas publicarem avaliações e dúvidas sobre concessionárias locais e lojas automotivas. Steinert decidiu começar o projeto sozinho.

O CarGurus se tornaria, mais tarde, o maior mercado on-line de carros novos e usados nos Estados Unidos, com operações no Canadá, no Reino Unido e na Europa. Mas, no início, Steinert baseou-se muito na cartilha do TripAdvisor: assim como o site de viagens, o CarGurus usava algoritmos e as contribuições da comunidade para levar as informações certas aos usuários e, posteriormente, usava análise de dados para ajudar os compradores a encontrar o veículo certo. Possivelmente, Steinert não precisava de um cofundador porque ele já sabia como fazer o negócio crescer, com base nos anos em que desenvolveu o TripAdvisor. O sucesso do TripAdvisor também facilitou para que o CarGurus atraísse talentos e financiamento, o que pode ter ajudado Steinert a ter sucesso como fundador solo. O CarGurus teve um IPO em 2017, quando a empresa foi avaliada em 1,5 bilhão de dólares.

Padrões semelhantes também são encontrados fora dos Estados Unidos. A chinesa ByteDance, uma das startups privadas de maior valor no mundo no momento em que escrevo este livro, famosa pelo aplicativo de compartilhamento de vídeos TikTok e pela plataforma de agregação de conteúdo Toutiao, foi criada por um fundador solo, Zhang Yiming.

Ric Fulop não teve um cofundador quando criou a Desktop Metal – ele teve *seis*. A Desktop Metal foi pioneira no setor de manufatura aditiva. Suas impressoras 3D imprimem objetos usando pó de metal, um processo útil para fazer protótipos ou testagem de peças de metal antes de produzi-las em grandes volumes. Os cofundadores de Fulop trouxeram uma mistura de conhecimentos para o projeto; um deles, Ely Sachs, tinha inventado a impressão do tipo *binder jetting*, a tecnologia na qual a Desktop Metal foi criada.

Fulop também era um empreendedor experiente quando se tornou o CEO fundador da empresa. Ele havia fundado várias startups em diferentes setores, de software a semicondutores. Um pouco antes da Desktop Metal, ele fundou a empresa líder em fornecimento de íon-lítio para baterias, que o levou a colaborar com muitos cientistas de materiais do MIT (Instituto de Tecnologia de Massachusetts). O trabalho resultou na propriedade intelectual (PI) central da Desktop Metal e trouxe alguns cofundadores, como o CTO Jonah Myerberg.

Se parece muito ter sete cofundadores, imagine a Alibaba, a startup chinesa que virou uma megacorporação. Tecnicamente, ela tem dezoito cofundadores. Jack Ma, o CEO fundador, é o mais conhecido, mas ele começou a empresa com outros dezessete – uma combinação de colegas, amigos, estudantes e empreendedores que trouxeram seus conhecimentos dos setores bancário, jornalístico e outros. A ampla diversidade desses cofundadores, aliada à sua lealdade ao projeto, é uma das forças implícitas no sucesso duradouro da Alibaba. Muitos dos cofundadores ainda têm cargos executivos na empresa.[2]

Talvez mais importante que a quantidade de cofundadores em uma *startup* seja a maneira como eles se relacionam e trabalham entre si. Outro detalhe interessante que descobri é que, em pelo menos 45% dessas corporações bilionárias, os cofundadores frequentaram a mesma escola ou trabalharam na mesma empresa em algum momento. Ambos os fundadores da Datadog, Oliver Pomel e Alexis Lê-Quôc, estudaram na École Centrale Paris; de lá, os dois foram trabalhar na IBM e em três startups como colegas. Na última empresa, Pomel era o vice-presidente de tecnologia e Alexis era o diretor de operações. Eles perceberam que as equipes de operações e de desenvolvimento precisavam estar mais próximas, por isso pensaram em criar um serviço para que as equipes de operações pudessem monitorar os servidores e os bancos de dados. Os dois tinham um histórico de trabalho em conjunto antes de seguirem por conta própria para criar a Datadog, em 2010. Nove anos depois, um IPO avaliou a empresa em mais de 10 bilhões de dólares. Os cofundadores do Flipkart, um site indiano de *e-commerce* adquirido pela Walmart em 2018, também estudaram juntos no Instituto Indiano de Tecnologia de Delhi e trabalharam para a Amazon por cerca de um ano antes de saírem para abrir sua empresa juntos.

Os cofundadores tendem a ter mais sucesso quando têm uma divisão clara das responsabilidades, uma decisão firme sobre quem é o CEO desde o início e a habilidade de se comunicar bem uns com os outros. "Uma das maiores razões pelas quais os fundadores brigam é que há muita sobreposição nos papéis ou na tomada de decisão, ou ambos pensam que são a pessoa no comando, ou que eles deveriam ser a pessoa tomando as decisões finais", foi o que Elad Gil, um fundador de startups de sucesso e investidor-anjo, me contou. Os cofundadores podem começar de forma perfeitamente amigável, mas, quando as decisões mais difíceis precisam ser tomadas para determinar a direção que a empresa tomará, é essencial saber quem entre eles é o que baterá o martelo. "Em geral, acho que as maiores empresas são aquelas em que pelo menos um dos fundadores é mais dominante", disse Gil. "E isso acontece porque você precisa de uma visão singular para assumir determinados riscos e estar no caminho certo para ter sucesso como uma empresa."

Lembre-se que "cofundador" não é um cargo operacional e seu sucesso não será impactado pela quantidade deles. Já vi alguns fundadores que não dão o título de cofundador a membros fundadores iniciais da empresa com base na suposição falsa de que as empresas de maior sucesso tiveram exatamente dois cofundadores. Então, sinta-se livre para empreender sozinho se tiver as competências necessárias ou ofereça o título de cofundador a algum ou a todos os membros da equipe inicial, se isso pode ajudar você a atrair ótimos talentos, mas também certifique-se de que a execução e a tomada de decisão permaneçam ágeis.

SOBRE SER TÉCNICO

Os CEOs fundadores, como Langley Steinert, do CarGurus, e Guy Haddleton, da Anaplan, trouxeram às suas startups uma experiência em negócios, não em engenharia. Outras empresas, como o Google, foram criadas por fundadores com habilidades técnicas. Os fundadores técnicos normalmente são engenheiros ou programadores que têm as habilidades para escrever código, criar sites, desenvolver aplicativos ou fazer o produto da empresa de alguma outra forma. Em minha pesquisa, defino um "fundador técnico" como qualquer pessoa com habilidades técnicas suficientes para desenvolver o produto inicial por conta própria – ampliando a definição tradicional de um fundador técnico para além de apenas programação – como um químico ou biólogo em uma startup farmacêutica ou um engenheiro mecânico em uma empresa aeroespacial. Fui capaz de inferir a habilidade técnica de um fundador observando sua carreira e educação. Por exemplo, se uma pessoa sempre trabalhou em cargos de marketing e desenvolvimento de negócios, é provavelmente um fundador não técnico; mas, se teve cargos técnicos e em engenharia ou estudou em uma área técnica relevante, contei-a como técnica. Dito isso, devemos considerar a possibilidade de não contarmos algumas pessoas técnicas, especificamente as que aprenderam programação durante o tempo livre, mas que nunca haviam trabalhado em um cargo técnico antes da startup, ou as pessoas cujo primeiro trabalho foi a startup.

Ser um CEO técnico ou não técnico é um famoso debate no mundo das startups. Alguns acham que os conhecimentos técnicos são indispensáveis ao chefe da empresa, mas outros consideram a perspicácia para os negócios mais importante e que um engenheiro não seria capaz de administrar uma empresa. Com base nos dados, porém, as duas abordagens têm o mesmo valor.

Os CEOs fundadores de startups bilionárias foram divididos bem no meio: 50,5% tinham experiência nos negócios e 49,5% tinham experiência técnica. A segunda pessoa no comando, logo abaixo do CEO, tinha mais probabilidade de ser técnica. Mais de 70% dos CxOs de startups bilionárias eram técnicos e normalmente assumiam cargos como *chief technology officer* ou, em empresas da área de saúde, *chief scientific officer*. Entre o grupo aleatório de startups, 40% dos CEO eram técnicos e 60% não técnicos. Isso sugere que as empresas bilionárias tinham mais probabilidade de ter um CEO fundador técnico.

Ainda assim, várias empresas bilionárias foram criadas por CEOs não técnicos. Um exemplo é Melanie Perkins, que criou o software de design gráfico Canva sem saber programar. Perkins havia visto muitas pessoas se atrapalharem com programas profissionais, como o InDesign e o Photoshop, enquanto tentavam fazer os próprios folhetos, cartazes e apresentações. Com o Canva, ela queria oferecer ferramentas fáceis de usar e modelos que não comprometessem a qualidade do design. Ela e seu cofundador, Cliff Obrecht, tinham essa visão. Quando perceberam que precisavam desenvolver o software, chamaram Cameron Adams, ex-Google, como cofundador técnico.

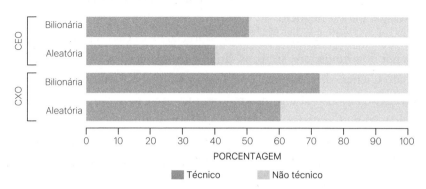

CEOs e CxOs de startups bilionárias tinham mais probabilidade de ser técnicos em comparação com o grupo aleatório. Mesmo assim, metade dos CEOs fundadores de startups bilionárias era não técnica.

Parece intuitivo que, para ter a melhor chance de sucesso, uma empresa combinaria um fundador técnico com um de negócios. Afinal de contas, Jobs, o visionário dos negócios, precisou de Wozniak para criar os computadores. Mas os dados mostram uma história diferente: quando o CEO fundador era não técnico, havia uma chance maior de que o segundo fundador fosse não técnico também. Pode ser porque os fundadores técnicos passam o tempo, estudam ou trabalham com outras pessoas técnicas, com quem podem abrir uma empresa, e os fundadores de negócios podem fazer o mesmo com seus amigos da mesma área. De qualquer maneira, os fundadores técnicos e não técnicos parecem alcançar resultados bilionários em índices praticamente semelhantes.

Algumas startups conseguem funcionar com dois fundadores técnicos ou dois não técnicos. A Lyft, que, antes de "pivotar", era chamada de Zimride, foi criada por dois fundadores não técnicos. Logan Green, o CEO, fundou a empresa logo após se formar na Universidade da Califórnia, Santa Bárbara, com um bacharelado em Economia empresarial. Seu cofundador, John Zimmer, formou-se em Administração hoteleira na Cornell. Ambos viram logo cedo o potencial do transporte de passageiros por aplicativo. Embora Green tivesse aprendido a programar e fosse capaz de construir protótipos iniciais, tiveram de trazer engenheiros de níveis júnior a sênior para desenvolver os complicados sistemas de *back-end* necessários para o negócio.

Por sua vez, a Coinbase, uma empresa inicial de troca de criptomoeda, foi criada por dois fundadores técnicos. Brian Armstrong e Fred Ehrsam haviam estudado Ciência da Computação e Economia no bacharelado; Armstrong posteriormente obteria um mestrado em Ciência da Computação. Antes da fundação da Coinbase, Armstrong havia trabalhado como engenheiro de software no Airbnb, e Ehrsam, como *trader* na Goldman Sachs. O conhecimento tanto em tecnologia como em mercados financeiros deu a eles as competências necessárias para desenvolver a Coinbase, que estava avaliada em 8 bilhões de dólares no momento da escrita deste livro. E, como Armstrong já havia criado uma empresa de ensino on-line antes, na qual ele era o CEO, tinha a experiência de negócios relevante para administrar as operações da Coinbase também.

SOBRE FAMÍLIA

Cofundadores podem ser úteis, mas os investidores de risco tendem a evitar investir nos que são da mesma família, seja por sangue, seja por casamento. É porque simplesmente parece arriscado. Administrar uma empresa já é difícil o suficiente sem ter de misturar sentimentos pessoais e história familiar. O viés é tão forte que algumas empresas de investimento de risco recusam automaticamente startups com cofundadores da mesma família, sem nem considerar seu *pitch*. Pesquise este assunto na internet e você verá muitas discussões em que os fundadores estão fazendo esta pergunta.

Os dados sobre fundadores da mesma família são poucos; assim, evitarei fazer uma alegação estatística sobre se esse viés é verdadeiro ou falso. No entanto, vários exemplos mostram que a hipótese não é correta por completo. Embora a maioria das empresas bilionárias não seja criada por casais ou familiares, algumas poucas exceções se destacam. O exemplo recente mais famoso é a Stripe, a empresa de pagamentos fundada pelos irmãos John e Patrick Collison. A SolarCity, empresa de serviços de energia solar, também foi fundada por dois irmãos, Lyndon e Peter Rive. Tanium, uma empresa unicórnio de segurança cibernética, foi fundada por uma dupla de pai e filho. Diane Greene e Mendel Rosenblum, os fundadores da VMware, já estavam casados por anos quando criaram a empresa de computação em nuvem. A empresa de software empresarial Anaplan também foi fundada por um casal, Guy e Susie Haddleton. A Houzz e a Eventbrite foram fundadas por casais que se inspiraram em suas vidas de casados: Adi Tatarko e Alon Cohen criaram a Houzz para auxiliar na reforma da própria casa, e Julia e Kevin Hartz tiveram a ideia do Eventbrite enquanto planejavam sua cerimônia de casamento. Embora o viés contra cofundadores da mesma família exista, as pessoas nesta situação deveriam abordar o assunto desde o início com os investidores, ser transparentes e apresentar um protocolo claro para lidar com conflitos e futuros problemas organizacionais.

ALI TAMASEB

FUNDANDO UMA STARTUP BILIONÁRIA AOS 21 ANOS DE IDADE
ENTREVISTA COM HENRIQUE DUBUGRAS, DA BREX

Não existe correlação entre a idade de um fundador e a probabilidade de abrir uma empresa bilionária, mas a idade tem, sim, um papel na jornada do empreendedor. Veja Henrique Dubugras e Pedro Franceschi, que tinham 21 e 20 anos, respectivamente, quando criaram a Brex, uma startup de serviços financeiros que oferece cartões de crédito e gestão financeira a outras empresas. Eles eram dois dos mais jovens fundadores de startups avaliadas acima de bilhões de dólares em meu conjunto de dados. Encontrei-me com Henrique no escritório da empresa em São Francisco para ouvir sua história. Aqui, ele explica, com as próprias palavras, como sua idade afetou seu caminho de empreendedorismo.

Eu cresci no Brasil, mas meu objetivo era estudar em Stanford. Adorava um programa de TV chamado *Chuck*, sobre um *hacker* de computadores que trabalhava na CIA [Agência Central de Inteligência dos Estados Unidos]. Queria ser como Chuck, e Chuck foi para Stanford, então estabeleci o objetivo de ir para lá também. A candidatura para faculdades nos Estados Unidos requerida do exterior é bem complicada, e não conseguia entender como funcionava. Então conheci um brasileiro que estava se formando em Stanford e criando uma startup. Propus um acordo em que eu programaria para sua startup em troca de ajuda com minha candidatura para a faculdade. Ele concordou, e isso acabou se tornando minha introdução às startups.

Posteriormente, tentei abrir uma empresa que ajudava outros estudantes brasileiros a aprender sobre o sistema de admissões de faculdades nos Estados Unidos e sobre o processo de candidatura. Conseguimos muitos usuários, mas nunca gerou receita e ninguém queria pagar por isso. Mas eu sabia que podia programar e construir coisas, então, quando descobri um *hackathon* [maratona de programação] em Miami, decidi participar com dois amigos. Desenvolvemos um aplicativo chamado AskMeOut, que funcionava como o Tinder, mas usava sua lista de amigos do Facebook em vez de estranhos nas proximidades. Ganhamos o prêmio, voltamos ao Brasil e tentamos lançá-lo. Não funcionou como um negócio. Tentamos cobrar pelo aplicativo, mas integrar pagamentos nele era muito ruim.

Na mesma época, conheci meu cofundador, Pedro Franceschi. Pedro teve uma história semelhante: começou a programar quando era um garoto e se tornou bem conhecido depois de ter sido a primeira pessoa no mundo a burlar as medidas de segurança do iPhone 3G. Quando ele tinha 14 anos, a maior empresa de pagamentos do Brasil o contratou para reconstruir seu aplicativo e torná-lo seguro contra *hackers*. Nós nos conhecemos no final de 2012 no Twitter, basicamente brigando sobre qual editor de texto era o melhor. Mais tarde, mudamos a conversa para o Skype e nos tornamos bons amigos. Queríamos construir algo como a PayPal ou o Stripe, mas para o Brasil. Acontece que era bem complicado, porque não era apenas um software; era uma empresa financeira, diretamente regulada pelo Banco Central do Brasil. Tínhamos 150 funcionários em determinado momento. Administramos essa empresa por dois anos e meio, até Pedro e eu termos 20 anos de idade.

Administrar a empresa como adolescentes foi difícil em alguns aspectos. Na primeira vez que fui ao Banco Central, eles ficaram tipo: "Quem é você?". Por outro lado, tivemos várias oportunidades que não teríamos se não fôssemos tão jovens. A imprensa ficou interessada em nós e ficamos muito bons em pedir conselhos e buscar mentores, porque não sabíamos nada. O Brasil não é como o Vale do Silício, onde você pode encontrar pessoas que já fizeram aquilo antes e contratá-las. Não havia esse tipo de pessoa no Brasil, então tivemos de aprender tudo sozinhos e cometemos muitos erros no caminho.

Pedro e eu tínhamos conseguido entrar em Stanford e adiamos nossa matrícula por dois anos para trabalhar na empresa de pagamentos. Quando fizemos 20 anos, não tinha como adiar mais. Como fundadores iniciantes, ansiávamos pela venda e por algum dinheiro – não é algo bonito de se dizer, mas todo fundador pensa nisso. Vendemos a empresa de pagamentos e isso mudou nossas vidas. Chegamos a Stanford em setembro de 2016, o que tinha sido o meu sonho. Mas, depois de três meses, não estávamos com muita vontade de estudar mais. Queríamos abrir outra empresa.

Estávamos cansados de pagamentos e *fintech*, então, tentamos fazer algo de vanguarda tecnológica. Contatamos a Y Combinator com a ideia de uma empresa de realidade virtual, mas, depois de alguns meses, percebemos que não sabíamos o que estávamos fazendo. Decidimos retornar aos pagamentos, porque era o que conhecíamos bastante. Na Y Combinator havia várias startups que não conseguiam cartões de crédito, e isso nos deu a ideia de criar um cartão de crédito para elas.

Desenvolver um cartão de crédito sem garantia pessoal e um monte de funcionalidades foi realmente bem difícil. Necessitávamos obter uma licença da Mastercard e assumir uma grande dívida. Contratamos um CFO e um advogado para criar a plataforma emissora do zero, como se fôssemos um grande banco. Nosso CFO, Michael Tannenbaum, havia sido *chief revenue officer* na SoFi, uma empresa de empréstimos a consumidores, e levá-lo às reuniões com os bancos mudou o jogo por completo. Ele trouxe muita credibilidade e foi capaz de prever e abordar quaisquer objeções dos bancos de imediato.

Tivemos sorte de nosso CFO querer ser parte de uma startup, e ele havia sentido pessoalmente os pontos problemáticos que a Brex estava resolvendo. O fato de não ser a primeira vez em que Pedro e eu fundávamos uma empresa também ajudou. Nosso advogado já havia trabalhado na Stripe, então ele conseguia enxergar totalmente o negócio e ficou animado com a ideia de construir as coisas do zero.

Nosso primeiro engenheiro era alguém com quem havíamos trabalhado no Brasil. Contratar engenheiros acabou sendo muito difícil, então começamos a trabalhar com recrutadores e, depois, montamos uma equipe interna de recrutamento. Demos bastante participação aos nossos primeiros contratados – 10% para os dez primeiros. Fomos bem agressivos na remuneração também. Muitas startups têm recursos limitados, mas era nossa segunda empresa, e fomos capazes de conseguir uma grande rodada de capital semente, então pudemos pagar salários mais altos. Cada oferta que a Brex faz é um valor de compensação total, e os funcionários podem escolher quanto querem em dinheiro e quanto querem em participação.

Um de nossos aprendizados foi ser cuidadosos para não contratar pessoas qualificadas demais para o emprego. Eu costumava pensar: "Vamos contratar um monte de pessoas para suporte ao cliente e elas devem ser todas formadas

> em Harvard", mas essa não era uma boa ideia. Você quer pessoas que sejam apaixonadas pelo que fazem. Tentamos contratar o jovem trabalhador que realmente queria aquele cargo.
>
> Para Pedro e para mim, abrir a empresa sendo tão jovens foi um grande passo. Tem um risco bem baixo: você sempre pode voltar à escola, sempre pode retornar à casa dos seus pais. No âmbito pessoal, entretanto, aqueles foram anos da minha vida que não viverei de novo. Nunca tive férias de verão e nunca as terei. Você também precisa ser um exemplo para a equipe; não pode fazer as coisas estúpidas que a maioria dos jovens está fazendo. Em relação a administrar a empresa, não acho que seja algo relacionado à idade – você só precisa saber muito sobre o que está falando. As pessoas podem ter uma impressão de você por ser jovem, a princípio, mas, se souber bastante sobre o assunto a respeito do qual está falando, elas o levarão a sério.

Para Dubugras e Franceschi, o fato de serem mais novos os ajudou a obter a atenção da imprensa e os permitiu ter a mente aberta e adotar uma mentalidade de aprendizagem, trazendo especialistas para a equipe desde o começo. No entanto, o fundamental nessa história foi que a Brex não era sua primeira startup; eles já tinham fundado e expandido outra startup de tecnologia financeira de sucesso quando eram apenas adolescentes e cogitado muitas outras ideias. Como vimos antes neste capítulo, a idade por si só não foi um fator importante no sucesso das startups do meu conjunto de dados. No caso de Dubugras e Franceschi, parece que todos os projetos pequenos e grandes com os quais tinham trabalhado juntos anteriormente tiveram uma importância maior que a idade, assim como seu conhecimento sobre o setor de tecnologia financeira. Como Dubugras disse, se souber muito sobre o que está falando, será levado a sério, não importa a sua idade. No próximo capítulo, veremos o papel que a educação desempenha no sucesso dos fundadores de startups bilionárias.

MITOS SOBRE A EDUCAÇÃO DOS FUNDADORES

SOBRE EVASÃO UNIVERSITÁRIA

Foram necessários apenas dois anos na Universidade de Cincinnati para que Chris Wanstrath ficasse entediado com os estudos. Ele fazia um bacharelado em Letras – Inglês, mas passava mais tempo programando do que frequentando as aulas. Wanstrath adorava videogames, e as poucas aulas de programação em computadores na faculdade forneceram a ele as ferramentas suficientes para começar a aprender a programar jogos por conta própria. No segundo ano de faculdade, já tinha se tornado muito bom nisso. "Acho que nunca pensei que um diploma fosse necessário. Pensava que competências é que seriam necessárias", ele comentou.[1] Se podia aprender sozinho a programar, qual seria a utilidade de uma universidade?

Em 2008, alguns anos depois de sair da faculdade, Wanstrath criou o GitHub, uma plataforma na web para controle de versões de código. A Microsoft adquiriu a empresa em 2018 por 7,5 bilhões de dólares. O fato de Wanstrath não ter um diploma nunca foi um problema para o sucesso do GitHub, especialmente para sua aquisição. Os cofundadores da Microsoft, Bill Gates e Paul Allen, também abandonaram a faculdade.

Aliás, a alegoria do prodígio que deixou a faculdade de lado é bem conhecida. James Park, fundador do Fitbit, abandonou Harvard. Michael Dell deixou a Universidade do Texas em Austin depois do primeiro ano e fundou a Dell Technologies. Matt Mullenweg (fundador do WordPress), Evan Spiegel (do Snapchat) e Jan Koum (do WhatsApp) também largaram a faculdade.

Observando os dados, porém, podemos ver que a maioria dos fundadores de startups bilionárias não deixaram a universidade de lado. É mais comum que eles tenham um bacharelado (36%) ou um bacharelado e um MBA (22%). Cerca de um terço tem outros diplomas de nível avançado, como mestrado, formação em Medicina, formação em Direito ou doutorado. Em alguns setores, como biotecnologia e serviços de saúde, os níveis mais avançados são mais frequentes. Em todos eles, porém, a evasão universitária é menos comum que fundadores com doutorado.

Os CxOs são um pouco mais propensos a ter um diploma avançado. Atrás dos que têm bacharelado, os CxOs costumam ter mestrado (18%) ou doutorado (12%).

Quando comparei os dados de fundadores das empresas bilionárias com os do grupo aleatório, não encontrei nenhuma diferença significativa no nível educacional. Os fundadores com formações específicas não tiveram um desempenho melhor em comparação com os outros (entre eles, os que abandonaram a faculdade, que não tinham mais ou menos propensão a abrir uma empresa bilionária). Sem surpresa nenhuma, tanto o grupo aleatório quanto o bilionário tinham uma porcentagem muito mais elevada de formações avançadas do que a população geral dos Estados Unidos.[2]

Para alguns fundadores, a educação superior oferece uma posição vantajosa para entender um mercado complicado ou um produto muito técnico. Vejamos Konstantinos Alataris, que fundou a empresa de dispositivos médicos Nevro. Alataris concluiu seu bacharelado em Engenharia Elétrica e, em seguida, fez um mestrado em Engenharia Eletrônica e de Comunicação. Depois, foi para um doutorado em Engenharia Biomédica; enquanto concluía esse programa, fez um MBA também. A maioria dos fundadores não tem esse tipo de nível educacional. Mas, para uma empresa como a Nevro, que produz dispositivos que usam estímulos elétricos para tratar dores crônicas, a formação aprofundada de Alataris em bioengenharia e modelagem neurológica deu a ele uma compreensão muito melhor dos problemas que sua empresa visa solucionar.

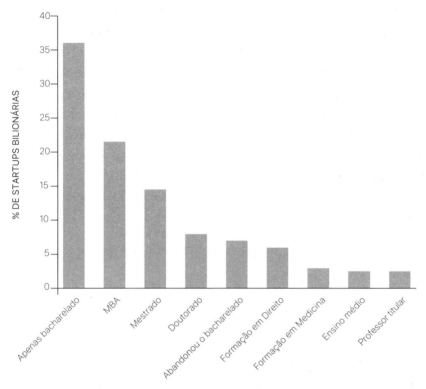

Há mais casos de CEOs que têm diplomas avançados do que os que abandonaram um bacharelado, mas nenhuma dessas situações aumenta ou diminui as chances de sucesso. Os fundadores de startups bilionárias têm, em média, maior nível educacional que o público geral, mas semelhante ao grupo aleatório.

Para outros fundadores, a faculdade não parece fazer muita diferença. Lyndon Rive abriu sua primeira empresa logo depois do ensino médio em Pretória, na África do Sul. Rive fundou, depois, a SolarCity, uma empresa que projeta, instala e financia painéis de energia solar. Ela foi adquirida pela Tesla, em 2016, por 2,6 bilhões de dólares.

TODOS ELES ESTUDARAM NO MIT?

Não é segredo que muitos fundadores de empresas bilionárias saíram das melhores universidades. A Stanford, em particular, tem uma reputação de ser uma fábrica de startups, formando mais fundadores bilionários que qualquer outra universidade – 38 durante o período do meu estudo, em comparação com 26 de Harvard e 20 do MIT. (Entre estas três principais instituições, Stanford produz um número igual de CEOs fundadores e CxOs, enquanto o MIT forma bem mais CTOs.) Mas muitos fundadores de empresas bilionárias não foram para escolas de primeira linha. Na verdade, o número de formados nas dez melhores instituições é similar ao de formados naquelas que não estão nem entre as cem melhores.

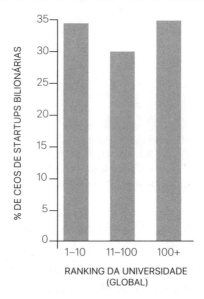

O número de CEOs de startups bilionárias que frequentaram instituições no top 10 é similar ao de formados naquelas que não estão nem entre as 100 melhores.

Sem dúvida há benefícios em frequentar uma instituição como Stanford. Seu *campus* está localizado no coração do Vale do Silício, então os alunos podem conseguir melhores estágios e conexões nas muitas empresas renomadas da região antes mesmo de se formar. Embora Stanford tenha a maior parte de empreendedores famosos em sua lista de ex-alunos, os estudantes de universidades da região também parecem ter se beneficiado da proximidade com a meca da tecnologia. A Universidade da Califórnia, Berkeley, é a quarta na formação de fundadores bilionários. Mesmo universidades que estão em posições inferiores no ranking na região dão aos alunos acesso à indústria, a suas empresas e seu pessoal. Jan Koum, o cofundador do WhatsApp, trabalhou como testador de segurança no Vale do Silício enquanto estudava na Universidade Estadual de San José. Os fundadores na área de tecnologia, como Brandon Leonardo, cofundador da Instacart, e Ed Oates, cofundador da Oracle, também frequentaram a Estadual de San José.

Em termos de formar empreendedores de sucesso, a posição da universidade em rankings parece ser menos importante que sua cultura e sua localização. Algumas instituições bem posicionadas não têm números altos de fundadores de startups bilionárias: Princeton, Caltech e a Universidade de Chicago, por exemplo. Outras instituições com uma forte cultura de empreendedorismo estão na frente, apesar de sua posição nos rankings: dez fundadores de empresas bilionárias se formaram na Universidade do Sul da Califórnia, nove na Universidade do Michigan e cinco na Universidade Brigham Young.

Vários fundadores se formaram em instituições das quais você nunca deve ter ouvido falar – como Jason Citron, cofundador e CEO do Discord, uma plataforma bilionária de comunicação de jogos, que se formou na Universidade Full Sail. A pouco conhecida instituição em Waterpark, na Flórida, é especializada em mídia e artes, com cursos como engenharia de áudio. Citron, que já era um programador ávido quando chegou à faculdade, matriculou-se no programa de design de jogos na Full Sail. Ele conseguiu trabalho em estúdios de jogos depois da faculdade e começou a fazer aplicativos para iPhone, ganhando prêmios por seu design de jogos para celular.

Em média, os fundadores de startups bilionárias realmente vieram de instituições bem posicionadas com mais frequência que os outros fundadores. A posição média no ranking de universidades que formaram o grupo de empresas bilionárias foi 27, comparado a 74 do grupo de fundadores de startups aleatórias – quase o triplo, sugerindo que aqueles que frequentaram instituições bem posicionadas têm mais probabilidade de criar startups bilionárias. Esta foi uma das primeiras diferenças significativas que encontrei nos dados entre os grupos bilionário e aleatório.

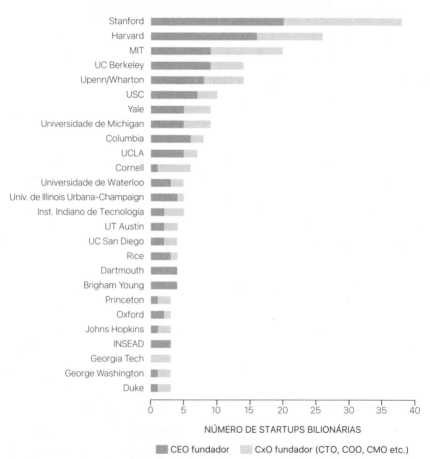

Apesar de os fundadores de startups bilionárias em média terem ido a instituições mais bem posicionadas nos rankings em comparação com os do grupo médio, a localização e a cultura de empreendedorismo de uma universidade têm um papel mais importante que o número de fundadores de startups bilionárias que ela formou.

É importante observar que o grupo aleatório de startups havia recebido pelo menos 3 milhões de financiamento, então, o viés para o que os investidores financiam é, em certo grau, levado em conta. Mas há outros fatores de confusão que poderiam explicar ainda mais o sucesso dos fundadores que foram a instituições de primeira linha. As pessoas que frequentaram universidades renomadas provavelmente tiveram mais facilidade em chamar a atenção de investidores conhecidos que aquelas que frequentaram instituições menos conhecidas. Esses fundadores podem ter vindo de famílias com renda mais alta ou tido mais apoio e uma rede de segurança à qual recorrer caso suas startups fracassassem, ou eles podem ter tido mais facilidade para recrutar os melhores talentos.

Também é importante notar que muitos fundadores de empresas bilionárias não frequentaram instituições no topo do ranking, e suas startups não sofreram por isso. Como vimos anteriormente no capítulo, havia tantos fundadores de startups bilionárias que tinham frequentado as dez melhores instituições quanto aqueles que frequentaram escolas que não chegavam nem às cem melhores. A comunidade de startups pode ser bem agnóstica em relação à educação de um empreendedor, especialmente no que se refere ao título obtido, algo que, em outros setores, é ainda um requisito considerável, já que a educação e a universidade são normalmente usadas como indicadores para fins de recrutamento.

UM PROFESSOR QUE CRIOU VÁRIAS STARTUPS BILIONÁRIAS
ENTREVISTA COM ARIE BELLDEGRUN, DA KITE PHARMA E ALLOGENE

Abordando dois dos temas que já discutimos até agora, Arie Belldegrun é um dos fundadores mais educados e mais seniores em termos de idade. Ele explorou sua experiência como médico e professor na Universidade da Califórnia, Los Angeles, em quatro empresas farmacêuticas, duas das quais valem mais de 1 bilhão de dólares. Encontrei Belldegrun no escritório da Allogene Therapeutics, sua quarta startup, para ouvir sobre fundar quatro empresas consecutivas enquanto ainda estava no mundo universitário e depois de ter alcançado os níveis acadêmicos mais altos.

Fundei minha primeira empresa enquanto era professor na Ucla [Universidade da Califórnia]. Era um médico-cientista, o que significa que tanto fazia pesquisas como tratava pacientes. Minha especialidade era oncologia urológica: tratar câncer da próstata, dos rins e da bexiga com imunoterapia e terapia genética. Este era o início da imunoterapia; dava para contar nos dedos o número de laboratórios interessados na área.

Ao mesmo tempo, havia um aumento no interesse em genes – a clonagem do genoma humano, o Projeto Genoma Humano e novos genes sendo descobertos o tempo todo. Mas esses genes estavam nas mãos de grandes empresas, com máquinas de 100 milhões de dólares. Todas elas estavam interessadas em explorar mais e mais genes em vez de se concentrar em um e estudá-lo, descobrir sua importância e, então, criar um medicamento a partir dele. Eu vi uma oportunidade de expansão além de só fazer pesquisa no laboratório, então, com cinco professores da Ucla, abri uma empresa. Foi chamada de Urogensys – depois Agensys – porque eu era urologista e queria me concentrar em cânceres urológicos.

Trabalhar na Agensys foi bem diferente do que nossa vida acadêmica. Na Ucla, ficávamos escrevendo documentos para subvenções dos Institutos Nacionais da Saúde [NIH] e competíamos por financiamento. Na empresa não competíamos por financiamento, conseguíamos com investidores. No início, clonávamos tumores normais, identificando os genes e, então, estudando os melhores alvos dos quais poderíamos criar anticorpos. Na década de 1990, o estudo de anticorpos engatinhava. A Genentech talvez estivesse começando a fazer isso, mas era o início. Tínhamos um conselho consultivo científico – com cinco membros da Academia Nacional de Ciências e um ganhador do prêmio Nobel – para nos ajudar no que estávamos fazendo. Isso resultou em doze anticorpos e quatrocentas patentes. Começamos a trabalhar com outras empresas, como a Astellas Pharma, que depois compraria nossa empresa por 537 milhões de dólares.

Eu nunca quis ser CEO de uma empresa. Eu queria iniciar a ideia, obter ações como fundador e, então, administrá-la como presidente do conselho. Na Agensys, eu era o presidente fundador; abri a empresa e trouxe uma equipe para administrá-la. Passava 30% do meu tempo na empresa e 70% na Ucla, que ficava a apenas alguns minutos de lá. Acabamos tendo 115 funcionários, incluindo 50 doutores. Havia muita pesquisa básica, muita descoberta, e levamos onze anos até a empresa ser adquirida.

Depois da Agensys, queria fundar uma segunda empresa – uma que não tivesse pesquisa, apenas desenvolvimento. Foi assim que a Cougar Biotechnology começou. A ideia era observar as moléculas que as pessoas achavam que não eram medicamentos potenciais e, portanto, não estavam sendo desenvolvidas. Uma dessas moléculas tinha sido descoberta e estava parada no Instituto de Pesquisa do Câncer em Londres por sete anos. Nós a analisamos e acreditamos que poderia se tornar um produto importante em cânceres regulados por hormônios, como o de próstata ou o de mama. Como sou especialista em próstata, comecei com ela. Desenvolvemos o medicamento até os testes clínicos de fase três e, quando chegamos perto da aprovação, já podíamos ver o potencial no mundo real. A empresa foi adquirida pela Johnson & Johnson, em 2009, por quase 1 bilhão de dólares. E aquele medicamento, agora chamado de Zytiga, é provavelmente o mais comum para pacientes com câncer de próstata metastático em estado avançado. A Johnson & Johnson agora tem uma receita de aproximadamente 3 bilhões de dólares com ele.

Enquanto estava na Cougar, ainda passava 70% do meu tempo na Ucla e era um acadêmico bem ativo. Eu tinha estudantes de doutorado, fazia pesquisa e ensinava na clínica sobre oncologia urológica. Tornei-me chefe do

Instituto de Oncologia Urológica da Ucla. Quando vendemos a Cougar, pensei: "O que vem a seguir?". Parecia o momento certo para criar uma empresa de imunoterapia.

Voltei ao Instituto Nacional do Câncer, onde havia treinado com o dr. Steven Rosenberg 27 anos antes. Contei a ele uma ideia que tive sobre imunoterapia e ele disse: "Olhe, tenho uma tecnologia aqui que, na verdade, todas as grandes empresas farmacêuticas – Johnson & Johnson e várias outras – ignoraram e não têm interesse". Era sobre engenharia do sistema imune do ser humano. Ele me mostrou os raios X de dois ou três pacientes que havia tratado. Eu nunca tinha visto respostas como aquelas. Pedi-lhe que se juntasse a mim na empresa, mas ele disse: "Não, eu amo o que faço em pesquisa nos NIH. É onde quero estar". Então, sugeriu que fizéssemos uma parceria chamada Crada – *cooperative research and development agreement* [contrato de pesquisa e desenvolvimento cooperativo] –, um contrato entre uma empresa privada e uma agência governamental, neste caso, os Institutos Nacionais de Saúde. Isso levou um ano e meio, porque fazer um contrato com o governo é algo muito complexo. Foi assim que nasceu a Kite Pharma, minha terceira empresa.

A Kite desenvolvia terapia de engenharia celular para o câncer. Começamos com o linfoma não Hodgkin, o câncer do sistema linfático do corpo, e conseguimos a aprovação de um medicamento pela Food and Drug Administration [FDA] em 34 meses. Esse é possivelmente um dos prazos mais curtos de aprovação pela FDA de um medicamento para câncer. Logo depois disso, outra grande empresa de biotecnologia chamada Gilead Sciences comprou a Kite por 11,9 bilhões de dólares, que foi a maior aquisição pré-comercial de uma biofarmacêutica de todos os tempos.

Fui de novo presidente na Kite, mas, em 2013, o progresso não foi tão rápido quanto queríamos. Fomos a primeira empresa de terapia de engenharia celular do mundo, mas, quando começamos a mostrar sucesso, muitas outras nos seguiram, então tivemos de agir rapidamente. O conselho administrativo me perguntou se eu assumiria a posição de CEO. Ainda queria ser professor na Ucla. Então, tirei uma licença da Ucla por seis meses e depois retornei, e desta vez passava 30% do meu tempo lá e 70% na empresa. Abri o capital da empresa em 2014 e consegui 1,2 bilhão dos investidores com o tempo.

Quando você funda uma empresa, tem de pensar tanto nos fatores de sucesso internos como nos externos. Externamente, você precisa montar o melhor conselho administrativo e captar o dinheiro necessário. Não é sobre o que você sabe; é sua credibilidade. E quando você desenvolve a credibilidade e as pessoas sabem seu nome, fica mais fácil. Na Cougar Biotech, imploramos por dinheiro durante um ano. Na minha quarta empresa, Allogene, captamos quase 800 milhões de dólares em menos de nove meses depois da fundação.

Internamente, é preciso pensar em quem está trazendo. Você precisa do chefe de finanças, do chefe do jurídico, precisa dos seus cientistas. Mas também precisa de um ótimo conselho administrativo. Esse é um dos segredos do sucesso nas empresas de ciências da vida. São necessárias pessoas de grandes empresas farmacêuticas que administraram medicamentos multibilionários. Não é fácil trazer essas pessoas para o conselho. Por exemplo, quando comecei a Kite, assim que o CEO e presidente da Roche se aposentou, eu imediatamente o chamei para se juntar ao meu conselho administrativo. Levei-o para a Allogene também. A chave é se certificar de que a empresa esteja bem controlada e que o conselho seja solícito. O melhor exemplo é de quando fui até o conselho e disse que gostaria de pedir 40 milhões de dólares para construir nossa primeira fábrica. Naquele tempo, estávamos nos estágios iniciais do desenvolvimento clínico. Era apenas o desenvolvimento da primeira fase e eu pedia ao conselho que construísse uma planta de fabricação. É como estar na fase de pesquisa e desenvolvimento, mas gastando milhões de dólares simultaneamente para construir uma fábrica. Era uma aposta grande. Eu disse que queria que fôssemos únicos. Queríamos ser a primeira fábrica no mundo para essas terapias e precisaríamos ser independentes. Nós arriscamos tanto. Arriscaríamos um pouco mais e teríamos a oportunidade de fazer tudo internamente, não dependendo de ninguém mais. Essa decisão acabou sendo a melhor que já tomamos, porque, quando a Gilead pensou em adquirir nossa empresa, eles disseram: "Eles estão fabricando, podem fazer tudo e não precisam de mais ninguém para entrar no mercado", o que a levou a um valor de aquisição muito mais elevado.

Em termos de contratação, o que ajudou foi o fato de sermos professores na Ucla. Podíamos identificar talentos e doutores que tinham se formado em nossos laboratórios. E, como médicos de boa reputação, também tínhamos

> pacientes que eram grandes industriais e nos apresentaram a algumas pessoas de negócios e investidores. Tivemos a sorte de ter a rede de contatos certa – embora estivéssemos em Los Angeles, que ainda não era um centro de biotecnologia.

A educação médica de Belldegrun, seus anos de pesquisa em urologia e câncer, além de ter atingido o topo da excelência acadêmica, parecem ter tido um grande impacto no sucesso de suas empresas. Essas forças foram fundamentais para que ele pudesse encontrar e recrutar talentos, bem como fontes de ideias para suas empresas. Ele viu tanto valor em sua carreira acadêmica que sempre continuou parcialmente envolvido na área, mesmo quando era um CEO. Para alguns, ingressar no mundo acadêmico e ser um professor é o caminho antes de fundar empresas bilionárias. Para a maioria, entretanto, especialmente no setor tecnológico, trabalhar e obter experiência em empresas de tecnologia é o caminho. No próximo capítulo, examinaremos o papel que a experiência profissional, a trajetória da carreira e o conhecimento da área desempenham na fundação de startups bilionárias.

MITOS SOBRE A EXPERIÊNCIA PROFISSIONAL DOS FUNDADORES

SOBRE SER UM FUNCIONÁRIO

Quando se fala em experiência profissional, os aspirantes a empreendedor recebem conselhos diversos. Algumas pessoas acham que é importante ter experiência corporativa para que os fundadores tenham um modelo – seja para seguir, seja para se afastar – quando abrirem suas próprias empresas. Outros acham que a experiência corporativa é superestimada e que alguém que queira abrir uma empresa deveria apenas fazê-lo, idealmente o mais rápido possível.

Os dados mostram que as duas abordagens funcionam. Não há um único caminho para se tornar o fundador de uma empresa bilionária. Alguns abriram suas startups logo, enquanto outros tinham quarenta anos de experiência profissional antes de fundar sua empresa bilionária. O CEO fundador médio tinha onze anos de experiência profissional antes de abrir sua empresa bilionária. Essa experiência pode ter sido em outras empresas ou nas que fundaram anteriormente.

Ben Silbermann trabalhou no Google, projetando produtos para a equipe de anúncios, antes de criar o site de descoberta visual Pinterest. No

Google, Silbermann estava rodeado de pessoas inteligentes que pensavam no panorama geral, e isso o forçou a fazer o mesmo. Por outro lado, o Google era tão grande que ele não era sempre capaz de experimentar com os produtos que queria desenvolver. Quando criou o Pinterest, Silbermann tomou liberdades para experimentar mais, mas também levou consigo alguns truques de seus anos no Google. Seu primeiro trabalho na gigante de buscas tinha sido em atendimento ao cliente, respondendo a telefonemas. Ele se lembrou do valor de ter uma conexão com os clientes, portanto, enviou ele mesmo e-mails aos primeiros mil usuários do Pinterest para obter feedback. O modelo básico de negócios do Pinterest segue o do Google: ambos apresentam aos usuários um *feed* de resultados e mesclam anúncios relacionados à busca.[1]

Cheng Wei, fundador e CEO do DiDi, um aplicativo no estilo do Uber que começou na China, também teve anos de experiência corporativa e em startups antes de fundar sua própria. Durante seis anos no Alibaba, Cheng atuou como gerente de vendas na região norte da China. Posteriormente, foi para a maior plataforma de pagamentos on-line terceirizada da China, a Alipay, onde logo foi promovido ao cargo de gerente regional. Cheng Wei fundou a DiDi Dache (que significa "Bip-bip, chame um táxi"). A DiDi depois adquiriu a Uber na China, angariou centenas de milhões de usuários e expandiu-se pelo mundo todo.

Cerca de 30% dos CEOs fundadores no grupo de empresas bilionárias não tinham trabalhado para ninguém além de si mesmos. Daqueles que tinham, uma média de 60% haviam trabalhado em empresas com marcas muito bem conhecidas, como Google, Microsoft, Amazon, Goldman Sachs e McKinsey. Essas "empresas de primeiro nível" são famosas por seus processos rigorosos de contratação e sua tendência de empregar os melhores. Outros 28% trabalharam em "empresas de segundo nível", que defino como empresas grandes e bem conhecidas que eram menos buscadas pelos melhores talentos. Só 14% dos fundadores de empresas bilionárias tinham trabalhado apenas em empresas que não eram bem conhecidas.

No grupo aleatório, 16% não tinham trabalhado para ninguém além de si mesmos. Dos que tinham, um menor número de fundadores havia trabalhado para empresas de primeiro nível – 36%, um pouco mais da metade do índice do grupo bilionário. Essa foi a segunda diferença significativa estatisticamente que observei em meus dados de comparação entre os grupos bilionário e aleatório. Os fundadores de empresas bilionárias tinham mais probabilidade de ter trabalhado para si mesmos ou em uma empresa de primeiro nível.

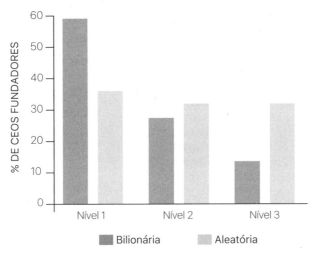

Os fundadores de startups bilionárias tinham mais probabilidade de ter trabalhado para si mesmos ou em empresas de primeiro nível.

Assim como as universidades, algumas empresas têm a reputação de criar fundadores de empresas bilionárias. Catorze fundadores de empresas bilionárias haviam trabalhado anteriormente para o Google durante o período de meu estudo, mais que em qualquer outra empresa. Além do Pinterest, os ex-Google fundaram as startups Affir, Convoy, Nextdoor, Nutanix, Snowflake e Wish. Em certas maneiras, pode parecer contraditório que pessoas que se desenvolvem em empresas grandes e com muitos recursos sejam ótimas em criar startups que têm recursos limitados, mas, na realidade, os que possuem tal experiência profissional tinham mais probabilidade de abrir empresas bilionárias. É possível que muitos deles, como Silbermann, tenham levado os processos de trabalho, cultura criativa e o modelo de negócios incrivelmente bem-sucedido do Google para suas empresas.

Outra empresa cujos ex-funcionários criaram muitos negócios bilionários é a Oracle. Seus ex-funcionários fundaram empresas como Meraki, LendingClub, Cloudera, Nutanix, Rubrik, Snowflake, Veeva e Workday. À primeira vista, a Oracle não é lembrada como uma empresa empreendedora, então, o fato de ter criado muitos fundadores de startups bilionárias pode dizer algo sobre a importância de habilidades como vendas e sabedoria

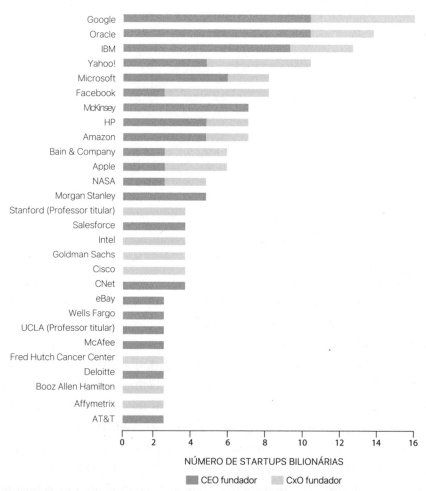

Empresas como Google, Oracle, Facebook e Amazon formaram muitos fundadores de startups bilionárias.

empresarial para entrada no mercado, já que a Oracle tem uma cultura orientada para vendas. Além do Google e da Oracle, empresas como IBM, Yahoo, Facebook, Microsoft, Amazon, Hewlett-Packard, McKinsey, Apple, Bain, Morgan Stanley e Nasa também produziram sua cota de fundadores de empresas bilionárias.

Ter essas empresas no currículo pode ter ajudado os fundadores no recrutamento, nas vendas aos clientes e, o mais importante, na atração da atenção dos investidores. Empresas extremamente competitivas, como o Google, são também, indiscutivelmente, um ótimo lugar para conhecer outras pessoas inteligentes que possam ser escolhidas como cofundadores ou os primeiros funcionários. No entanto, é importante observar que o relacionamento nem sempre é causal. Esses fundadores não necessariamente abriram empresas bilionárias *porque* trabalharam no Google, na Oracle ou na IBM. Em vez disso, talvez essas empresas conhecidas atraíram as pessoas mais ambiciosas e voltadas para o empreendedorismo em primeiro lugar.

Dito isso, muitos fundadores não tiveram uma escola ou um empregador de grande reconhecimento no currículo quando criaram a própria empresa. Nichole Mustard, cofundadora da Credit Karma, estudou na Universidade de Miami e trabalhou como gerente *trainee* na Pizza Hut depois da formatura. Ela vivia em um pequeno apartamento em Los Angeles quando decidiu obter uma certificação como planejadora financeira. Depois de desenvolver sua prática por alguns anos, ingressou na Compete.com – uma startup, hoje fechada, que media o tráfego na web – como diretora de vendas. Por meio de seu cargo desenvolvendo parcerias, ela conheceu Kenneth Lin, que trabalhava em uma empresa chamada E-Loan. Assim como Mustard, Lin não havia trabalhado nem estudado em nenhuma empresa ou instituição de grande reconhecimento. Mas ele tinha uma ideia de negócio: deixar as pontuações de crédito dos clientes mais fáceis de ver e monitorar. E achou que Mustard seria uma excelente cofundadora, com sua experiência em planejamento financeiro, forte ética de trabalho, conexões de negócios e uma atitude repleta de entusiasmo. Juntos, criaram a Credit Karma, empresa que ajuda os consumidores em planejamento financeiro e com o monitoramento e a melhoria de suas pontuações de crédito. A Credit Karma tornou-se uma empresa dominante na área, conseguindo mais de 80 milhões de usuários. Em 2020, ela foi adquirida pela Intuit, uma empresa de capital aberto na área de software financeiro, por 7,1 bilhões. O fato de Mustard e Lin não terem vindo de faculdades e de empregadores de primeiro nível não os impediu de construir o negócio que foi amado por muitos usuários e gerou um valor imenso.[2] Essas coisas podem até tê-los feito entender melhor seus usuários e motivado-os a atender seus clientes.

É importante observar, ao pensar nas experiências dos fundadores, que meu conjunto de dados inclui todas as empresas bilionárias que foram fundadas desde 2005, quando uma empresa como o Yahoo era uma das grandes empregadoras. Isso mudou nos últimos anos. Entre as empresas bilionárias fundadas entre 2014 e 2018, um grupo mais recente, o Google, era ainda o maior ex-empregador, seguido por Square (relativamente novata, fundada em 2009), Facebook, McKinsey, Amazon, Genentech, Cisco e Oracle. Também vale indicar que, embora alguns possam ver um contraste entre os papéis de investidores e fundadores, e possam acreditar que os primeiros não sejam bons operadores, um número considerável de fundadores de startups bilionárias trabalhou em capital de risco em vez de corporações. Anne Wojcicki, fundadora da empresa de testagem genética de consumidores 23andMe, trabalhou como analista na Passport Capital. Katrina Lake era consultora na Leader Ventures antes de abrir a Stitch Fix, varejista de roupas. David Vélez era sócio na Sequoia Capital, analisando oportunidades de investimento na América Latina antes de sair para fundar o Nubank, o unicórnio brasileiro de serviços bancários on-line. E Andy Rachleff cofundou a Benchmark Capital antes de criar a Wealthfront, uma empresa de consultoria financeira para consumidores. Abe Othman, chefe de ciência de dados na AngelList – um site que permite que investidores invistam em startups em estágio inicial e diversifiquem por meio de fundos de índice – disse para mim: "Uma das características mais significativas que observamos entre as startups de sucesso é quando um fundador teve experiência como investidor ou investidor-anjo". Isso pode acontecer porque os ex-investidores têm mais facilidade para captar dinheiro e porque são melhores em filtrar suas ideias e apostar na certa à qual se dedicar.

SOBRE CONHECIMENTO DA ÁREA

Antes de se tornar o fundador de uma startup, Tony Xu teve anos de experiência profissional. Ele havia trabalhado em uma empresa de participações privadas e sido analista de negócios da McKinsey e estrategista corporativo no eBay. Nesses trabalhos, ele aprendeu muita coisa sobre consultoria e gestão de parcerias com startups, mas não tinha experiência com logística, que é a base de sua empresa bilionária, a DoorDash. Os cofundadores da DoorDash também não.

Há uma concepção errônea de que os fundadores devem ter experiência profissional direta nos setores em que estão "criando uma ruptura". Para fundadores como Xu, esse não foi o caso. Quando criança, Xu trabalhou no restaurante chinês de sua mãe – lavando pratos, servindo e, às vezes, consertando o sistema de pagamento. Mas ele não teve nenhuma experiência profissional relacionada a operações de entrega e otimização de rotas, que são os pilares do sucesso da DoorDash. A empresa surgiu de uma série de conversas na escola de negócios e uma disposição para resolver as coisas no trabalho. Acontece que vários fundadores de startups bilionárias, como o Xu, também não possuem esse tipo de experiência profissional direta no setor que estão revolucionando.

Entre as empresas bilionárias, menos de 50% dos CEOs fundadores e menos de 30% dos CxOs fundadores tinham muita – se alguma – experiência profissional diretamente relacionada às suas startups. Isso significa, por exemplo, que os fundadores que tiveram experiência trabalhando em um aplicativo de mídias sociais foram, depois, capazes de fundar uma empresa bem-sucedida de seguros, ou que os CTOs com experiência em uma empresa de infraestrutura de dados foram capazes de criar as plataformas de uma empresa de *e-commerce* bem-sucedida. Parece que o importante é ter certas habilidades pessoais, como a de contratar e gerenciar um grupo de pessoas talentosas, desenvolver e manter conexões e parcerias estratégicas em vários setores, ser excelente em vendas e pensar sobre os problemas da maneira certa – em vez de saber as tecnicidades de um setor específico da indústria.

Em termos de experiência profissional diretamente relevante, não houve diferença considerável entre o grupo bilionário e o aleatório, o que significa que a existência ou a falta de conhecimento na área não afetou a taxa de sucesso. Portanto, de modo geral, não é uma vantagem nem uma desvantagem. Mas é importante notar que a maioria das empresas bilionárias na área de consumo ou corporativa é criada por pessoas *sem* muita – se alguma – experiência diretamente relevante.

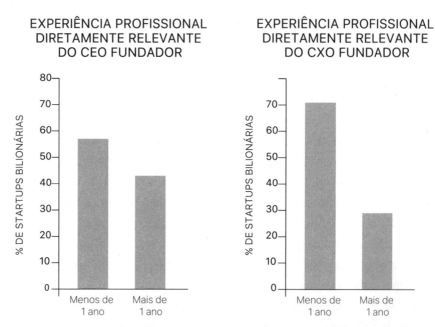

Mais de 50% dos CEOs fundadores e mais de 70% dos CxOs fundadores tinham menos de um ano de experiência profissional relevante ou de atuação no setor antes da fundação de suas empresas.

No caso das startups relacionadas à ciência, a história é um pouco diferente. Em média, 75% dos fundadores nas áreas de serviços de saúde, ciências da vida e biotecnologia tinham experiência diretamente relevante, em comparação com apenas 40% na área de tecnologia corporativa e 30% em consumo. Isso não deve causar total surpresa: os fundadores com experiência em ciências podem estar mais bem equipados para entender o seu produto e se orientar de acordo com as regras do setor que regulam suas empresas.

O dr. Phil Greenberg, por exemplo, passou quatro décadas dedicando-se à pesquisa e à aprendizagem sobre imunoterapia antes de fundar sua empresa. Greenberg foi parte de uma equipe no início da década de 1990, a primeira a mostrar a possibilidade de extrair células T do corpo, multiplicá-las aos bilhões em laboratório e infundi-las em um paciente para buscar e destruir células doentes. Esse sucesso inicial, corroborado por muitos anos de testes laboratoriais, envolveu a proteção de pacientes imunossuprimidos contra a infecção por citomegalovírus, uma complicação comum e geralmente fatal em pessoas que receberam transplante de medula óssea.

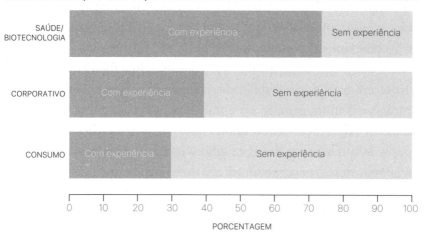

Nas áreas de serviços de saúde e biotecnologia, 75% dos fundadores de startups bilionárias tinham experiência diretamente relevante no setor. Em tecnologias corporativas, apenas 40% tinham experiência diretamente relevante, e na área de consumo, apenas 30%.

Greenberg e seus colegas descobriram que a mesma abordagem pode curar melanoma em estágio avançado, uma forma fatal de câncer de pele. Demonstrou-se também potencial para tratar outros tipos de câncer, entre eles, leucemias agressivas, o principal foco de Greenberg. Seu trabalho resultou em uma empresa chamada Juno Therapeutics, que desenvolve terapias de células T para pacientes com câncer e que, posteriormente, foi adquirida por 9 bilhões de dólares pela Celgene, uma grande farmacêutica.

É possível supor que um CEO fundador sem conhecimento da área precise se juntar a um cofundador que era do setor. Esse é o caso de algumas pessoas: David Vélez, que vem do setor de capital de risco, juntou-se a Cristina Junqueira, que tinha anos de experiência em bancos locais no Brasil, para fundarem o Nubank, um banco on-line e um dos poucos unicórnios do Brasil. Mas, em geral, os dados mostram que os CEOs fundadores sem experiência diretamente relevante eram mais propensos a se juntar a CxOs fundadores que também tinham pouca ou nenhuma experiência desse tipo. Isso não significa que os cofundadores trabalhem melhor quando têm a mesma experiência no setor ou a mesma origem. Apenas significa que os estereótipos sobre uma equipe "ideal" – em que um fundador deve ser do setor e o outro cofundador deve ser um inovador hábil em tecnologia – não são necessariamente corretos.

Mais que o conhecimento da área, o que importou foi ter experiência de trabalho em geral. São as habilidades pessoais, como gerenciar uma equipe, contratar e demitir, gerar renda e trabalhar bem com a lista de contatos, que fazem a diferença. Os fundadores que tinham tais capacidades e foram capazes de aprender rapidamente sobre a nova área com uma mentalidade nova e sem vieses conseguiram ter um desempenho melhor.

SUPERFUNDADORES

FUNDADORES QUE CRIARAM UMA EMPRESA DE TRATAMENTO DE CÂNCER DE 2 BILHÕES DE DÓLARES SEM EXPERIÊNCIA MÉDICA
ENTREVISTA COM NAT TURNER, DA FLATIRON HEALTH

Nat Turner e Zach Weinberg não tinham experiência em oncologia quando fundaram a Flatiron Health, outra empresa que trabalha na cura do câncer. Sua empresa anterior se concentrava em tecnologia para publicidade. Mesmo sem o conhecimento da área, Turner e Weinberg conseguiram criar uma startup farmacêutica bilionária. A Flatiron Health não tem uma abordagem terapêutica. Em vez disso, a empresa usa inteligência de dados para ajudar os pacientes com câncer. Seu software é projetado para melhorar o fluxo de trabalho em clínicas para tratamento de câncer e agregar dados anonimizados para compartilhar com empresas farmacêuticas e institutos de pesquisa. Encontrei-me com Turner para saber como ele a criou. Esta é a sua história, em suas próprias palavras.

Eu tinha vários hobbies quando era mais jovem, e eles quase acabavam se tornando um negócio. Na oitava série, vendia répteis e cobras – isso era realmente algo grande on-line – e desenvolvi meu primeiro site porque precisava de um. Aprendi sozinho como programar e projetar páginas da web, e, depois disso, comecei a fazer sites para outras pessoas. Eu provavelmente fiz centenas de sites no ensino médio. Criei um para troca de cartões de presente, onde você podia trocar de forma segura, por exemplo, um cartão de presente da Home Depot por um da J.Crew. Durante meu primeiro ano de faculdade na Universidade da Pensilvânia, meu cofundador, Zach, e eu criamos a EatNow.com, uma empresa de pedidos de comida on-line voltada para o *campus*. A Universidade da Pensilvânia tinha uma comida muito ruim, então todo mundo comia em restaurantes, mas você precisava ligar para fazer o pedido. Escolhemos um modelo de negócios ruim com a EatNow.com, no qual enviávamos as faturas para os restaurantes no fim do mês em vez de recolher o dinheiro dos clientes e pagar o restaurante depois de descontar nossas taxas. Mesmo assim, vendemos a empresa por cerca de 100 mil dólares.

Quando estávamos no terceiro ano de faculdade, Zach e eu fundamos a Invite Media. Era uma empresa de tecnologia para publicidade na área de *displays*, como anúncios em *banners*. Ela foi criada em 2007 e a vendemos para o Google três anos depois. Ficamos no Google por dois anos, trabalhando para integrar nosso produto ao DoubleClick, a empresa de anúncios digitais do Google.

Éramos muito jovens quando a Invite Media foi adquirida. Quarenta e oito horas após vendermos a empresa, já pensávamos no que fazer a seguir. Eu tinha um primo pequeno que foi diagnosticado com leucemia em 2009, logo depois da venda. Ele tinha sete anos na época. Zach e eu estávamos cansados de tecnologia para publicidade. Queríamos fazer algo com uma missão. Depois do diagnóstico do meu primo, começamos a pesquisar sobre o câncer. Não sabíamos nada sobre serviços de saúde, muito menos sobre câncer, mas mergulhamos fundo. Começamos pesquisando ideias de seguro de saúde. Depois, verificamos serviços de segunda opinião para pacientes com câncer; meu primo tinha recebido diagnóstico errado duas vezes. Consideramos uma ferramenta de inteligência de negócios para centros de tratamento de câncer. Fizemos esse exercício de ideação por mais de um ano, enquanto éramos funcionários do Google, antes de fundar oficialmente a Flatiron Health, em junho de 2012.

Acredito que, se a Flatiron tivesse sido nossa primeira empresa, teria sido um fracasso total. Precisávamos da credibilidade da aquisição da Invite Media e dos cartões de visita do Google. Fizemos boa parte de nossa pesquisa enquanto ainda estávamos empregados pela empresa, com apoio do Google Ventures. O primeiro centro de tratamento de câncer que visitamos foi o da Penn [Universidade da Pensilvânia], porque éramos ex-alunos da instituição e conseguimos alguns contatos de nossos ex-professores. Fomos fazendo *networking* a partir dali. Muitos oncologistas estavam cansados das empresas tradicionais no setor e ficaram animados de verdade em ver dois moleques do Google com capacidade de captar recursos. Havia um centro de oncologia no primeiro andar do prédio do Google em Nova York; era só pegar o elevador. Aguardamos em uma sala de espera um dia para ver se poderíamos conseguir uma reunião com um médico e acabamos nos encontrando com o dr.

Michael Grossbard. Nós o acompanhamos por cinco horas enquanto ele via pacientes com câncer.

Éramos novos, não tínhamos noções preconcebidas ou maus hábitos. Questionávamos tudo. E aí é que está: o dr. Michael Grossbard frequentou a faculdade de Medicina com Tom Lynch, que depois se tornou *chief scientific officer* na Bristol-Myers Squibb, uma enorme empresa farmacêutica americana. Antes disso, ele dirigiu o centro de câncer de Yale. O dr. Grossbard ficou impressionado conosco e nos apresentou a Tom Lynch. Acontece que *ele* foi para a faculdade de Medicina com o Michael Seiden, que, na época, dirigia o Fox Chase Cancer Center, no subúrbio da Filadélfia. É uma proliferação, de verdade; você cria essas redes mentais em sua cabeça sobre quem está conectado a quem. Os médicos não estão no LinkedIn, por isso precisávamos daquela rede de contatos pessoais. E não são apenas os médicos que importam; os executivos das empresas farmacêuticas, as empresas de seguro – foi tudo por meio de *networking*. Conhecemos de dez a quinze pessoas por dia durante mais de um ano. Fizemos tudo isso um ano e meio antes de formar a Flatiron Health, só aprendendo e falando com as pessoas.

Nunca paramos deliberadamente para pensar: "Esta é uma boa ideia?". Mas Zach e eu perguntávamos sobre tudo e, juntos, lutamos e reviramos coisas. Nós gostávamos do dito "Strong opinions, loosely held" [Opiniões fortes, com flexibilidade], o que significa que, assim que você obtém novos dados, precisa estar disposto a se movimentar com rapidez, desviar-se e não ter medo disso. Diz respeito a sempre encontrar um equilíbrio entre o tamanho do mercado, a concorrência do modelo de negócios, o custo de desenvolvimento e a adequação do produto ao mercado. Você receberá centenas de comentários, a maioria conflitantes, e noventa provavelmente errados. Como um empreendedor, é preciso estar disposto a tomar decisões, e não há como ser um perfeccionista.

Passamos muito tempo conversando com as pessoas, fazendo perguntas, calando a boca e anotando, fazendo *networking* e coletando comentários suficientes. Eu posso criar protótipos das coisas e o Zach é o melhor gerente de produto com quem já trabalhei, então, conseguimos criar modelos de alta fidelidade que pareciam os produtos reais desde o início do ciclo, obtendo retorno com rapidez. Frequentei uma escola de ensino médio de ciência da computação por quatro anos e sou quase um técnico – projetei os primeiros produtos da Invite Media e da Flatiron Health. Por causa disso, conseguimos apresentá-los a clientes reais desde o primeiro dia e obter feedback como se fossem os produtos de verdade antes mesmo de termos contratado alguém ou gastado um monte de dinheiro em engenharia. A primeira aceleração é a parte mais difícil, mas também é a que Zach e eu mais gostamos, e somos relativamente bons nisso.

Estaria mentindo se dissesse que não tínhamos grandes expectativas para a Flatiron Health. Alguns anos depois da venda da Invite Media, ela se tornou uma empresa gigante em termos de receita, processando bilhões de dólares em anúncios. A empresa era um foguete, e acabamos descobrindo que a vendemos por um valor baixo. Desde o primeiro dia com a Flatiron Health, tínhamos muitas expectativas e uma grande esperança. Mas elas foram destruídas rapidamente. Éramos uma ferramenta de inteligência de negócios para centros de tratamento de câncer, fazendo análises para clínicas particulares e hospitais, mas os hospitais e os centros de tratamento de câncer não têm grandes orçamentos, na verdade. Não dá para desenvolver um negócio vendendo isso. Então, mudamos e oferecemos o software e as ferramentas de forma gratuita para esses centros e, em troca, usamos seus dados para comercialização e pesquisa. Pensamos que as empresas farmacêuticas pagariam pelos dados para acompanhar sua participação no mercado em algumas categorias de medicamentos ou algo assim, mas há uma enorme oportunidade de evidências no mundo real para ajudar a FDA, as empresas farmacêuticas, os acadêmicos e os reguladores a tomar decisões sobre medicamentos e quais deveriam ser cobertos, quais funcionam, quais são seguros, quais têm melhor desempenho em uma comparação, quanto deveriam custar, todas essas coisas. Isso se chama evidências do mundo real, ou RWE (*real-world evidence*). Não sabíamos nem o que era isso quando criamos a Flatiron, mas é por esse motivo que a Flatiron Health é conhecida hoje em dia.

Também contratamos Bobby Green, nosso *chief medical officer* atual, que vem do mundo de trabalho comunitário. Ele disse: "Sabe, estamos tomando decisões ruins aqui e elas podem ser mais bem informadas por uma coleta rotineira de dados de pacientes com câncer". Cerca de 96% dos pacientes com

> câncer não vão para testes clínicos, portanto, estamos de fato aprendendo sobre 4% deles. Assim, nossa visão foi direcionada para aprender sobre os 96% e ela foi realmente cristalizada no primeiro ano da empresa. Tomamos nosso processo de contratação emprestado do Google. Cada pessoa que entra pela porta passa por uma entrevista padronizada com pelo menos oito entrevistadores, normalmente em pares. Há indicadores padronizados, perguntas padronizadas, tudo administrado por um sistema de acompanhamento de candidatos. O gerente de contratação deve defender cada candidato como uma tese, e então Zach e eu os aprovamos – até hoje. Entrevistamos cada um pessoalmente, até que chegamos a 150 ou 200 funcionários. Temos tudo o que buscamos: pensamento vertical e sequencial, habilidade de resolução de problemas. O conhecimento não é tão importante para nós, a menos que você seja um profissional médico. É só como você processa, pensa, se faz boas perguntas, acaba com os problemas.

Para Turner e Weinberg, a "jornada de carreira" deles constituiu-se, sobretudo, de fundar empresas. Começaram a fazer isso bem cedo e, quando estavam na faculdade, tiveram um sucesso inicial, o que os ajudou a expandir para uma área sobre a qual não tinham conhecimento. No entanto, suas habilidades pessoais, a capacidade de captar recursos e as conexões os ajudaram a aprender com rapidez e criar uma empresa de grande sucesso em uma área completamente diferente. Turner e Weinberg não são os únicos empreendedores recorrentes. No próximo capítulo, veremos o papel de um fundador recorrente no sucesso de startups bilionárias.

O SUPERFUNDADOR

Era véspera de Ano-Novo em 2008, e Garrett Camp não tinha como chegar em casa. Ele tinha saído para celebrar com amigos em São Francisco e as linhas telefônicas de táxi estavam congestionadas. O transporte público da cidade não funcionaria naquela noite e as ladeiras íngremes não lhe deixavam a possibilidade de uma caminhada. Assim, ele e os amigos desembolsaram 800 dólares em uma limusine, reclamando por todo o caminho.[1]

Para Camp, este era apenas mais um de uma série de infortúnios com transporte. Ele tinha o hábito de tomar táxis caros ou chamar táxis de luxo, que raramente apareciam. A corrida de 800 dólares era outro insulto, mas também o fez ter uma ideia. Ele poderia reduzir o custo de um serviço de táxi privado ou de limusine se pudesse pagar pela viagem, sob demanda, em vez de reservar o carro com antecedência e pagar por hora ou por metade do dia. O motorista ainda receberia por um dia de trabalho, só que com vários passageiros. Rascunhou com rapidez o conceito e o chamou de UberCab, que usava a localização por GPS do cliente para enviar uma mensagem de texto ao motorista mais próximo.

Camp tinha acabado de fazer 30 anos. Tinha um mestrado em Engenharia de Software e alguns amigos dispostos, Oscar Salazar e Conrad Whelan, que concordaram em desenvolver um protótipo para sua ideia. Quando pareceu que funcionaria, convidou Travis Kalanick para se juntar como investidor e "megaconselheiro".

A Uber se tornaria uma das empresas mais bem-sucedidas de seu tempo. Dez anos depois daquela fatídica corrida de véspera de Ano-Novo, a Uber abriu na bolsa de valores de Nova York com uma avaliação de 50 bilhões de dólares. Transformou Camp e Kalanick em bilionários. É fácil olhar para a história da Uber e ver dois jovens que acertaram em cheio com uma boa ideia no momento certo. Isso é verdade apenas em parte. Mas Camp e Kalanick não eram novatos. Ambos tinham experiência como fundadores de empresas de sucesso e levaram esse conhecimento sobre startups para a Uber, com sua rede de investidores e conselheiros.

No capital de risco, muitos dos *pitches* que vemos são de fundadores iniciantes. É menos comum ouvir de fundadores que venderam com sucesso uma empresa antes. Mas, quando examinei as empresas bilionárias em meu estudo, descobri um padrão interessante. Quase 60% desses fundadores tinham experiência anterior como fundadores de startup. Não tanto como funcionários, mas como *fundadores*, e, na maioria dos casos, como CEOs fundadores. Algumas de suas iniciativas anteriores foram enormes sucessos; outras foram fracassos catastróficos. O que parece importar é fazer isso mais de uma vez.

Compare esses números com a linha de base e o valor de um fundador recorrente se torna ainda mais notável: no grupo aleatório de startups, apenas 40% tinham um fundador assim. Ter fundado uma empresa, mesmo uma que não tenha se tornado um grande sucesso, aumentou a probabilidade de fundar outra que vale bilhões de dólares ou mais.

Claro, é melhor ter fundado uma empresa de sucesso. Fundadores recorrentes que no passado expandiram uma empresa, mesmo em um tamanho modesto, trazem um histórico que torna as coisas mais fáceis para eles na próxima vez em que criarem uma empresa. Das empresas bilionárias, 70% dos fundadores recorrentes tinham criado pelo menos uma empresa de sucesso anteriormente – em comparação com 24% no grupo aleatório, uma diferença considerável. Aqueles que fundaram uma empresa próspera no passado tinham uma probabilidade muito maior de criar uma empresa bilionária. Esta foi a diferença mais forte que observei nos meus dados entre os grupos bilionário e aleatório.

SUPERFUNDADORES

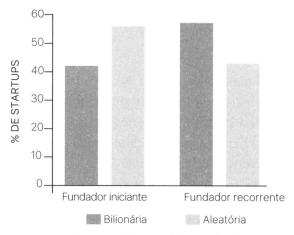

Os fundadores recorrentes tiveram maior probabilidade de criar startups bilionárias.

Os fundadores recorrentes não são apenas "empreendedores em série", expressão tão banalizada que mal tem significado agora. Em vez disso, chamo esse grupo de empreendedores de "superfundadores", que dão o nome deste livro. Defino um superfundador como alguém que fundou pelo menos uma empresa que teve um *exit** com uma avaliação de 10 milhões de dólares ou mais ou que teve 10 milhões de dólares em receita, independentemente de ter obtido o dinheiro com investidores de capital de risco. Apesar de um *exit* de 10 milhões de dólares ser um resultado bem modesto no mundo das mega-aquisições, é uma ótima preparação para a próxima empreitada do fundador, que terá muito mais chances de ter um resultado bilionário. Esses tipos de aquisição costumam ser casos em que o adquirente compra a tecnologia, o produto ou a equipe, e a startup ainda não atingiu um enorme sucesso comercial. A marca de 10 milhões de dólares não deve ser tratada como absoluta, mas mais como um limite conceitual que pode mudar com o tempo e em diferentes regiões. O valor de um superfundador está em sua habilidade de expandir uma empresa a determinados tamanho e resultado, e, então, repetir esse feito.

---
* "Ponto de saída" de uma startup, ou seja, quando ela é vendida. A abertura de seu capital na Bolsa de Valores também pode ser considerada um exit. (N. da T.)

Os superfundadores de hoje criarão as empresas bilionárias de amanhã

Veja os irmãos Collison, Patrick e John. Na adolescência, os dois criaram o Auctomatic, um sistema de gerenciamento de leilões para Power Sellers no eBay. Levaram a ideia à Y Combinator no inverno de 2007 e conseguiram um pequeno capital semente de investidores, entre eles, Chris Sacca e Paul Buchheit. Dez meses depois de ser fundada, a Auctomatic foi adquirida por uma empresa de capital aberto canadense por cerca de 5 milhões de dólares, transformando os irmãos Collison em milionários antes de completarem 21 anos de idade. Um pouco depois da aquisição, eles começaram a desenvolver projetos paralelos e descobriram que era muito difícil aceitar pagamentos pela web. Iniciaram um projeto para facilitar esse processo. O esforço resultou na Stripe, fundada em 2010. Hoje, ela é usada por mais de 100 mil sites e recentemente foi avaliada em mais de 35 bilhões de dólares.

Apesar de a primeira aquisição da empresa não ter passado da marca de 10 milhões de dólares, Patrick e John Collison ainda incorporavam as características de um superfundador. Tinham o desejo de resolver problemas do mundo real, reuniram clientes e criaram algo de valor. Há vários fundadores como os irmãos Collison – aqueles cujas empreitadas iniciais não atingiram os 10 milhões de dólares, mas que, mesmo assim, captam a essência básica de um superfundador, e é por isso que a marca dos 10 milhões não deve ser tomada literalmente. Vijay Shekhar Sharma, fundador do Paytm, o aplicativo de pagamentos indiano multibilionário que permite que os usuários paguem por meio de QR Code, havia criado um site de notícias e conteúdo na faculdade e que depois foi adquirido por 1 milhão de dólares. Antes de fundar o Spotify, o popular serviço de *streaming* de música, Daniel Ek havia criado uma empresa de publicidade on-line na Suécia, vendida por 1,5 milhão de dólares. Mais do que apenas vender empresas, os superfundadores compartilham uma propensão a criar coisas e a se dedicar às suas ideias.

Camp e Kalanick eram superfundadores. Antes da Uber, Camp fundara a StumbleUpon, a primeira plataforma de descoberta na web. Ela permitia aos usuários encontrar novos conteúdos na web com um único clique e rapidamente atraiu investidores-anjo, inclusive Brad O'Neill, Tim Ferriss, Ram Shriram, Ron Conway e Mitch Kapor, além de empresas de capital de risco, como a First Round Capital. A eBay acabou adquirindo-a por 75 milhões de dólares. Camp permaneceu como CEO após a aquisição e, em 2009, comprou a empresa de volta com alguns investidores.

Kalanick, que estudou Engenharia da Computação e Economia Empresarial na Ucla, abandonou o curso no último ano para trabalhar na Scour, um serviço de compartilhamento de conteúdo *peer-to-peer* fundado por ele com outros cinco alunos. A Scour cresceu o suficiente para atrair a atenção de grupos das indústrias do cinema e da música, que processaram a empresa por violação de direitos autorais. Esse processo drenou as finanças da Scour, que entrou com pedido de proteção contra falência em um ano.

No ano seguinte, Kalanick e um dos fundadores da Scour criaram um novo serviço de compartilhamento de arquivos, chamado Red Swoosh. Assim como a Scour, ele surfou na onda da banda larga cada vez maior da internet do início dos anos 2000 para possibilitar que usuários transferissem grandes arquivos, entre eles, músicas e vídeos. Embora o Red Swoosh trouxesse as melhores partes do Scour, Travis teve dificuldades em captar fundos. Ele ficou sem salário por três anos, morando com os pais e, então, na Tailândia, para economizar dinheiro. Por fim, com muita persistência, convenceu a August Capital e a Crosslink Capital a fundar a empresa. Em 2007, a Akamai Technologies, uma empresa de capital aberto na área de infraestrutura de internet, adquiriu a Red Swoosh por 19 milhões de dólares.

Quando Kalanick conheceu Camp na LeWeb, uma conferência de alto nível para pioneiros da tecnologia em Paris, ambos já tinham visto os altos e baixos de administrar uma startup. E quando decidiram fundar a Uber, cada um já havia tido a experiência de desenvolver um produto viável. Ter uma pequena lista de investidores que poderiam contatar também ajudou. Camp ainda era o CEO da StumbleUpon quando começou a trabalhar na Uber, e Kalanick – naquela época trabalhando como um megaconselheiro – hesitou em se comprometer totalmente. O sucesso impressionante da ideia ainda estava por vir, e nenhum dos dois fundadores queria administrar a empresa em tempo integral. No início de 2010, Kalanick postou um *tweet* dizendo que estava buscando um gerente de produto empreendedor que poderia aliviar a carga de trabalho dele e de Camp. Ryan Graves, que na época era um estagiário de desenvolvimento de negócios de 26 anos no Foursquare, respondeu. Graves começou como gerente-geral e foi promovido a CEO logo depois do lançamento. A lição: se você quer ingressar em uma startup bem no início, buscar empresas criadas por superfundadores poderá aumentar suas chances de sucesso. Onze meses depois, em dezembro de 2010, Kalanick estava convencido do potencial; ele começou a se dedicar em tempo integral, foi nomeado cofundador e sucedeu Graves como CEO.

Travis Kalanick buscando um gerente-geral para a Uber no Twitter. Fonte: Travis Kalanick (@travisk), *Twitter*, 5 de janeiro de 2010, https://twitter.com/travisk/status/7422828552?lang=en.

Muitas das histórias dos capítulos anteriores também envolvem superfundadores. Langley Steinert fundou o TripAdvisor antes de criar a CarGurus. Guy Haddleton fundou a Adaytum antes da Anaplan. Marc Lore lançou o Diapers.com antes do Jet.com. Ric Fulop fundou a A123 Systems e a levou a um IPO antes de criar a Desktop Metal. David Duffield criou a PeopleSoft antes de fundar a Workday. Nat Turner e Zach Weinberg fundaram uma empresa de tecnologia de publicidade que foi adquirida pelo Google antes de criarem a Flatiron Health. E muitas das startups incluídas nos capítulos a seguir também foram criadas por superfundadores.

Outro exemplo é Howie Liu, o cofundador da Airtable. Depois da faculdade, Liu recusou um emprego de desenvolvimento de software na Accenture para começar algo por conta própria. Ele teve a ideia de um serviço que agregaria mensagens de e-mail, Facebook e Twitter, reunindo todas as correspondências digitais em um único lugar. A startup, chamada Etacts, passou pela Y Combinator em 2010 e conseguiu 700 mil dólares de uma série de investidores-anjo, entre eles, Ashton Kutcher. A Etacts mostrou ser promissora e, depois de menos de um ano de operação, a Salesforce, de Marc Benioff, adquiriu-a, segundo rumores, por 25 milhões de dólares. Howie, então com 21 anos, tornou-se um milionário de forma instantânea.

Liu não durou muito na Salesforce. Ele queria começar algo novo; só precisava definir o quê. Pensou nas planilhas que via na Salesforce e em como muitas delas eram contêineres abarrotados e desordenados de vários dados. Uma planilha funcionava bem para análises numéricas ou cálculos financeiros, mas a maioria das pessoas as utilizava puramente para fins de organização. Liu percebeu que poderia fazer algo que atendesse a essas necessidades – não apenas uma planilha melhor, mas toda uma nova ferramenta organizacional. O novo produto, chamado Airtable, atraiu a atenção de muitos investidores, e sua avaliação mais recente estava acima de 2 bilhões de dólares.

Pode-se imaginar que os superfundadores sejam pessoas mais velhas porque já passaram pela administração e venda de uma empresa antes. No entanto, como você já deve ter percebido com os vários exemplos descritos aqui, a idade não é um fator significativo entre eles. O importante é a experiência de ter criado uma empresa de sucesso moderado, e isso pode acontecer tanto com um fundador de 18 anos quanto com um de 60. Há diversos motivos que justificam a importância da experiência anterior na criação de uma empresa de sucesso. Assim como Liu, fundadores recorrentes têm melhor acesso a investidores de risco e podem ter mais facilidade em obter financiamento. Eles têm redes mais fortes nas quais podem buscar os primeiros funcionários e conselheiros e ser apresentados a clientes potenciais. Eles também podem estar mais bem adaptados às demandas pessoais de se administrar uma startup e menos propensos a cometer erros.

Ao observar as startups internacionais, podemos ver vários superfundadores. Mudassir Sheikha, cofundador e CEO da Careem – a Uber do Oriente Médio, que foi adquirida pela própria Uber por 3,1 bilhões de dólares em 2019 –, também era um superfundador. Antes da Careem,

Mudassir passou uma década desenvolvendo startups de tecnologia no Vale do Silício, onde ele havia sido cofundador da DeviceAnywhere, que acabou sendo adquirida pela Keynote Systems por 60 milhões de dólares.

Dito isso, a experiência anterior não é a única responsável por tudo. Muitos dos superfundadores têm outra coisa em comum: sorte. Até mesmo as pessoas mais inteligentes com as melhores ideias tiveram sorte em algum momento, seja obtendo a atenção dos investidores certos, seja apresentando a ideia no momento ideal, seja encontrando a pessoa certa para se juntar à equipe, seja encontrando um comprador para a empresa. Outros tiveram sorte de outras maneiras, como ter o privilégio de abandonar a escola ou o trabalho para criar uma startup sem salário em vez de aceitar um emprego seguro para pagar sua dívida estudantil. Às vezes, é o privilégio de vir de uma família que tem as conexões certas. Para os superfundadores, ter sorte *uma vez* os ajudou a construir sua reputação e a rede que, combinadas ao talento e ao trabalho árduo, levaram a resultados muito maiores. O que é importante, porém, é que esses fundadores continuaram seu trabalho até que a sorte aparecesse. Como se diz, é preciso muito trabalho para ter sorte.

Alguns superfundadores usaram essas vantagens várias vezes, criando diversas empresas prósperas. Arie Belldegrun, o empreendedor de biotecnologia mencionado no capítulo 2, fundou quatro: Agensys, em 1996 (adquirida por 500 milhões de dólares); Cougar Biotechnologies, em 2007 (adquirida por 970 milhões); Kite Pharma, em 2009 (adquirida por 12 bilhões); e Allogene, em 2017 (que abriu o capital em mais de 2 bilhões). Fred Moll criou cinco empresas consecutivas na área de dispositivos médicos e robótica cirúrgica: Endotherapeutics, Origin Medsystems, Hansen Medical, Intuitive Surgical e Auris Health. É óbvio que muitos desses superfundadores não faziam isso apenas pelo dinheiro. Se o objetivo fosse criar uma empresa para que pudessem vendê-la e usar o dinheiro para se aposentar e se divertir pelo resto da vida, eles não teriam começado do zero para lançar uma nova ideia e empresa repetidamente.

Mesmo entre aqueles que não são superfundadores, as pessoas que criam empresas bilionárias tendem a ter uma compulsão para desenvolver coisas.

SUPERFUNDADORES

EXPERIÊNCIA ANTERIOR DO CEO FUNDADOR COMO FUNDADOR DE STARTUP

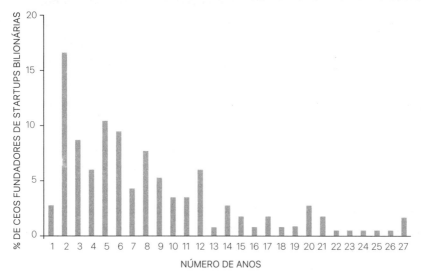

Entre os fundadores de startups bilionárias que anteriormente lançaram uma empresa, alguns tinham administrado uma corporação apenas por um ano e outros por décadas. O caso mais comum foi ter administrado uma empresa anterior por dois a três anos.

Vejamos Mark Zuckerberg. Quando notoriamente criou o Facebook em seu quarto em Harvard, ele era um prodígio de 19 anos sem nenhuma verdadeira experiência profissional. Naquela época, porém, ele já tinha criado outros três projetos: CourseMatch, que ajudava os alunos de Harvard a selecionar as aulas; FaceMash, um aplicativo que classificava os alunos de Harvard pela atratividade; e o Synapse Music Player.

O Synapse, um dos primeiros projetos de Zuckerberg, era um reprodutor de música para *desktop*. Ele o desenvolveu no ensino médio, em 1999. Funcionava como um proto-Spotify, usando um algoritmo para aprender sobre o gosto musical do usuário com o tempo. Há rumores de que a Microsoft tenha oferecido 950 mil dólares pelo aplicativo, mas Zuckerberg acabou abrindo o código do projeto e se matriculou em Harvard. Ele trabalhou no Synapse com um colega de classe, Adam D'Angelo, que também tinha o hábito de criar coisas por diversão. Mais tarde, D'Angelo criaria a Quora, mais uma empresa bilionária que desenvolve uma comunidade em torno de perguntas e respostas e exibindo anúncios relevantes.

Quase todos os fundadores de empresas bilionárias são criadores. Muitos deles deram início a projetos paralelos, associações estudantis e empresas ainda no ensino médio ou mesmo antes disso. Aaron Levie, o fundador do Box, passou seus anos de ensino médio gerando ideias de empresas com os amigos na banheira de hidromassagem da casa de seus pais. Ele criou algumas delas também, como um site para compra e venda de casas e um sistema de busca que Levie descreveu como a "ferramenta de busca mais rápida do mundo se você nunca usou o Google".[2] Na faculdade, Nat Turner, o fundador da Flatiron Health, havia criado uma empresa de entrega de comida sob demanda e, antes dela, um serviço de troca de cartões de presente. Henrique Dubugras, o fundador da Brex, havia criado uma corporação de pagamentos B2B (*business-to-business*, ou de empresa para empresa) quando ainda era um aluno de ensino médio no Brasil. Esses projetos não tinham como objetivo o enriquecimento, mas a satisfação do anseio pela criação. Ao observar os dados, pode-se ver que a melhor preparação para fundar uma empresa multibilionária é criar uma empresa de mais de 10 milhões de dólares primeiro. A melhor preparação para isso é começar algo – qualquer coisa: um projeto de *hobby*, um negócio paralelo, talvez uma associação na escola.

SUCESSO ANTERIOR DOS CEOS FUNDADORES DE STARTUPS BILIONÁRIAS

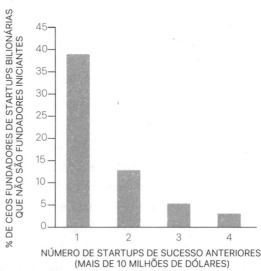

Alguns superfundadores tiveram até quatro empresas anteriores de mais de 10 milhões de dólares.

Nem todos os que abrem uma empresa bilionária são superfundadores. Os fundadores podem lançar sua grande ideia sem muito sucesso anterior, ou mesmo com um passado de fracassos. A observação fundamental parece ser a de que cada um destes teve uma jornada. Aqueles com um fracasso no passado tinham uma probabilidade 1,6 vez maior de criar uma startup bilionária na próxima tentativa. E aqueles que tiveram um *exit* modesto, muitas vezes considerado um fracasso no mundo do capital de risco, tinham uma probabilidade 3,3 vezes maior. Tomemos Paul Davison e Rohan Seth, os cofundadores da Clubhouse, como exemplo. A Clubhouse é uma rede social apenas por áudio em que as pessoas podem ouvir por intermédio de chats ao vivo e discutir vários temas, como tecnologia ou esportes. Criada em 2020, a empresa obteve milhões de usuários e uma avaliação bilionária em menos de um ano. Parece um sucesso de um dia para o outro, mas Davison e Seth haviam lançado vários aplicativos sociais para consumidores nos dez anos anteriores e tiveram, entre si, nove startups que fracassaram antes de, enfim, chegarem à fórmula certa. Esforço e obsessão por realização são mais importantes que um currículo brilhante. É uma maratona, não uma corrida de velocidade. Trate isso como uma jornada e aprenda em cada tentativa. Para o aspirante a investidor, a lição é investir em um portfólio de pessoas, e investir nelas consecutivamente, em suas várias empreitadas. Assuma uma visão centrada na pessoa em vez de pensar em um portfólio de empresas. Para o aspirante a empreendedor, a lição é que você não precisa criar a próxima empresa bilionária na primeira tentativa. O caminho do superfundador envolve ter paixão por construir e solucionar problemas, encarando os altos e baixos e aproveitando mais a jornada do que o destino. Claro, você não deveria fundar empresas simplesmente por fundar nem diminuir suas ambições. Cada empresa que você criar deveria ter o potencial de se tornar um enorme sucesso. E não é só sobre iniciar coisas; é sobre concluí-las. Abrir quatro startups seguidas – ou, pior ainda, em paralelo – não é o objetivo final. O que importa é conduzir uma empresa até a linha de chegada, mesmo que ela acabe sendo um fracasso ou tenha um resultado modesto.

ALI TAMASEB

UM FUNDADOR QUE ENCONTROU O SUCESSO NA SEGUNDA TENTATIVA
ENTREVISTA COM MAX MULLEN, DA INSTACART

Nós analisamos alguns ótimos atributos dos superfundadores e como eles conseguiram ter sucesso na criação de empresas bilionárias. Este livro apresenta histórias de muitos deles, mas precisamos nos lembrar de que uma grande proporção dessas empresas de sucesso foi criada por fundadores iniciantes ou por aqueles em sua segunda ou terceira startup que não tiveram grande sucesso em suas tentativas anteriores. Aqui temos um bate-papo com um deles.

Para Max Mullen, o cofundador da Instacart, a jornada teve início em sua adolescência, quando ele começou pequenos negócios, como montar computadores e sites para outras pessoas. Quando Mullen estava desenvolvendo a Instacart, ele ainda não tivera um *exit* de enorme sucesso, mas incorporava muitas das características de um fundador bem-sucedido, incluindo seu desejo recorrente de ir atrás de grandes ideias e criar coisas novas constantemente. Para ouvir como Mullen chegou à sua ideia bilionária, encontrei-me com ele no escritório da Instacart, no centro de São Francisco. Eis sua história nas próprias palavras.

Meu primeiro emprego foi em uma empresa chamada Schematic, uma agência interativa em Los Angeles. Havia quarenta pessoas quando entrei e, quando saí, seis anos mais tarde, havia quatrocentas. A experiência foi transformadora para minha carreira. Ingressei na empresa quando ainda estava na faculdade estudando Negócios, então eu trabalhava e estudava ao mesmo tempo. Na faculdade, eu aprendia como administrar teoricamente uma empresa, enquanto, no trabalho, eu estava de fato ajudando a construir uma. Tornei-me diretor de serviços ao cliente lá, mas minha verdadeira paixão era o empreendedorismo, por isso saí para dar início à minha jornada de startups. Logo após deixar a Schematic, abri minha primeira empresa, a Volly. Meu cofundador e eu obtivemos uma rodada de capital semente para criar uma rede social que ajudaria as pessoas a se encontrar no mundo real.

Mas aquela primeira versão da Volly não decolou. As pessoas não a usavam com frequência e não a compartilhavam com os amigos. Sabíamos que precisaríamos de métricas mais fortes para conseguir nossa próxima rodada de financiamento, então, mudamos o produto para seu recurso mais utilizado: as mensagens em grupo.

O pivô melhorou nossas métricas de forma significativa; o lançamento da segunda versão de nosso produto foi dez vezes melhor do que a primeira. No entanto, no processo de mudança, abandonamos nossa visão original para o produto e logo ficamos sem rumo. Não estávamos mais animados com o que havíamos criado e decidimos tentar vender a empresa. Eis a dura lição que tento passar para os empreendedores que conheço como investidor-anjo: é preciso ter paixão pelo que se faz.

Encontramos dois possíveis interessados e recebemos ofertas de ambos. Um deles era uma empresa localizada na Bay Area chamada Location Labs. Meu cofundador e eu queríamos nos mudar para lá para ficar mais perto do ecossistema de startups, então fechamos o negócio e nos mudamos para São Francisco.

A Location Labs tinha um ótimo negócio, com cerca de oitenta funcionários. Foi interessante a mudança de nossa startup, que não estava indo tão bem, para a deles, que estava muito bem. Mas, a essa altura, eu tinha visto como era ser um fundador – começar algo do nada e sentir aquela energia empreendedora – e tomei a decisão de sair depois de apenas um ano.

Tinha muitas ideias sobre o que fazer em seguida. Mas uma ideia – a de um serviço sob demanda que entregasse produtos no mundo real – continuou. Na verdade, ela me assombrava. Não conseguia dormir porque tudo o que queria era trabalhar nisso. Assim como com a Volly, desejava criar algo que ajudaria as pessoas, mas dessa vez não queria apenas desenvolver software. Desejava construir uma empresa com um componente operacional.

Não sei direito o motivo de essa ideia ter me atingido com tanta força, mas na faculdade elaborei um plano de negócios para uma ideia semelhante, chamada LunchIt. O conceito era um *marketplace* onde pais que ficam em casa fizessem as refeições e as entregassem aos funcionários dos escritórios durante a hora do almoço. Quando retomamos a ideia em 2012, ela moldou o modo como eu olhava para a emergente economia sob demanda em São

Francisco. Para mim, o futuro era muito claro: todos os produtos seriam entregues em uma hora e tudo seria feito pelo smartphone. Daquele momento em diante, a pergunta não era o que eu faria, mas como transformaria em realidade essa ideia em particular.

Minha próxima pergunta foi: quem será meu cofundador técnico? Reuni um grupo com meus doze amigos mais inteligentes em São Francisco, todos cofundadores potenciais. Sentamo-nos em torno de uma mesa e eu disse: "Quero que todos apresentem sua ideia preferida". E todos apresentaram. Apresentei a minha também e as pessoas pareceram gostar dela, o que me proporcionou um feedback.

Uma pessoa nesse grupo – Brandon Leonardo, meu cofundador agora – disse para mim: "Ei, eu trabalho em um espaço de *coworking* com um cara chamado Apoorva, que está desenvolvendo algo bem semelhante ao que você apresentou. Quero apresentá-lo a ele". Ele me apresentou a Apoorva e conversamos durante horas por telefone. Em essência, disse a ele: "Escute, vou me demitir e trabalhar com você. Você já começou a desenvolver este aplicativo. Se não gostarmos, sem ressentimento, cada um seguirá seu caminho". Era um voto de confiança, e me lembro de ter pensado: "Isto é arriscado; posso acabar desempregado". Mas abrir minha primeira empresa era arriscado também, e não me arrependi nem um pouco daquela decisão.

Apoorva e eu começamos a trabalhar juntos, e realmente gostamos. Algumas semanas depois, percebemos que um de nossos maiores gargalos era dimensionar largura de banda. Então, recrutamos Brandon para ser nosso terceiro cofundador. Fomos aceitos no grupo do verão de 2012 da Y Combinator. No YC Demo Day [Dia de demonstração da YC], pegamos todos os cartões de visita de investidores que conseguimos e apresentamos nossa visão a eles. Nós três ouvimos muitos "nãos" de investidores que pensavam que éramos apenas outra Webvan [uma startup embasada em ideia semelhante à Instacart; foi lançada com muitos fundos, mas foi um grande fracasso durante o estouro da bolha da internet]. No entanto, alguns ótimos investidores acreditaram em nós e em nossa visão, e conseguimos um capital-semente logo após o Demo Day.

> Desde então, nunca tive outra ideia de startup me mantendo acordado à noite. Nos dias atuais, o que me tira o sono é pensar em como a Instacart e nossa cultura empresarial podem melhorar a cada dia.

A Instacart tem parcerias com mais de trezentos varejistas. Ela cresceu e hoje atende mais de 5.500 cidades na América do Norte e está disponível a mais de 80% da população dos Estados Unidos. A empresa conseguiu captar um surpreendente investimento de capital de risco de 2 bilhões de dólares, e sua última avaliação estava em 15 bilhões. Mullen crê que, na próxima década, a área de tecnologia verá uma explosão de startups focadas em alimentos – produção, consumo, entrega e muito mais.

É preciso mais do que apenas uma boa ideia para criar empresas com esse tipo de impacto. É necessário um desejo quase obsessivo. Fundadores como Mullen têm um histórico de revirar, construir e mergulhar fundo para dar forma às suas ideias. São qualidades como essas – não idade, nível educacional ou habilidades técnicas – que fazem grandes fundadores.

PARTE DOIS
A EMPRESA

Uma startup é mais do que apenas seus fundadores. Ela começa com uma ideia – algo que os fundadores devem imaginar, desenvolver e levar ao mercado. Na Parte Dois, veremos como essas ideias bilionárias foram formadas, que tipos de problema elas se destinavam a resolver e as dinâmicas e os tamanhos de mercado em que entraram. Também usaremos dados para entender em que medida considerações como *timing* do mercado, concorrência e defensibilidade contam para o sucesso de uma startup. Se você é um aspirante a empreendedor ou está pensando na próxima grande ideia, espero que esta parte do livro o ajude a analisar com cuidado os diferentes aspectos de sua ideia, a ser capaz de colocá-la em contexto com os números e poder posicionar melhor sua empresa para o sucesso.

A HISTÓRIA DA ORIGEM

Antes de acertarem o conceito da Flatiron Health, Nat Turner e Zach Weinberg passaram anos idealizando, pesquisando e refinando sua ideia. O que começou como uma ideia para seguros se transformou em um conceito de segunda opinião em diagnósticos médicos, evoluindo, mais tarde, para análise de dados para tratamento de câncer e, por fim, para o uso de evidências do mundo real, grandes conjuntos de dados de casos reais de pacientes e suas respostas ao tratamento, a fim de estudar a eficácia deste – o que fez da Flatiron Health um sucesso. Da mesma maneira, Max Mullen mantinha um diário no qual anotava ideias e passou anos pensando sobre a economia sob demanda – a mágica de "apertar um botão e algo acontecer no mundo físico" – antes de se concentrar na ideia que viria a se tornar a Instacart. Todd McKinnon, que conhecemos por fundar a Okta, uma startup bilionária de gerenciamento de senhas, não era um doutrinador da resolução do problema das senhas. Ele tinha observado a explosão das ferramentas de software-como-serviço (SaaS) e começou a refletir sobre essa tendência. Sabia que a mudança do software local para a nuvem revolucionaria os negócios de fornecedores existentes.[1] Considerou diferentes ideias até que ficou com a criação da Okta. Os fundadores da DoorDash, empresa de entrega sob demanda avaliada em mais de 50 bilhões de dólares em um IPO que aconteceu apenas sete anos após sua fundação, não eram muito ligados à ideia de entregas de restaurantes também. "Nós nos reunimos sem uma ideia, mas compartilhávamos um desejo de criar algo do qual nos orgulharíamos", disse Evan Moore, um dos cofundadores. Eles gostaram da ideia de desenvolver um software para proprietários de pequenas empresas. "Desconhecíamos uma necessidade [de solução] no início, então falamos com todos os proprietários de pequenas empresas que pudemos encontrar", eles disseram em sua candidatura à Y Combinator.[2] "O pedido mais útil que fizemos [a eles] foi 'conte para mim tudo o que fez hoje'. Fizemos experiências com algumas coisas [ideias]. Uma delas foi uma breve pesquisa de atributos de marketing disponibilizada em iPads no ponto de venda do varejo", disse Moore. "A ideia de entrega surgiu em uma loja de *macaroons*. Estávamos concluindo uma entrevista quando escutamos o gerente recusar um pedido de entrega. Se houve um momento em que a lampadinha acendeu em nossas mentes, foi este."[3]

Chamo isso de modelo de pensamento "de cima para baixo". Os empreendedores escolhiam um mercado, um tipo de cliente ou uma tendência e depois iam atrás de problemas que precisavam ser resolvidos. Estas não são as histórias comuns que se ouvem sobre como se formam empresas bilionárias. Esse tipo de história de origem não é tão empolgante quanto a que estamos mais acostumados a ouvir, sobre o fundador que enfrentou um problema pessoal por décadas e se dedicou a resolvê-lo. Mas essas histórias são, na realidade, menos comuns do que a mídia faz parecer.

Os empreendedores normalmente ouvem que eles devem resolver problemas pessoais com suas startups. Avaliar ideias diferentes, passar por uma fase de ideação ou apenas seguir uma oportunidade de mercado não é sempre visto com bons olhos. Um investidor que financia estágios iniciais uma vez me disse que ele nunca investe em fundadores que são oportunistas e que "buscam" problemas para resolver. Ele queria que os fundadores que ele financia lidassem com o problema pessoalmente. Mas, com frequência, essa não é a história real por trás das startups bilionárias. "Os empreendedores de sucesso raramente contam a história de seus primeiros meses, quando eles lutavam para encontrar uma boa ideia", escreve James Currier, um investidor de risco. "Na realidade, a maioria dos principais fundadores passa por um rigoroso processo de ideação para chegar à ideia pela qual são conhecidos hoje."[4] Algumas ideias de startup foram momentos "eureca" – mas muitas outras só saíram depois de meses, ou até mesmo anos, de uma ideação cuidadosa e ponderada. Analisando a origem das empresas bilionárias, pode-se ver que muitas foram guiadas pela oportunidade. Algumas foram, inclusive, resultado de uma busca deliberada por problemas. É um mito que todas as empresas bilionárias sejam criadas por fundadores guiados por uma missão resolvendo seus próprios problemas pessoais. Você pode vencer como um missionário ou como um mercenário.

Elad Gil, um dos melhores investidores-anjo de startups de tecnologia, disse a mim que muitas abordagens funcionaram na prática:

> Larry Page, do Google, era bem guiado pela missão em termos de organizar as informações do mundo e torná-las úteis e acessíveis de forma universal. Ao mesmo tempo, eles queriam vender o Google por 1 milhão de dólares logo no início. Então, acho que muito dessa crença na missão às vezes aparece imediatamente, mas, em muitas outras, ela aparece mais tarde, à medida que a empresa tem sucesso e as pessoas percebem que estão no caminho certo; aí torna-se a missão da vida delas. Penso que há muitos mitos de fundadores no Vale do Silício que são inventados, e um dos motivos para isso é que se tornam histórias mais cativantes, e a imprensa quer cobrir a história dos fundadores. Não quer saber das empresas. Ela quer falar sobre a conexão pessoal que os fundadores tiveram no passado, sabe, quando tinham 5 anos de idade e guardavam coisas no armário, e isso resultou em um armazenamento na nuvem ou sabe-se lá o que, certo? Há todas essas linhas horríveis que tentam criar. E, em outros casos, você ouve sobre o fundador que estava trabalhando em algum aplicativo fraudulento de votação pela internet e decidiu começar algo diferente, que se transformou em um negócio gigante cuja missão agora orienta a visão do indivíduo.

Embora ser guiado pela oportunidade possa funcionar, é necessário lembrar que fundar uma startup simplesmente por fundar tem suas próprias ciladas. Startups são difíceis, e a maioria fracassa. Pior ainda, são necessários anos de trabalho árduo, resolução de conflitos, lidar com investidores e muito mais antes que você perceba que vai fracassar. "É tentador, às vezes, cair na armadilha de só criar uma startup, mas esse não é o caminho", disse uma vez Mike Maples, sócio-administrativo do Floodgate Fund. "Faça algo que você acha que será a expressão de seu presente ao mundo. Você não tem muitas chances de fazer isso."[5] É diferente de ser um missionário ou de resolver um problema pessoal. Você pode ser guiado pela oportunidade, mas ainda amar e ter paixão pelo produto que está desenvolvendo ou pelos clientes que atende.

Erik Torenberg – um dos fundadores da Product Hunt e cofundador da Village Global, uma empresa de capital de risco de estágio inicial – vê inúmeras ideias de startup a cada ano. Quando lhe perguntei sobre desenvolver ideias, ele ofereceu algumas estruturas. Algumas empresas funcionam porque resolvem um problema que incomoda muito as pessoas, por exemplo, o modo como o Tinder resolveu o problema de encontrar novos parceiros românticos. Algumas revelam uma nova oferta ou ativo, como o Facebook, que trouxe uma nova oferta de conteúdo, ou o Airbnb, que fez o mesmo com residências. E outras, como a Flexport, uma startup na área de logística e expedição, funcionam porque são bem entediantes. "Escolha algo que seja tão entediante que os outros *não* vão querer fazer", Torenberg me contou. Alguns fundadores buscam ideias "legais", mas nada é mais legal que um grande sucesso, mesmo que seja em um setor entediante.

Em alguns casos, a ideia não nasceu com uma só pessoa, mas foi desenvolvida em uma empresa. A Roku começou como um projeto interno na Netflix e tornou-se independente para que se evitasse alienar os parceiros de hardware da empresa de *streaming*. Da mesma maneira, a Expedia começou na Microsoft como um projeto concentrado em viagens. A Niantic, empresa por trás do famoso jogo *Pokémon Go*, tornou-se independente do Google depois de cinco anos como um projeto interno. Outro grupo de empresas originou-se em empresas de capital de risco. A Snowflake, uma startup de armazenamento de dados, foi incubada na Sutter Hill Ventures. A Workday e a Palo Alto Networks foram incubadas na Greylock Partners. Algumas empresas de capital de risco levaram essa noção ao extremo, desenvolvendo os chamados *venture studios* (estúdios de startups), que trazem fundadores para criar empresas internamente. A Atomic Labs é um exemplo desse tipo de estúdio; entre várias outras startups, ela formou a Hims, que vende produtos de cuidados pessoais por assinatura. Isso acontece com ainda mais frequência na área de biotecnologia. A Flagship Pioneering, empresa de criação de capital de risco com sede em Boston, lançou várias startups de grande porte dessa forma, incluindo a Moderna Therapeutics, que desenvolve medicamentos e vacinas de mRNA e foi uma das primeiras empresas a criar com sucesso uma vacina contra a Covid-19.

Outras ideias surgiram em instituições acadêmicas. Os fundadores do Google desenvolveram o algoritmo PageRank quando estavam em Stanford e hospedaram o Google em um domínio da universidade como <google.stanford.edu> até <google.com> ser registrado em 1997. A Genentech, a corporação de biotecnologia, teve início como propriedade intelectual acadêmica. Antes que Robert Swanson lançasse a empresa, ele trabalhava como consultor na recém-formada empresa de capital de risco Kleiner Perkins, onde aprendeu sobre tecnologia de DNA recombinante por meio de um investimento que a empresa fizera. Depois de ser dispensado, Swanson continuou fascinado pela ideia. Desempregado, ele começou a fazer ligações para cientistas que trabalhavam com a tecnologia. Um deles, Herbert Boyer, um professor na Universidade da Califórnia, em São Francisco, acabou se tornando seu cofundador. Boyer, pioneiro na área de DNA recombinante, concordou em comercializar a tecnologia. A Genentech deu início à indústria de biotecnologia moderna, foi a primeira empresa a produzir insulina sintética para pacientes com diabetes e posteriormente inventou muitos dos medicamentos cruciais que os pacientes usam hoje em dia.[6] A empresa acabou obtendo um enorme valor entre os acionistas e foi adquirida por 47 bilhões de dólares em 2009.

A ideação é uma parte essencial de toda startup. Há um clichê de que ideias são abundantes, mas esforçar-se para chegar à ideia certa é a verdadeira chave para o sucesso. Se vai dedicar os próximos dez anos de sua vida à sua startup, você vai querer gastar tempo suficiente no início para validá-la como um conceito que valha a pena ser trabalhado. Primeiro, busque problemas que tenha pessoalmente, em especial aqueles que enfrenta no local de trabalho. Mas, se não conseguir encontrar um, a história sugere que a ideação de cima para baixo pode também produzir ótimos resultados. Identifique uma tendência ou selecione um mercado; de preferência, opte por um segmento de clientes que possa conhecer melhor que outros e encontre os problemas reais que eles enfrentam. Valide desde cedo e certifique-se de que o assunto no qual está trabalhando não seja um problema inventado. A melhor maneira de saber isso é tentar uma pré-venda do produto em vez de apenas perguntar às pessoas se elas querem seu produto ou não. Você também deve considerar a adequação do fundador ao mercado: Por que vocês são a melhor equipe de fundadores para tentar resolver esse problema específico? O que sabem que os outros não? A que vantagem exclusiva vocês têm acesso?

ALI TAMASEB

UMA STARTUP BILIONÁRIA QUE DEU ORIGEM A UMA GRANDE EMPRESA DE TECNOLOGIA
ENTREVISTA COM NEHA NARKHEDE, DA CONFLUENT

Enquanto trabalhava no LinkedIn, em 2011, Neha Narkhede, Jay Kreps e Jun Rao receberam a tarefa de desenvolver uma ferramenta para lidar com o alto volume de dados que precisavam ser processados em tempo real. A solução deles, Kafka, tornou-se uma ferramenta de código aberto bastante usada hoje por empresas de tecnologia, como a Uber e o Airbnb, bem como por bancos, como o Goldman Sachs. O trio criou, depois, uma empresa para fornecer ferramentas e serviços gerenciados em suporte à Kafka, a Confluent. Encontrei-me com Neha Narkhede, cofundadora da Confluent e CTO fundadora, para saber mais sobre o início da empresa. Aqui ela explica a origem.

Cresci em uma cidade chamada Pune, na Índia. Estudei Ciência da Computação lá e fui aceita na pós-graduação do Instituto de Tecnologia da Geórgia, a Georgia Tech. Apareci na universidade dois ou três meses antes e conversei com dezenas de professores para ver se podiam me contratar para uma posição de assistente de pesquisa que me ajudasse a pagar pelos meus estudos. Fiz o mestrado e meu professor de fato queria que eu ficasse para o doutorado, mas estava convencida de que a experiência do mundo real era muito mais alinhada com a minha personalidade. Formei-me na época da crise de 2008, e conseguir um emprego estável era realmente importante para mim. Embora eu quisesse explorar startups, naquela época achava que poderia ser uma boa ideia apenas conseguir um emprego em uma empresa que me permitisse permanecer neste país. Essa empresa era a Oracle. E o primeiro ano foi mesmo interessante. Aprendi muitas coisas sobre fazer produtos corporativos de sucesso, mas acabou que isso era um pouco mais lento do que eu queria me mover. Eu queria estar em uma startup em crescimento, que não fechasse as portas, e queria ir para startups que apoiassem tecnologia de código aberto porque essa era a verdadeira grande mudança que eu via em sistemas distribuídos naquele tempo. Analisei algumas startups e fiz uma entrevista para o LinkedIn em 2009, que, na época, tinha cerca de quatrocentos funcionários. Lembro-me de que o LinkedIn tinha uma página de destino para projetos de código aberto que estavam executando, e pensei que aquilo era um esforço de marca bem legal para atrair engenheiros que estavam interessados na comunidade de código aberto. Ingressei no LinkedIn. Era, na melhor das hipóteses, um ambiente caótico, mas com uma cultura incrível.

Eu trabalhava no produto de pesquisa da empresa. O problema que enfrentava não era relacionado à pesquisa, mas a como levar os dados dos diferentes sites do LinkedIn, como móvel ou *desktop*, aos sistemas de pesquisa. Percebi que tínhamos de criar algo novo. Conversei com outro colega da equipe, que também pensava em como mover os dados de forma confiável no LinkedIn. Perguntei a ele: "Por que ninguém está trabalhando nisso?". E ele respondeu: "Bem, todo mundo quer trabalhar com o produto. Ninguém quer lidar com a infraestrutura". Achei aquilo muito importante. Perguntei ao meu chefe se poderia mudar para esse projeto, e esse trabalho levou à Kafka dois anos depois.

Naquele tempo, havia uma grande necessidade de dados e produtos em tempo real. Eles tendem a ser gerados em locais diferentes – do aplicativo móvel, dos sistemas da web, de *data centers* distintos. Antes, eles iam apenas para o armazém de dados e eram bem simples de mover e processar. Mas o problema era que só havia uma forma de movê-los uma vez por dia. No melhor dos casos, era possível gerar *insights* uma vez por dia, à meia-noite. Queríamos gerar *insights* a cada segundo do dia. Havia tecnologias como filas de mensagens que podiam lidar com dados em tempo real, mas apenas em pequena escala e com um baixo volume de dados. Havia também tecnologias como a ETL [extrair, transformar, carregar], e sistemas de registro que podiam lidar com dados em grande escala, mas não em tempo real. Nenhuma dessas ferramentas de ETL foi desenvolvida para ser dimensionada aos bilhões de eventos por segundo que tínhamos no LinkedIn.

Criamos a Kafka como um projeto de código aberto e doamos o código à Apache Foundation. O LinkedIn percebeu que seus dados eram sua "receita secreta": os algoritmos de dados, os dados de redes. Não era a infraestrutura que executava os sistemas. Então eles ficaram extremamente felizes em usar o software de infraestrutura como um veículo para criar uma marca de engenharia, e acho que fizeram um trabalho incrível com isso. E acho também que a Kafka é, claro, provavelmente o projeto de código aberto de maior sucesso que saiu do LinkedIn, mas fizemos quase uma centena de ferramentas de código aberto de todos os tipos. A maioria para contratação. O LinkedIn estava desenvolvendo uma marca para contratar os melhores engenheiros. Queríamos que fosse de código aberto porque sabíamos que este não era um problema apenas dessa empresa. Havia uma mudança mais ampla na tecnologia segundo a qual as empresas precisavam ser mais digitais, trabalhar mais com tempo real. Nos primeiros dois anos, as empresas de tecnologia no Vale do Silício a adotaram. Eles a divulgaram e usaram. E, dentro de um ou dois anos, as empresas da lista Fortune 500 a adotaram também.

Houve uma reunião perto do final de 2012. Meu colega Jay e eu falávamos com uma empresa da lista da Fortune e, como bons membros de uma comunidade de código aberto, ajudávamos as empresas gratuitamente com seus problemas com a Kafka. Enquanto Jay falava com eles, reclinei-me na cadeira pensando: "Uau, a Kafka se expandiu para o mundo todo. Tenho certeza de que haverá uma empresa que ajudará a apoiá-la, e seria uma pena se não forem os criadores da tecnologia". Na semana seguinte, apresentei a ideia aos meus colegas. E eles também estavam interessados nisso, dando início à jornada da Confluent. Passamos um ano e meio enquanto ainda estávamos no LinkedIn só pensando em modelos de negócios, se queríamos criar uma empresa de plataforma ou de aplicativo, se deveria ser uma empresa de software ou de SaaS. Quando olho para trás, parte daquele tempo foi útil, mas a maioria daquelas discussões era teórica. Anotávamos estratégias de produto, que eram úteis, mas passamos mais tempo do que eu gostaria apenas discutindo e fazendo reuniões clandestinas enquanto estávamos no LinkedIn.

Quase chegando em 2014, estava ficando bem impaciente. Pensei: "Temos que fazer isso. Não há um bom momento para abrir uma empresa". A comunidade de capital de risco estava de olho no pessoal da Kafka, e era óbvio que haveria uma empresa de código aberto, então a captação de recursos acabou sendo um pouco mais fácil do que pensávamos. Naquele tempo, mil empresas usavam o código livre Apache da Kafka. É uma dessas histórias incomuns, porque a adequação do produto ao mercado já existia antes da captação.

Sempre achei que precisávamos ser honestos e contar aos executivos do LinkedIn que estávamos abrindo uma empresa, em vez de apenas sairmos um

> por um e tentar esconder o fato. Reunimos coragem e contamos ao chefe de engenharia e a Jeff Weiner, o CEO, sobre o que queríamos fazer. Esperávamos uma mescla de reações, mas eles foram supersolidários. Reid Hoffman, cofundador e presidente do LinkedIn, até compartilhou alguns *insights* sobre como desenvolver empresas e com o que deveríamos ser cuidadosos. O processo todo entre nossa primeira reunião e a saída da empresa levou em torno de um mês, muito rápido. O LinkedIn também fez um pequeno investimento, como sinal de apoio à Confluent.

Narkhede e seus cofundadores tiveram a ideia enquanto trabalhavam em um projeto no LinkedIn. Como discutido antes, as estratégias de expandir ferramentas internas de grandes empresas de tecnologia e disponibilizá-las a empresas menores ou com menos competências tecnológicas deram origem a várias startups bilionárias. A ideia da Confluent nunca mudou muito, mas muitas startups bilionárias passaram por grandes mudanças pelo caminho. Esse é o tema do próximo capítulo.

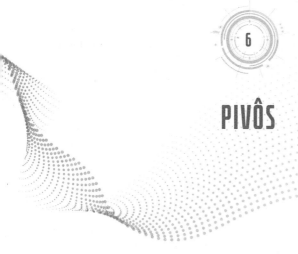

PIVÔS

As pessoas que não têm um envolvimento emocional em uma decisão podem ver antes o que precisa ser feito.

– Andy Grove, ex-CEO da Intel

Stewart Butterfield saiu do Yahoo em 2008 para criar o Glitch, um jogo on-line multijogador. Era elegante e bonito, com uma pequena base de fãs. O problema? Não estava fazendo sucesso. Por fim, Butterfield precisou desistir. "Não sinto que estamos jogando gasolina no fogo aqui", Butterfield escreveu em um e-mail a seus investidores em 2012. "Parece mais que estamos jogando um bom uísque em uma bolsa térmica de farmácia. É improvável que vá pegar fogo."[1]

Butterfield tentou encontrar um novo emprego para cada um de seus 35 funcionários e manteve a equipe principal junta. Quando estavam desenvolvendo o jogo, eles haviam criado uma ferramenta de comunicação para substituir o uso de e-mails internamente. "Não tivemos sucesso [com o Glitch], mas éramos supereficientes", Butterfield disse mais tarde. "Quando percebemos que nunca trabalharíamos sem um sistema como aquele de novo, decidimos que poderia ser um produto." Usando o dinheiro que tinha sobrado, ele e a equipe reduzida desenvolveram essa ferramenta interna, transformando-a em um produto que foi lançado em 2014 como Slack, uma plataforma de mensagens instantâneas entre empresas. O Slack acabou se tornando um enorme sucesso, obtendo centenas de milhões de dólares de investidores. A empresa abriu o capital em janeiro de 2019, avaliada em quase 20 bilhões de dólares no dia do IPO.

"A principal lição da minha carreira é, definitivamente: tenha muita sorte", diz Butterfield. "Mas se houvesse um aspecto que não dependesse da sorte, seria estar disposto a desistir quando ainda há opções. Tomamos a decisão [de fechar o Glitch] enquanto ainda tínhamos tempo suficiente e dinheiro que poderíamos usar para algo novo."[2]

O Slack não foi o primeiro pivô que Butterfield fez. Em 2002, ele havia criado outra empresa de jogos, chamada Neverending. Os jogos nunca decolaram. Mas Butterfield achou que um dos recursos desenvolvidos para o jogo – o compartilhamento de fotos – poderia ter potencial como um projeto independente. Ele e sua equipe decidiram remodelar o recurso como um site separado, chamado Flickr. Naquela época, o compartilhamento de fotos ainda era uma novidade – o Facebook nasceria alguns meses depois. Existiam outros sites para armazenar ou imprimir fotos, mas nenhum criava um espaço para que os entusiastas da fotografia compartilhassem seu trabalho. O Flickr teve um modesto sucesso e foi adquirido pelo Yahoo por 35 milhões de dólares em 2005, fazendo de Butterfield um superfundador que, como muitos outros, acabou criando uma empresa bilionária em seguida.

Os pivôs são extremamente comuns, e a comunidade de startups, em geral, recebe-os bem. Muitas das empresas que acabaram sendo avaliadas em bilhões de dólares começaram com uma ideia completamente diferente. Os fundadores fizeram mudanças radicais pelo caminho, comprovando o fato de que não eram missionários de uma ideia específica, mas que a maioria tinha a vontade de criar coisas novas. Foram atrás de oportunidades, não tinham uma ligação emocional a uma ideia específica e estavam dispostos a escutar o mercado.

Seria impossível coletar os dados sobre como muitas das empresas bilionárias "pivotaram" ou como esses pivôs se comparam com os do grupo de startups aleatórias, já que muitas histórias de startups são reescritas para incluir somente a última ideia que funcionou. O que fica claro, porém, é que algumas empresas bilionárias tiveram sucesso apenas porque os fundadores foram capazes de reconhecer o que não funcionava e adaptar a empresa a tempo. Fundadores bem-sucedidos não precisam ter a ideia perfeita logo de cara, mas precisam reconhecer o momento de fazer mudanças.

Muitas empresas famosas começaram com algo completamente diferente do que as tornou conhecidas hoje em dia. Considere o YouTube. A maioria das pessoas o conhece como uma enorme plataforma de compartilhamento de vídeos, repleta de todo tipo de conteúdo: vídeos de gatos, vídeos musicais, vídeos de como fazer as coisas. Mas quando o YouTube foi lançado, em 2005, seus fundadores tinham uma ideia diferente. Ele deveria ser um site de encontros.

"Sempre pensamos que seria algo com vídeo, mas qual seria a utilidade prática?", disse Steve Chen, cofundador do YouTube. "Achamos que encontros seriam uma escolha óbvia." Os encontros on-line estavam começando, e o YouTube seria um lugar em que você publicaria um vídeo falando sobre si mesmo e sobre seu/sua parceiro/a ideal. O slogan: "Tune In, Hook Up" [Sintonize e consiga um encontro].[3]

A ideia foi um fracasso. Ninguém publicou vídeos no site. Chen e seus cofundadores estavam tão desesperados por usuários que eles colocaram anúncios no Craigslist oferecendo vinte dólares a mulheres para se inscreverem. Alguns poucos usuários começaram a publicar vídeos – mas não para encontros. Em vez disso, eles estavam publicando gravações de suas férias ou vídeos divertidos de seus animais de estimação. Os fundadores notaram e concordaram em deixar que os usuários decidissem a razão de ser do YouTube. Não eram missionários em criar um produto de encontros; pelo contrário, viram uma oportunidade iminente na combinação de uma crescente largura de banda de internet e do compartilhamento de vídeos. Logo, as pessoas estavam publicando tudo o que se podia imaginar: tutoriais de culinária, vídeos musicais amadores, cada vez mais conteúdos com gatos. O Google adquiriu o YouTube em 2006 por 1,65 bilhão de dólares, a maior aquisição até então, que acabou sendo um excelente negócio.

Algumas empresas, como o YouTube, conseguiram acertar o passo só depois de ampliar o foco de seu produto. A Shopify, companhia sediada no Canadá avaliada em dezenas de bilhões de dólares, que ajuda empresas a criar lojas on-line, começou da mesma forma. Seus fundadores – Tobias Lütke, Daniel Weinand e Scott Lake – queriam abrir uma empresa de *e-commerce* de equipamentos de snowboard. Essa plataforma, chamada Snowdevil, funcionou suficientemente bem para isso, e eles acabaram fazendo o pivô para vender todos os tipos de coisas on-line com a Shopify.

Outras empresas, como o Instagram, tiveram uma abordagem oposta, estreitando a ideia de forma considerável até que tivesse a adequação certa do produto ao mercado. Antes de se tornar uma rede social popular, o Instagram era um *feed* para compartilhamento de planos de atividades sociais. O Burbn, como era chamado à época, funcionava como o Foursquare: os usuários podiam fazer *check-in* em restaurantes e cafeterias, além de mostrar aos amigos aonde estavam indo. Tinha vários recursos: *check-ins*, *feeds* de fotos e textos, e até um sistema de pontos por visitar certos lugares. O cofundador do Instagram, Kevin Systrom, havia conhecido alguns investidores da Baseline Ventures e Andreessen Horowitz em uma festa e, por causa do interesse deles, conseguiu 500 mil dólares para desenvolver a ideia.

As câmeras dos smartphones estavam ficando melhores, e as fotos tiradas com o celular pareciam o alvo certo da atenção da startup. "Passamos uma semana fazendo o protótipo de uma versão concentrada apenas em fotos", escreveu Systrom posteriormente. "Ficou horrível. Por isso voltamos para a criação de uma versão nativa do Burbn. Na verdade, fizemos uma versão inteira do Burbn como aplicativo para iPhone, mas pareceu desordenado e com excesso de recursos. Foi, de fato, difícil decidir começar do zero, mas corremos o risco e basicamente tiramos tudo do aplicativo do Burbn, exceto pelas funcionalidades de foto, comentários e curtidas. O que sobrou foi o Instagram."[4]

O restante da história já é bem conhecido: o Instagram se tornou um sucesso retumbante, reunindo dezenas de milhões de usuários ativos e uma aquisição no valor de 1 bilhão de dólares pelo Facebook em 2012. Naquela época, gastar 1 bilhão de dólares em uma empresa sem receita parecia ridículo, mas, com o passar dos anos, essa foi uma das melhores decisões que Mark Zuckerberg tomou.

Nem todo pivô leva a um resultado bilionário. "Há claramente sucessos de pivôs que são pontos fora da curva e, é óbvio, há muitos fracassos", disse a mim Keith Rabois, um funcionário inicial da PayPal e investidor de sucesso. Quando um líder muda o propósito da empresa, isso pode fragilizar o verdadeiro motivo pelo qual as pessoas se juntaram a ele e o apoiaram. "Imagine dirigir um daqueles ônibus escolares. Você está levando as crianças para a escola todos os dias e, de repente, começa a fazer manobras radicais. As crianças, por não usarem o cinto de segurança, vão para um lado e para o outro, para a frente e para trás. É bem desorientador para os colegas", diz Rabois. "Então, resolvi ser bem cuidadoso em relação a pivôs."

Rabois se envolveu em alguns quase pivôs. Na PayPal, ele observou o produto deixar de ser uma forma de trocar dinheiro em PDAs Palm para permitir transações baseadas em e-mail. "Não foi um pivô radical porque o e-mail estava incorporado ao produto original, e é por isso que funcionou", diz ele. "O mercado-alvo, eBay – que foi de onde todo o volume e velocidade de adoção realmente vieram –, não foi nada intencional. Foi de baixo para cima."

Quando perguntei a Rabois o que faz um pivô ser bem-sucedido, ele indicou alguns fatores. Às vezes, é mais fácil fazer um pivô quando a empresa é pequena, para reduzir a sensação da pancada na equipe. E pode ajudar se há um denominador comum entre a velha e a nova ideia. Mas, em outras, pequenas mudanças não são suficientes. "Se nada está funcionando de verdade, uma melhoria de 10% não vai ajudá-lo. É preciso melhorar 100%", diz Rabois. "Se apenas acrescentar 10% aqui e ali, isso não vai adiantar para se tornar uma ótima empresa. E, se gastar tempo e energia em ideias de 10%, estará gastando clareza mental, tempo e atenção, que são necessários para adicionar os outros zeros. Portanto, acho que, se você ficar no negócio que está no zero por muito tempo como empreendedor sem conseguir crescer e estiver sem novas boas ideias, mudar de forma radical pode ser uma solução melhor."

Em geral, "a maioria dos pivôs não funciona", de acordo com Elad Gil, um investidor-anjo. "A razão pela qual não funcionam é que os fundadores tendem a fazer um pivô dentro de um mercado em vez de fazê-lo em vários mercados, e onde estão atualmente é ruim. O problema é que, quando as pessoas fazem um pivô, na maior parte do tempo, sentem que têm enormes custos irrecuperáveis e que devem, de alguma forma, usar o produto existente que desenvolveram." Gil me contou que os pivôs tendem a funcionar melhor quando os fundadores "começam do zero e a partir dos primeiros princípios".

Nem todos os pivôs acontecem na fase inicial de ideação. A Intel, que começou como uma empresa que produzia memórias de computador, fez um pivô para a produção de processadores, uma categoria completamente diferente de produto, e dezesseis anos após a fundação. Ela tinha a maior participação no mercado de *chips* de memória quando a concorrência de contrapartes japonesas de repente reduziu a rentabilidade e forçou a empresa a repensar sua estratégia. Se a Intel tivesse ficado no negócio de memória, a concorrência a teria eliminado há muito tempo. Outros pivôs de sucesso também aconteceram em momentos posteriores na vida da empresa e envolveram mudanças mais agressivas no produto principal. O pivô do Glitch para o Slack aconteceu no quarto ano, depois de obter 17 milhões de dólares, com 5 milhões no banco e uma equipe de 35 pessoas. A Odeo, uma empresa de podcasts, havia conseguido 6 milhões de dólares e tinha catorze funcionários em tempo integral quando fez o pivô para o Twitter, depois de dois anos.

Pivôs são difíceis, muito difíceis. É uma das decisões mais difíceis que um empreendedor precisa tomar em sua jornada. Eles correm o risco de perder a confiança da equipe e dos investidores e, em muitos casos, têm de desistir de certo avanço e muito trabalho em um produto. Tenha em mente que pivôs de sucesso são exceções. Afinal, um pivô envolve tentar uma nova abordagem ou mercado depois de o original ter fracassado. Mas dar uma chance a esta nova ideia – uma que veio da análise das reações de clientes e da observação do mercado – talvez seja melhor do que desistir por completo.

O tipo mais comum de pivô que vi é o de ir de uma estratégia voltada aos consumidores (B2C) para uma voltada às empresas (B2B), ou vice-versa. Para uma empresa B2C, isso costuma acontecer quando os fundadores percebem que o custo de aquisição de cliente é muito alto para seu produto e eles querem tentar transformá-lo em uma ferramenta empresarial. Da mesma maneira, para uma empresa B2B, isso acontece quando o ciclo de vendas para o cliente se torna muito longo e os fundadores acreditam que será mais fácil fazer um direcionamento direto ao consumidor. Embora esse tipo de pivô tenha funcionado algumas vezes, ele também fracassou em muitas outras. O problema original que a empresa está tentando resolver para seus clientes, sejam eles consumidores, sejam eles empresas, comumente é menos grave do que os fundadores imaginam, portanto o pivô não é a solução para o verdadeiro problema: a demanda do mercado. Caso você esteja fazendo este tipo de pivô, verifique se a necessidade do cliente realmente existe, algo mais importante que a duração do ciclo de vendas ou o custo de aquisição de cliente, que podem indicar uma falta de demanda do mercado.

O mais importante em relação aos pivôs é a capacidade de realizá-los e ir até o fim enquanto você ainda tem dinheiro no banco. Essa é uma das poucas áreas em que um empreendedor tem o controle ao encarar um pivô, e evidencia o conselho de otimizar seu dinheiro até ver a adequação do produto ao mercado. Não contrate uma equipe de vendas e de marketing antes de o mercado estar claramente arrancando o produto de suas mãos. Se você não tem certeza de ter uma adequação do produto ao mercado, provavelmente não tem. "Um dos erros mais comuns que as empresas fazem é tentar fazer o fluxo de clientes aumentar de forma inorgânica antes que o produto esteja retendo os clientes atuais. É como colocar combustível em um motor com vazamento", diz Sarah Guo, sócia na Greylock. "É difícil e amedrontador admitir que um produto ainda não tenha a adequação ao mercado. É muito mais fácil concentrar-se em todos os problemas secundários. Mas nada mais importa até que você consiga isso (e, claro, que a equipe do produto inicial o entregue). A realidade é que a maioria das startups não consegue, e essa é a causa de sua ruína."[5]

Não se apaixone por sua ideia. Não acredite cegamente que, por ser um executivo em uma startup de alto crescimento ou um acadêmico premiado, o mercado automaticamente adotará seu produto. Mantenha a mente aberta e ouça os clientes. Certifique-se de expressar seus processos de raciocínio de modo eficaz e detalhado aos funcionários e aos investidores para que o pivô não pareça o ônibus fazendo manobras descrito por Rabois. Manter a equipe enxuta ajuda na capacidade de realizar esse tipo de coisa. Mude seu produto para os mesmos clientes ou mude seus clientes para o mesmo produto. Se nenhuma dessas estratégias funcionar, veja o que de exclusivo sua equipe pode fazer e traga uma nova ideia. Em último caso, você pode criar uma nova empresa para fazer uma limpeza na mesa de capitalização (o registro dos acionistas) e nas dívidas, devolver o dinheiro que sobrou no banco aos investidores e dar uma nova oportunidade aos anteriores de investir em uma nova empresa. Por fim, assegure-se de fazer uma autoanálise e conversar com os cofundadores para determinar se vocês ainda têm paixão por desenvolver uma empresa nesse novo mercado ou para esse novo cliente. Se não se enxergar seguindo sua visão pelos próximos dez anos, talvez fechar a empresa e devolver o dinheiro dos investidores, se houver alguma quantia sobrando, seja uma ideia melhor.

O QUE E ONDE?

"O software está devorando o mundo", escreveu notoriamente Marc Andreessen no *Wall Street Journal* em 2011.[1] Andreessen, fundador do Netscape e da empresa mundialmente renomada de capital de risco Andreessen Horowitz, destacou uma série de exemplos para comprovar seu ponto: a maior loja do mundo, a Amazon, era uma empresa de software; todos estavam assistindo a filmes na Netflix; e as empresas de música dominantes eram iTunes, Spotify e Pandora – todas criadoras de software. Seu ponto era que esta mudança de uma economia mais tradicional e física para uma baseada em software era impulsionada por uma força tecnológica.

Hoje em dia, virou clichê pensar sobre software como uma nova categoria de startups. Toda empresa e todo setor passaram pela mudança para serem baseados em software e afetados pela tecnologia de alguma maneira. Em meu estudo, pode-se observar que, entre as empresas bilionárias, mais da metade (54%) era composta de empresas de tecnologia, seguidas por empresas de bens de consumo (como a Fitbit), com 17%; saúde/biotecnologia/farmacêuticos, com 14%; e produtos corporativos físicos (como a SpaceX), com 8%. O restante foi categorizado como energia e materiais, e outros (incluindo serviços financeiros).

No grupo aleatório, 40% eram empresas de software, 25% eram empresas de serviços de saúde, 10% eram de produtos corporativos e 18% eram de bens de consumo. Isso indica que as empresas de software tinham uma chance um pouco mais elevada de alcançar avaliações de bilhões de dólares e que as startups da área de saúde/farmacêutica tinham uma chance um pouco menor de sucesso, com uma taxa de fracasso mais elevada.

ALI TAMASEB

STARTUPS BILIONÁRIAS: SETORES DA INDÚSTRIA

SETOR DA INDÚSTRIA

Software	Consumo	Serviços de saúde
	Produtos corporativos	Financeiro
		Energia

Entre as startups bilionárias, mais da metade era de software e o restante era de bens de consumo, produtos corporativos, serviços de saúde e outros setores.

O maior nível de risco no setor de saúde/farmacêutico aparece na forma com que os investidores de risco estruturam seus investimentos. Na rodada de financiamentos de estágio inicial para uma empresa de software, todos os investidores podem diluir a participação dos fundadores em cerca de 15% a 30% das ações da empresa. Para uma empresa farmacêutica ou de biotecnologia típica, os investidores podem diluir a participação dos fundadores ainda mais – algumas vezes em até 70% – para refletir esse risco.

Vamos examinar mais de perto o que essas empresas bilionárias estão fazendo. Com base nos dados extraídos do PitchBook Data (os dados não foram revisados por analistas da PitchBook), os maiores subsetores foram os de software de produtividade de negócios (como o Slack), software de aplicativos sociais e de consumo (como o Snapchat), e *e-commerce* (como o Wish, um aplicativo de compras que oferece itens muito baratos de atacadistas). Esses subsetores foram seguidos por software de gerenciamento de redes (como a Palo Alto Networks, que cria *firewalls* para redes, entre outros produtos), gerenciamento de banco de dados (como a MongoDB, uma empresa de banco de dados orientado a documentos), software de fluxo de trabalho/automação (como a UiPath, uma empresa que automatiza tarefas manuais para clientes empresariais), automotivo (como a Cruise, uma empresa de carros autônomos adquirida pela General Motors), e biotecnologia (como a Indigo Ag, uma empresa agrícola que trabalha com micróbios de plantas visando melhorar safras).

STARTUPS BILIONÁRIAS: SUBSETORES DA INDÚSTRIA

SETOR DA INDÚSTRIA

Software de negócios/produtividade	E-commerce	Mídia	Biotecnologia	Software financeiro
Software social/de consumo	Software de gerenciamento de redes	Software de automação/fluxo de trabalho	Serviços financeiros
Software de aplicativos		Automotivo	Serviços de informação
	Software de banco de dados	Software de comunicação	

O subsetor de software de negócios e produtividade foi o maior entre as startups bilionárias, seguido pelo de software social/de consumo, pelo de software de aplicativos e pelo *e-commerce*. Fonte: PitchBook Data, Inc. (Os dados não foram revisados por analistas da PitchBook.)

É importante observar que as tendências que criaram as empresas bilionárias no passado não serão necessariamente as mesmas para as do futuro. Há, agora, um grande foco em um novo conjunto de setores – aqueles voltados a biologia, espaço, agricultura e habitação ou que usam inteligência artificial, por exemplo – em uma variedade de aplicações, de seguros a radiologia. Quando perguntei aos fundadores e investidores de startups bilionárias entrevistados para este livro de que áreas eles achavam que surgiria o novo grupo de startups bilionárias, ouvi uma variedade de ideias.

Henrique Dubugras, o cofundador da Brex, disse que estava mais animado com as empresas focadas em recriar seguros. Mario Schlosser, cofundador da Oscar Health, indicou uma série de oportunidades ainda abertas para renovar os serviços de saúde. Max Mullen, que cofundou a Instacart, entusiasmou-se com o futuro dos alimentos; Max Levchin, da Affirm e da PayPal, falou sobre a importância de "água limpa, acesso a alimentos, mudança climática e melhoria na educação". Para Neha Narkhede, da Confluent, foi a "consumerização da empresa", que significa uma adoção, de baixo para cima, de ferramentas que fazem as vendas empresariais acontecerem. Michelle Zatlyn, cofundadora da Cloudflare, estava animada com o futuro das redes sociais. Na área de ciências da vida e de serviços de saúde, Arie Belldegrun, da Kite Pharma, estava empolgado com terapia celular, enquanto Nat Turner, da Flatiron Health, estava interessado na aplicação de dados em "neurologia, doenças neurodegenerativas e cardiovasculares".

A resposta mais interessante veio de Tony Fadell, cofundador da Nest. "Acho que é mais importante observar os mercados que as áreas e os setores", ele me contou. Além do Vale do Silício, grandes mudanças estão acontecendo na Índia, no sul da Ásia e na América Latina. "Esses locais estão passando por enormes transições, como já aconteceu com a China. É necessário prestar atenção nesses novos mercados e ver que problemas únicos podem ser resolvidos para eles. É necessário sempre pensar no contexto dos problemas do local visado."

Fadell acrescentou que tudo passa por ciclos. "Na década de 1980, a *deep tech* [tecnologia profunda – tecnologia de alta complexidade, como semicondutores, materiais ou do espaço] era o principal tema no Vale do Silício. Mas trinta anos se passaram e ninguém quis tocar no assunto", ele disse. Agora, está de volta. "Devem-se colocar os ciclos dos diferentes tipos de temas em perspectiva, correspondê-los com a psique social da região onde se está ou que é visada, e tomar uma decisão sobre o tipo de inovação e onde. É necessário entender a dinâmica do mercado, o *timing* de cada uma das regiões e os talentos e as capacidades que cada uma possui."

TODAS ELAS COMEÇAM NO VALE DO SILÍCIO?

Fadell está certo sobre a importância da localização. As startups prosperam no contexto certo, que inclui o local onde tiveram início e a região atendida. Embora o Vale do Silício tenha sido, ao longo da história, a localização "certa" para as startups de tecnologia, isso não significa que todas as startups bilionárias saiam desse lugar. E certamente não significa que tudo continuará igual no futuro, especialmente com a crescente mudança para o trabalho remoto.

É verdade que o Vale do Silício hospeda o maior número de startups bilionárias nos Estados Unidos. Um pouco mais da metade das que figuram em meu estudo tem sede na Bay Area, em São Francisco, em comparação com cerca de um terço do grupo aleatório. Isso pode sugerir que as empresas localizadas no Vale do Silício historicamente tiveram chances mais altas de alcançar avaliações de bilhões de dólares. Uma grande ressalva, entretanto, é que algumas empresas se mudaram para o Vale do Silício *depois* de ganhar dinheiro e ter um sucesso inicial; o dinheiro as ajudou a pagar pelos custos exorbitantes de ter um negócio e viver no local. Os fundadores do Dropbox, por exemplo, mudaram-se de Boston para São Francisco depois da Y Combinator. Então, isso pode ser, em parte, um fator para o sucesso do Vale do Silício. E não há dúvidas de que as startups de lá tiveram um acesso mais fácil a grandes grupos de capital de risco e de talentos, contribuindo ainda mais para seu sucesso. Até muito recentemente, vários investidores de risco apenas investiam em localizações aonde eles conseguiam chegar de carro para participar de uma reunião do conselho. As coisas certamente mudaram desde então. Durante a pandemia da Covid-19, em 2020, muitas empresas de capital de risco fizeram investimentos em startups, tanto no estágio inicial como posterior, sem nem terem conhecido os fundadores pessoalmente. Isso foi uma novidade para um setor que colocara tanta ênfase na localização da empresa e nos encontros presenciais com os empreendedores, e foi um ponto de virada para a importância geográfica no sucesso de uma startup.

A outra metade das startups bilionárias do meu estudo, porém, surgiu fora do Vale do Silício. Nova York tem 10% delas, o sul da Califórnia tem outros 10% e Massachusetts tem 6%. Estados como Flórida, Texas, Washington e Utah também hospedam várias empresas bilionárias. A Epic Games, empresa criadora do *Fortnite*, teve início na Carolina do Norte; a Chewy, uma varejista on-line de produtos para animais de estimação, começou na Flórida; e a Qualtrics, empresa de gerenciamento de experiência de clientes, abriu as portas em Utah. Não há razão para que uma startup precise estar no Vale do Silício para ter sucesso – e, de fato, em alguns casos, é especialmente vantajoso estar em outro lugar.

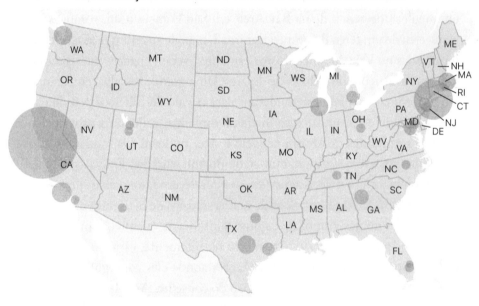

DISTRIBUIÇÃO GEOGRÁFICA DAS STARTUPS BILIONÁRIAS

As startups bilionárias estavam concentradas no Vale do Silício e tinham mais probabilidade de chegar a avaliações de bilhões de dólares lá, mas metade estava distribuída em outras regiões, como Nova York e Massachusetts.

Outro ótimo exemplo é a Root Insurance, fundada por Alex Timm em 2015. O primeiro emprego de Timm depois da faculdade foi em uma equipe de estratégia corporativa na Nationwide Insurance. "Sentado na sala de reuniões ornamentada de uma das maiores empresas de seguro dos Estados Unidos, eu ouvia as mesmas desculpas que tinha ouvido desde que comecei a trabalhar com seguros na adolescência: mudanças são assustadoras e difíceis, é melhor não agitar as águas. Isso sempre fez meu coração ficar apertado, meu estômago revirar e minha pele arrepiar", Timm disse posteriormente.[2] Na Nationwide, ele soube da quantia de dinheiro gasta em marketing, agentes e salários dos executivos. "Por que os consumidores toleravam isso, principalmente quando não tinham essa tolerância em qualquer outro setor?", ele ponderou. "A Amazon virou o varejo de cabeça para baixo. A Uber estava revolucionando o setor de táxis. Mas a área de seguros não havia mudado em nada."

Timm decidiu revolucionar o setor. Em 2015, ele fundou a Root Insurance em Columbus, Ohio – a mesma cidade onde fica a matriz da Nationwide Insurance. A Root Insurance lida com seguro de automóveis por meio de um aplicativo, driblando o tradicional agente de seguros e o processo demorado de enviar informações on-line e conseguir apenas uma vaga cotação. Em vez de pedir aos clientes que enviem informações históricas, o aplicativo da Root observa a maneira de dirigir da pessoa, usando os sensores em seu smartphone, e, então, oferece o valor do seguro com base na maneira como ela dirige. O método é frequentemente chamado de "seguro baseado em utilização", e, embora outras empresas e startups de seguro tenham implementado ideias semelhantes, a Root é uma das que estão na vanguarda dessa inovação.

A Root Insurance emprega centenas de pessoas em Columbus, muitas do setor de seguros, mas também engenheiros de software e especialistas de marketing. "Analisamos a ideia de uma expansão em Chicago ou outra das cidades costeiras, mas, francamente, está dando certo em Columbus, e não vejo motivo para estar em qualquer outro lugar", disse Timm. "Estamos crescendo rapidamente, vendo um influxo de capital de risco. É um lugar bem melhor para montar uma empresa. É mais acessível do que ir para a costa e temos uma retenção de funcionários bem mais elevada, para falar a verdade. A permanência média de um engenheiro no Vale do Silício é de nove meses; seria muito difícil desenvolver uma empresa com isso." A Root Insurance teve um IPO com avaliação de mais de 6 bilhões de dólares em 2020.

Outro exemplo de uma startup prosperando fora do Vale do Silício: a Carvana, uma plataforma on-line de compra de carros. A empresa foi fundada por Ernest Garcia III em 2012 como subsidiária da empresa de financiamento e varejo de carros usados de seu pai, a DriveTime. O negócio da família opera em Tempe, no Arizona, e a Carvana continua sediada lá.

A Carvana visa mudar a experiência de compra de carros usados com uma plataforma de compra e financiamento on-line. Os usuários podem fazer uma busca entre mais de 15 mil veículos, realizar a compra e fazer a retirada do carro com o auxílio de uma máquina de vendas. A Carvana inventou o conceito de máquinas de venda de carros grandes, automatizadas e atrativas. Os clientes têm, então, sete dias para testar o carro e devolvê-lo se não gostarem.

"A máquina de venda de carros basicamente nos dá um *outdoor* permanente, uma localização para a conclusão da compra e um elemento exclusivo que representa a marca e ajuda em termos de publicidade", disse Garcia. "Podemos ter uma bela localização de varejo a uma fração do custo de uma concessionária tradicional ao mesmo tempo em que economizamos em custos de entrega, que podemos, então, refletir na economia em geral que oferecemos aos clientes."[3] A Carvana teve uma receita superior a 3 bilhões de dólares em 2019.

O senso comum sobre quais cidades produzem startups bilionárias, e em quais setores, geralmente *não* se mostra verdadeiro. Por exemplo, pode-se supor que Nova York seja mais propensa a produzir startups bilionárias de *fintech* (tecnologia financeira) por ser um centro financeiro global. Mas, na realidade, Nova York produziu mais empresas bilionárias de software de infraestrutura que *fintechs*. É, também, a cidade onde ficam a Flatiron Health e a Oscar Health, empresas nos setores de saúde e seguros. Da mesma maneira, enquanto Boston é vista como um centro de empresas farmacêuticas e de biotecnologia, ela produziu startups bilionárias em muitas outras categorias, incluindo software de infraestrutura, *fintech*, *e-commerce* e segurança.

É importante entender que há, geralmente, motivos pelos quais essas empresas tiveram sucesso onde foram fundadas. Ohio não é apenas a sede de algumas das maiores empresas de seguro; ela também tem um ecossistema regulatório de seguros mais avançado, o que dá maior chance de sucesso à Root Insurance. O órgão regulador de seguros de Ohio é muito melhor do que o da Califórnia, por exemplo. A Carvana, que surgiu de um varejista de automóveis usados já bem-sucedido no Arizona, deu a seu fundador acesso proprietário a um estoque de carros usados no local. Mude-se para o Vale do Silício se lá você pode encontrar os melhores talentos para seu tipo de empresa e se pode fazer boas contratações lá, mas não limite suas opções: ficar em uma localização ou mudar-se para onde você teria um diferencial na contratação de grandes talentos ou na negociação de parcerias. E, claro, algumas startups têm optado por espalhar-se, e isso pode funcionar também. Dados o custo de vida e operação de uma empresa no Vale do Silício, as recentes mudanças em relação à cultura de trabalho remoto e equipes distribuídas, bem como a evolução dos ecossistemas de startups em outras áreas metropolitanas, mais empresas bilionárias provavelmente começarão fora do Vale ou serão totalmente distribuídas na próxima década. Empresas como Facebook, Twitter, Square e Shopify agora permitem o trabalho remoto, que espalhará, de forma lenta, mas certa, talentos de nível sênior para fora do Vale do Silício, acelerando esse impacto.

Há inúmeros exemplos de startups bilionárias fundadas fora dos Estados Unidos que ainda são capazes de criar uma forte presença no país. A Atlassian, um unicórnio que cria ferramentas de desenvolvimento de software, e a Canva, unicórnio de uma plataforma de design gráfico, foram fundadas na Austrália. A Elastic, uma empresa de capital aberto que está criando uma ferramenta de sistema de busca, teve início na Holanda, e o Spotify, o serviço de *streaming* de música, começou na Suécia – e todas elas têm grandes escritórios de engenharia nos Estados Unidos.

ALI TAMASEB

UMA MUDANÇA BILIONÁRIA DO VALE DO SILÍCIO PARA DENVER
ENTREVISTA COM RACHEL CARLSON, DA GUILD EDUCATION

Rachel Carlson e Brittany Stich eram alunas do MBA em Stanford quando cofundaram a Guild Education em 2015. A Guild Education ajuda empresas da lista Fortune 500, como Chipotle, Disney e Walmart, a oferecer educação de nível superior gratuita ou a um valor reduzido a seus funcionários. Oferecer esse benefício ajuda os empregadores a reter talentos, reduzir a rotatividade e desenvolver a carreira dos funcionários. Com a oferta de acesso à educação superior livre de dívidas à força de trabalho dos Estados Unidos por meio de seus empregadores, a Guild Education desenvolveu uma solução inovadora para lidar com a crise da dívida estudantil no país ao evitar, em primeiro lugar, que ela ocorra. Até 2019, mais de 3 milhões de americanos tiveram acesso à Guild, e 400 mil haviam começado sua jornada de volta às aulas por meio dos programas da empresa. A Guild, que obteve mais de 200 milhões de dólares de investidores, como General Catalyst, Felicis Ventures e Redpoint Ventures, teve sua avaliação mais recente em mais de 1 bilhão de dólares.

Muitas startups se mudaram de outras cidades para o Vale do Silício depois de conseguir dinheiro, mas Carlson e Stich levaram sua empresa de lá para Denver depois de conseguir seu primeiro financiamento. Foi uma escolha incomum. Longe do Vale do Silício, Denver não é nem considerada um dos principais centros de tecnologia ou de startups, como Nova York e Boston. Encontrei-me com Carlson para saber mais sobre sua jornada e os motivos que a levaram à sua decisão de sediar a empresa em Denver. Vamos saber diretamente dela.

Eu cresci com campanhas políticas. Já havia trabalhado em seis delas quando cheguei aos 21 anos de idade. Acho que cheguei ao topo com a melhor campanha política de todos os tempos, para o Barack Obama, em 2008. Então, pendurei as chuteiras na hora certa. Mas também tive muita sorte de trabalhar na equipe de transição de Obama à Casa Branca depois disso. Eu era a funcionária que se certificava de que as pessoas estivessem na reunião certa na hora certa. Esse é realmente seu trabalho quando você está nessa idade.

A educação sempre foi minha área favorita de interesse. Concluí meu bacharelado em Ciência Política em Stanford. Não havia um título secundário em Educação em Stanford na época, mas frequentei todas as aulas que agora o compõem. Em seguida, retornei e obtive meu mestrado em Educação enquanto fazia meu MBA. Fui para a escola de Negócios sabendo que queria fundar uma empresa. Usei cada tarefa que podia para trabalhar em diferentes ideias de negócio. Estava sempre tentando transformar a lição de casa no que eu queria desenvolver. No primeiro ano, trabalhei em um produto que ajudava os alunos a encontrar empregos que fossem relacionados à sua área, mas não queria abandonar a escola para desenvolver essa primeira ideia. Então, passei o segundo ano fazendo um monte de trabalho que acabou levando à Guild.

Passei tempo aprendendo o máximo que pude sobre as partes da política federal relacionadas à educação e fiquei empolgada com o que poderia fazer para ajudar os 88 milhões de americanos que precisavam voltar aos estudos para aprimorar suas competências. Comecei a trabalhar com as melhores escolas do país. Descobri que o maior problema era que elas não sabiam como encontrar os clientes que precisavam delas. Os anúncios no Google e no Facebook tinham se tornado caros demais. A história da fundação começou quando percebemos que poderíamos criar um local para conectar essas universidades a esse pessoal, a maioria deles trabalhadores da linha de frente que precisavam de reciclagem e aprimoramento das qualificações. Isso nos levou aos empregadores, porque eles eram o canal certo de aquisição.

No final do segundo ano, nós tínhamos uma apresentação de PowerPoint e um plano, e Jake Schwartz, da General Assembly, havia oferecido uma incubação (*acquihiring* – um acrônimo em inglês que combina aquisição e contratação). Também tínhamos uma oferta de uma organização sem fins lucrativos para nos financiar como uma ONG independente. Mas Michael Dearing, meu professor favorito em Stanford, que também administra uma empresa de capital de risco [Harrison Metal], disse: "Eu sei do seu desejo de expandir essa ideia, e a única maneira de fazer isso é com capital de risco". Michael não podia investir até que eu me formasse. No dia seguinte à formatura, encontrei-me com ele porque me disse: "Venha me ver um dia depois da formatura". Ele liderou nossa rodada de capital semente com participação da Aileen Lee, da Cowboy Ventures.

Ficamos no Vale do Silício, em Stanford, no primeiro ano porque minha cofundadora ainda estava concluindo o MBA (ela estava um ano atrás de mim). Na Guild, uma parte importante do negócio são nossos instrutores: as pessoas que ajudam os estudantes a navegar e atingir suas metas. Em muitas empresas habilitadas pela tecnologia, você precisa ter uma camada de serviço. Para nós, essa camada é a instrução. Para o Airbnb, ela é formada pelos anfitriões; para a Lyft e a Uber, pelos motoristas. Para esses tipos de empresa, deve-se pensar de fato sobre como criar uma cultura que trata a camada de serviço com o mesmo respeito que a camada de engenharia. E acho que isso nem sempre aconteceu no Vale do Silício. Eu estava pensando em contratar dezenas – agora centenas – de instrutores e quero que eles tenham uma ótima qualidade de vida. Quero que tenham casa própria. Quero que tenham filhos. Quero que tenham todas as opções que deveriam estar disponíveis com uma excelente carreira. E, em São Francisco, precisaria pedir que vivessem na pobreza e gastassem tempo demais em transporte até o trabalho. Sempre ouvíamos: "Coloque seu departamento administrativo (incluindo esses instrutores) onde quiser, em uma cidade mais barata, talvez Phoenix, mas você deve ter sua equipe de engenharia, produto e negócios em São Francisco". Senti que nosso produto ficaria muito mais enfraquecido e com muito menos capacidade se fizéssemos dessa forma. Eu queria que os instrutores, a equipe de tecnologia e o departamento administrativo estivessem todos no mesmo lugar. Eu venho de Denver e estava acompanhando seu ecossistema de tecnologia de perto. Isso foi em 2015, e eu tinha vários amigos começando negócios ou entrando em startups em Denver. Tinha apenas a sensação de que poderíamos fazer tudo em Denver, ter a empresa inteira lá. E aquilo pareceu tão importante para mim, porque a ideia de separar a equipe e ter instrutores em um lugar e o pessoal de produto e engenharia em outro não me agradava. Você precisa ter aquele círculo de feedback. Em especial no começo, todos nós precisávamos estar juntos nas reuniões todos os dias. E precisávamos ter os instrutores na mesma sala, para que os engenheiros e os líderes de produto ouvissem as chamadas telefônicas com os estudantes.

Por fim, minha cofundadora e eu decidimos que queríamos levar a empresa para Denver e crescer lá. Curiosamente, embora minha cofundadora não fosse de Denver, ela e meu marido tinham mais convicção sobre mudar para lá do que eu. Nós três jantamos algumas vezes e, quando tomamos a decisão, comunicamos ao conselho, e eles não ficaram tão confortáveis com aquilo. Lembro que Michael disse literalmente: "Isto é a Renascença, e está pensando em deixar Veneza". Fui para casa e disse ao meu marido: "Não acredito que vou conseguir convencê-los de que precisamos mudar a empresa para Denver". Quando você está apenas começando como fundadora, meio que se sente em dívida com o conselho. Agora já sei como pressionar um conselho administrativo. Mas, naquela ocasião, peguei nosso anúncio de vaga de diretor de engenharia e o publiquei em Palo Alto, São Francisco e Denver. E comecei a fazer uma busca nas três cidades. Na reunião do conselho seguinte, um mês depois, levei todos os currículos e disse: "Aqui estão nossos melhores candidatos" – sem dizer a eles de onde eles eram. A variação entre o melhor candidato que eu poderia recrutar em Denver era, tipo, dez vezes maior do que eu seria capaz de atrair sendo uma ideia com 2 milhões de dólares de capital semente em São Francisco ou Palo Alto na época. Todos concordaram em contratar Jessica Rusin, que é agora nossa SVP de engenharia. E eu estava tipo: "Mas ela vive no subúrbio de Denver". Aí foi o momento em que a ficha caiu para o conselho. Então, o que planejamos foi que teríamos reuniões do conselho em São Francisco. Obteríamos fundos em São Francisco. Eu voltaria em um mês. Disse a eles que tinha um quarto na casa de uma amiga que poderia usar a qualquer momento em São Francisco. Sempre falei que pensaríamos em reabrir um escritório lá quando chegasse a hora certa. E, para nós, a hora certa chegou no começo de 2020, quando adquirimos uma empresa na cidade. Agora, cada vez mais, estamos abrindo escritórios em diferentes localidades e temos trabalhadores remotos também. Mas, nos primeiros cinco anos, ficamos todos em Denver, e foi a solução perfeita para nós.

Para cargos permanentes, instrutores e engenheiros, costumávamos fazer contratações em Denver. Não fazíamos uma busca nacional por candidatos. Tínhamos apenas uma pessoa recrutadora. Para nossos cargos de liderança e contratações de nível mais sênior no começo, metade deles se mudou para

Denver para se juntar à Guild – uma pessoa de Washington, DC, uma de São Francisco, uma de Nova York e de outros lugares. Estávamos recrutando bastante das cidades costeiras, convencendo as pessoas a se mudar para Denver. Nós as convidávamos para vir e visitar nosso escritório em uma sexta-feira, e marcávamos um encontro delas com um corretor para mostrar casas no fim de semana, conhecer os bairros e talvez esquiar. Muitas delas viviam em apartamentos apertados nas cidades costeiras, então elas podiam ver que conseguiriam pagar por um bom estilo de vida e comprar uma casa aqui. Também pedíamos a elas que trouxessem a família. Lembro-me de um de nossos candidatos a vice-presidente que trouxe a família, levou seu filho em uma busca por parquinhos e percebeu que este poderia ser um lugar bem legal para criar os filhos. Nossa tendência era recrutar pais ou pessoas que se preparavam para ter filhos. E essa é uma boa parte da história acidental da Guild, porque fiquei grávida dois anos atrás, enquanto cuidava da empresa. Assim, em três dos cinco anos de nossa jornada, fiquei falando sobre gravidez ou maternidade. A maternidade e a paternidade se tornaram uma conexão importante para muitas das pessoas que optaram por se juntar à nossa equipe e se mudar para Denver.

Somos uma empresa realmente diversa. Temos uma equipe de entrada no mercado B2B, temos a que trabalha com universidades, uma equipe B2C, além das de tecnologia da plataforma, infraestrutura, administrativo, entre outras. Encontramos uma lacuna no mercado de contratação de Denver na área corporativa. A cidade não teve muitas empresas voltadas ao universo corporativo. Por isso, tanto para vendas como para produtos corporativos, tivemos de fazer um recrutamento mais amplo de outros lugares. E esse é parte do motivo pelo qual, neste ponto, decidimos abrir escritórios em São Francisco e Nova York por meio de aquisições. Há sempre um grupo de pessoas que não conseguimos convencer a se mudar para Denver, então sabíamos que, em certo nível, teríamos de abrir esses escritórios.

Eu realmente acredito em ter uma rede de pares com outros CEOs e conselheiros, e obviamente muitos deles estão em São Francisco. O que faço é reservar um tempo para estar lá. Em vez de ir a todos os *happy hours* e eventos sociais, algo que não tem como fazer se você tem filhos, eu vou a São Francisco uma vez por mês e fico por duas ou três noites. Eu realmente dedico muito do meu tempo para ver esse pessoal. Às vezes, vou a eventos específicos. A Bessemer Ventures, por exemplo, organiza um evento para todos os seus CEOs. É ali que eu consegui alguns dos meus melhores mentores. Você faz isso nessas curtas sequências de tempo social intenso com pares e mentores pessoalmente e, depois, volta a administrar a empresa. E, em relação aos clientes, ocorre que não há tantas empresas da Fortune 500 em São Francisco; a maioria das minhas reuniões de vendas e parcerias está espalhada pelos Estados Unidos.

Na verdade, captamos todo o nosso dinheiro de São Francisco, com exceção de uma quantia bem pequena de Nova York. Não acho que o capital precisa estar onde sua empresa está. Realmente, acho que foi bem útil em termos de captação de recursos o fato de não estarmos no Vale do Silício. Acho que os fundadores podem desperdiçar acidentalmente uma quantia enorme de tempo tentando desenvolver relações com investidores, quando não estão captando recursos, ao ir em eventos e tentar socializar. Isso beneficia bastante os investidores, mas não creio que beneficie os fundadores. Para nós, durante 49 semanas em um ano, não tive nenhuma conversa com investidores potenciais. Eu tinha uma mensagem automatizada que enviava toda vez que recebia um e-mail de um investidor. E, em todas as nossas rodadas de captação de recursos, de série A, B, C ou D, passávamos três semanas concentrados naquilo. Normalmente, durante uma dessas semanas, eu ainda ficava em Denver e iniciávamos as conversas. Depois, passava uma semana em São Francisco, ia para casa por mais uma semana e voltava aos negócios. Porque, sabe, há um tipo de cadência na captação de recursos, e, depois, eu voltava para o Vale do Silício na quarta semana. Em todas essas ocasiões, acabava encontrando o parceiro certo. Aí você volta para casa, faz sua diligência devida e fecha o negócio. Esse processo funcionou muito bem para nós. De modo geral, percebia que ele me permitia ter muito mais foco no restante dos negócios. No início, fazíamos todas as reuniões do conselho em São Francisco, e eu ia para lá todo trimestre, mas, depois de um tempo, os investidores queriam conhecer melhor nossos funcionários, assim, começamos a fazer duas reuniões de conselho por ano em Denver e outras duas em São Francisco, o que funcionou muito bem.

Sou muito dedicada a serviços habilitados por tecnologia – tecnologia e produtos para homens e mulheres comuns. Acho que São Francisco cria uma

> câmara de eco que leva as pessoas a acreditar que deveriam desenvolver produtos e serviços para quem elas conhecem e com quem passam o tempo, seus amigos de alta renda. Penso que há um truísmo no fato de que você cria produtos melhores para você, mas acho que essa é uma suposição limitante. Creio que esse truísmo se estende em demasia. Também acho que você pode desenvolver produtos conhecendo uma base de clientes e realmente passando tempo com eles. Eu não era aluna de um *community college*. Sou motivada pelo trabalho que fazemos por causa da família da minha mãe. A maioria dos irmãos dela não frequentou a faculdade. Mas passei um ano basicamente vivendo em um *community college*, trabalhando com os alunos. E fui capaz de obter vários *insights*. Penso que as melhores indústrias serão desenvolvidas na região central dos Estados Unidos, porque é onde você pode se isolar para entender melhor a maioria da população. Em São Francisco, há americanos de baixa e média rendas, mas é bem difícil encontrar uma adequação inicial do produto ao mercado quando se está dominado por todo o ruído da riqueza, da alta tecnologia e de outras coisas. Acho que por isso tantos produtos gravitam na direção de serviços de manobrista, limpeza a seco ou o que quer que seja em São Francisco. Acredito que mais fundadores deveriam conectar seu lugar com seu produto, da maneira que fizemos. Isso resultará em negócios bem maiores, mas, o que é mais importante, missões bem mais impactantes.

Para Carlson e Stich, sair do Vale do Silício acabou sendo uma ótima decisão. Para muitos, mudar-se para o Vale pode ser a decisão acertada. Com o cenário em constante mudança do trabalho e com as culturas do trabalho remoto e de casa, muitas caracterizações do local onde a empresa está sediada podem logo se tornar irrelevantes, se isso já não estiver acontecendo. A Guild Education foi capaz de criar um produto que tem ajudado muitos trabalhadores americanos. No próximo capítulo, vamos nos concentrar na importância do produto para o sucesso das startups bilionárias.

PRODUTO

VITAMINA *VERSUS* ANALGÉSICO

Os fundadores de startups são destituídos de muitas coisas: sono, investimento e clientes, mas poucos reclamaram de não ter conselhos. "Crie analgésicos, não vitaminas" é um desses tipos de conselho que os fundadores ouvem com regularidade. Ditados como esse são bem fáceis de engolir e repetidos por várias vezes, mas raramente paramos para perguntar o que de fato significam. Os fundadores ouvem com frequência que devem criar um produto que atenda a uma necessidade verdadeira. O problema é que nenhum deles jamais pensou que seu produto não estaria solucionando uma dessas necessidades. Todas as startups posicionam seu produto como solução a um problema, e muitos fundadores preferem acreditar que o problema que estão resolvendo precisa de um analgésico. Então, como produtos como o Snapchat e o TikTok, que são indiscutivelmente vitaminas, tiveram tanto sucesso?

Primeiro, vamos entender as diferenças dessas abordagens. Uma estratégia é procurar pontos problemáticos bem definidos e muito irritantes sentidos pelos clientes; outra é melhorar a maneira como algo é feito, oferecendo aos clientes melhor valor, eficiência, entretenimento ou alegria. Esses produtos ajudam os clientes a obter algo em vez de eliminar um problema. Eles são chamados de vitaminas. Não há um padrão objetivo para definir qual produto é uma vitamina e qual é um analgésico, assim, usei meu julgamento pessoal para fazer a distinção.

Surpreendentemente, encontrei mais empresas de vitamina entre as startups bilionárias do que esperava. Quase um terço das empresas bilionárias fazem produtos vitamina, o que sugere ser um mérito criá-los. Mas as chances de sucesso são diferentes de certa forma. Entre o grupo aleatório, mais de 50% eram empresas de vitaminas, o que sugere que estas têm menos chances de ter sucesso. Esta foi uma outra diferença significativa que observei nos dados.

ANALGÉSICO *VERSUS* VITAMINA

Produtos analgésico tiveram mais chances de se tornar startups bilionárias, mas os produtos vitamina funcionaram também.

Um bom exemplo de produto analgésico é a Okta. As autenticações de senhas têm sido um ponto problemático e um enorme risco de segurança por muito tempo para as corporações. A Okta, que vende um serviço de autenticação para grandes e pequenas empresas, permite aos usuários acessar vários produtos com um único *login*. Ela livra os funcionários de ter de se lembrar de várias senhas e evita que as empresas tenham o risco de segurança que vem com senhas fracas ou utilizadas em excesso. A Okta também possibilita que os departamentos de TI deem a diferentes pessoas na organização o acesso a diversas ferramentas, outro ponto problemático para grandes empresas.

A Okta foi fundada em 2009 – no auge da recessão –, quando muitas organizações tinham feito grandes cortes no orçamento. Mesmo assim, as vendas dispararam. A Okta posicionou seu produto como essencial; as empresas ainda precisavam de seus serviços de autenticação para funcionar com eficácia. Em uma publicação de 2010 feita pela Okta em um blog, a empresa discutiu abertamente sua estratégia de vendas: "Vendemos quando os clientes estão comprando".[1] A Okta acreditava que não precisava de fortes campanhas de marketing para persuadir clientes; dezenas de milhares de departamentos de TI sabiam que tinham um problema com autenticação. A estratégia de vendas da Okta era encontrá-los, diagnosticar seu problema e vender a eles a solução. A Okta tornou-se o serviço-padrão de autenticação para mais de 100 milhões de usuários. Ela abriu seu capital em 2017 e foi avaliada em 15 bilhões de dólares no IPO.

No outro lado do espectro, o BuzzFeed é uma clássica vitamina; ele se concentra menos em solucionar uma necessidade imediata e mais em criar um produto divertido e talvez viciante. Fundada em 2006, a empresa de mídia e entretenimento ganhou impulso ao entreter os leitores com seus testes on-line com grande potencial de compartilhamento, histórias de cultura pop e guias faça-você-mesmo (posteriormente, o site introduziu cobertura política e jornalismo investigativo). A popularidade do BuzzFeed não veio de uma abordagem a um ponto problemático específico. Se artigos de entretenimento fossem projetados para solucionar algo, teria de ser o tédio.

Ainda assim, o BuzzFeed se tornou extremamente popular em um curto período. Eles tiveram altas disparadas no tráfego de leitores e monetizaram sua clientela ao publicar anúncios publicitários patrocinados. A audiência do BuzzFeed passava mais de 100 milhões de horas por mês consumindo seu conteúdo, gerando uma receita de mais de 100 milhões de dólares para a empresa.[2] O TikTok, rede social chinesa de compartilhamento de vídeos usada para criar vídeos curtos e virais de dublagem de músicas, comédia e exibição de talentos, é outro exemplo similar de produto vitamina que cativou audiências e criou fãs no mundo todo.

Há uma enorme diferença entre a abordagem do analgésico e a da vitamina. Ambos funcionam. O que importa é que, como fundador, você precisa saber o que está criando e definir sua estratégia e entrada no mercado de acordo com isso. Não há vergonha em criar vitaminas; você só precisa conhecer sua jogada. Se os clientes tiverem uma dor, farão de tudo para que ela pare. Eles buscam algo que funcione, e com rapidez. E tendem a fazer essa busca por conta própria e ver a solução como algo de que *precisam*. O que você deve fazer é certificar-se de que seu produto realmente elimine a dor que eles *estão* sentindo, não a que você imagina que tenham. Por sua vez, as pessoas que compram vitaminas tendem a fazer mais comparações nas compras, confiar em recomendações e mudar o local onde compram o produto de tempos em tempos. Quando os produtos vitamina se tornam populares, podem atrair um amplo grupo de clientes que os veem como algo que eles *querem*. Na maior parte das vezes, ganham aderência e criam hábitos entre os clientes. Quando se adota essa abordagem, você pode ter sucesso investindo em uma marca e uma comunidade, pensando sobre formação de hábitos para seus clientes e criando produtos que tenham aderência. Você também pode estabelecer uma vantagem intrínseca que ajude a baixar o preço no mercado enquanto ainda recebe os lucros. É importante ter em mente que os produtos analgésico são mais resilientes à mudança. O BuzzFeed, por exemplo, teve de demitir parte da equipe e viu uma queda na receita depois de alguns anos, conforme os consumidores buscavam novas tendências e novos aplicativos que os entretivessem.

ECONOMIZAR TEMPO *VERSUS* ECONOMIZAR DINHEIRO

As startups usam diferentes abordagens para descrever os problemas que estão resolvendo. Algumas empresas emergentes promovem seus produtos como convenientes, divertidos, acessíveis, seguros ou que economizarão tempo. Mas as startups bilionárias estavam atrás de quais dessas necessidades?

Observando os dados, podemos ver que a maior categoria de startups bilionárias – quase 40% – faz produtos visando à produtividade. Essas ferramentas de produtividade devolvem aos clientes um pouco de seu tempo e permite a eles que façam as coisas de forma mais eficiente. Em geral, elas também ajudam indiretamente as organizações a economizar dinheiro, mas sua proposição de valor imediata e sua estratégia de marketing possibilitam a um cliente alcançar um objetivo com mais rapidez. As empresas nesta categoria vão do Slack, um aplicativo de chat no local de trabalho projetado para substituir os e-mails, ao Gusto, uma startup que gerencia recursos humanos, folha de pagamento e benefícios. Outro grupo, que representa cerca de um quinto das empresas bilionárias, concentra-se em economizar dinheiro diretamente. O Airbnb, por exemplo, começou como uma alternativa barata a hotéis – embora agora a plataforma ofereça muito mais aos usuários do que apenas economia nos custos. Todos os materiais iniciais do Airbnb voltados ao cliente se concentravam na acessibilidade. Uma porcentagem menor de startups bilionárias foca na conveniência, como a Instacart, uma empresa de entrega de compras de mercado que poupa seus clientes de ir até a loja.

No grupo aleatório de startups, apenas um terço se concentrava na produtividade, enquanto 19% ofereciam conveniência e 13% economizavam dinheiro. Isso sugere que as startups que economizam dinheiro ou tempo tiveram uma vantagem se comparadas às que se concentravam na conveniência ou em qualquer outra categoria.

Economizar tempo e economizar dinheiro foram as necessidades mais comuns abordadas pelas empresas bilionárias, e as startups que trabalhavam com essas necessidades tinham mais probabilidade de se tornar bilionárias.

Algumas startups podem economizar tanto o tempo como o dinheiro dos clientes. Quando empreendedores romenos criaram a UiPath, em 2005, eles planejavam terceirizar projetos de software para as maiores empresas do mundo. Foi só em 2012 que eles viram o potencial da automação de processos robotizados (RPA) e fizeram o pivô de seu produto para automatizar tarefas que costumariam exigir um toque humano. A RPA economiza tempo de várias maneiras: uma empresa de seguros pode usar software de RPA para automatizar o download de um recibo por e-mail e fazer o upload dele em um banco de dados; no departamento jurídico de uma grande fábrica, *bots* de RPA podem ajudar os advogados a enviar contratos de confidencialidade de forma automática.

A UiPath, que se tornou uma das pioneiras em RPA, capacita funcionários para que realizem melhor suas tarefas. Todos os materiais de marketing da empresa se concentram na mensagem de ajudar as organizações a se tornar mais velozes, economizar tempo e acelerar seus objetivos. Indiretamente, porém, usar tais *bots* pode também auxiliar uma empresa a manter um número baixo de funcionários, mesmo que a carga de trabalho aumente, resultando em economia de custos. Muitas empresas de produtividade que tenham como principal objetivo acelerar as coisas precisarão, em algum momento, mostrar algum tipo de economia de custos. A avaliação mais recente da UiPath foi de 35 bilhões de dólares.

INTEGRAÇÃO DE SISTEMAS *VERSUS DEEP TECH*

Já estabelecemos que a maioria das startups se concentra em resolver um problema. Também sabemos que há uma enorme diferença na complexidade desses problemas. Alguns não exigem muito trabalho de engenharia e dependem de integração dos sistemas, reunindo vários componentes em um único aplicativo. Um bom exemplo é o Airbnb, que era, no início, simplesmente um local de negociação para estadias curtas. Produtos como este ainda exigem certo trabalho de engenharia, mas o valor agregado vem principalmente da exclusividade do modelo de negócios ou da estratégia de marketing – não da tecnologia em si.

SUPERFUNDADORES

Outras empresas demandam maior complexidade técnica para desenvolver um produto que não seria viável de outra maneira. Construir a infraestrutura para uma empresa como a Cloudera, que fornece ferramentas e armazenamento de dados para que clientes corporativos gerenciam seus fluxos e bancos de dados, requer meses ou anos de desenvolvimento de engenharia. Enquanto um site como o Airbnb pode ser prototipado com bastante rapidez, um produto como o Cloudera envolve superar difíceis desafios técnicos, como descobrir a maneira como a infraestrutura de *back-end* pode ser dimensionada antes que qualquer trabalho real na empresa possa começar.

A última categoria é *deep tech*, também conhecida como *frontier tech*, *hard tech* e *tough tech*. Essas empresas geram valor ao oferecer um produto cujo desenvolvimento é tão difícil que requer anos de avanços científicos e de engenharia. As empresas de *deep tech* são encontradas em uma ampla variedade de setores – de energia ao farmacêutico e corporativo –, e elas criam produtos como uma nova tecnologia de baterias, uma nova classe de medicamentos ou até mesmo um sistema de transporte inovador. Para essas empresas, de preferência, não deveria ser uma questão de mercado; deveria ser apenas sobre capacidade de desenvolvimento. Você pode desenvolver um produto que gere energia limpa com até três vezes mais eficiência? Ou um medicamento para salvar vidas que não tenha alternativa? Se sim, então é provável que não haja muito risco de mercado. Os governos e as empresas estão, muitas vezes, dispostos a fazer pagamentos em parcelas durante o projeto antes mesmo que o produto exista. Se estiver assumindo o risco do desenvolvimento em ciência e tecnologia, assegure-se de que o risco de mercado seja mínimo.

Mas há prós e contras em toda abordagem. Quase metade das empresas bilionárias se concentrou em integração de sistemas, que pode ser mais fácil de realizar em virtude do baixo esforço técnico, mas pode ser mais custoso nas vendas e na aquisição de clientes. É muito mais difícil resolver um problema de *deep tech*, mas fazer isso pode ser como um ato de defesa para essas startups. Há muito menos probabilidade de outra startup chegar e tomar seu lugar. Entre as empresas bilionárias, 25% eram técnicas e 27,5% eram de elevado nível técnico ou de *deep tech*. Entre as empresas aleatórias, 56% eram de integração de sistemas, 20% eram técnicas e 24% eram de elevado nível técnico ou de *deep tech*. Isso pode sugerir que as empresas de tecnologia média ou profunda tinham mais probabilidade de se tornar startups bilionárias. No entanto, pode haver uma ressalva: que as empresas de *deep tech* precisem conseguir mais investimento nos estágios iniciais em razão das despesas mais elevadas. E, como explicarei em um capítulo posterior sobre como os investidores de risco avaliam as startups, conseguir mais dinheiro pode resultar em aumento das avaliações antes que as receitas possam justificá-las.

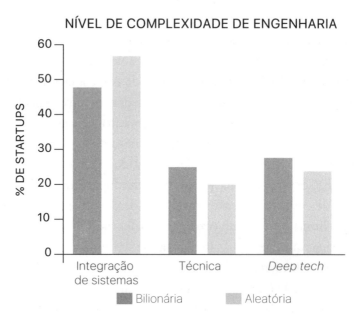

As empresas de integração de sistemas foram as mais comuns, mas as de tecnologia média e profunda tinham mais probabilidade de atingir avaliações de bilhões de dólares.

Um exemplo de empresa de *deep tech* é a Planet Labs, fundada em 2010. Ela monitora a Terra de forma contínua e pode produzir uma imagem por dia de qualquer localização no planeta. Como? A empresa desenvolveu satélites bem pequenos, equipados com câmeras de alta qualidade, que são lançados na órbita da Terra com o uso de foguetes. Os satélites de observação costumavam ser enormes, e sua construção custava dezenas de milhões de dólares, sem contar o lançamento em órbita. A Planet inventou microssatélites que pesam apenas 4,98 quilos cada e medem apenas 10 centímetros cúbicos.

Os fundadores da empresa haviam trabalhado na Nasa por anos em projetos semelhantes, mas ainda levaram mais de três anos para lançar o primeiro satélite da Planet Labs, em novembro de 2013. Por causa dessa inovação em *deep tech*, a empresa enviou centenas de satélites – a maior constelação de satélites de observação – para cobrir a totalidade da Terra com suas câmeras. A Planet Labs vende as imagens para entidades no mundo inteiro, tanto no setor público quanto no privado, como governos e empresas de agricultura, mineração e recursos aquáticos. Uma das características e desafios das empresas de *deep tech* é que leva vários anos para chegar ao lançamento do produto, e até mais tempo para obter receita.

ALTAMENTE DIFERENCIADO *VERSUS* IMITAÇÃO

> Volto-me para quarenta anos atrás e não consigo encontrar uma grande inovação que veio de uma grande empresa. Nenhuma. A General Motors e a Volkswagen não conseguiram projetar um carro elétrico. A Boeing e a Airbus não conseguiram ir ao espaço como a SpaceX. Nenhuma das empresas de mídia trabalharam com mídia como o Twitter e o Facebook. Nenhuma das empresas farmacêuticas trabalhou com biotecnologia como a Genentech.
> – Vinod Khosla, cofundador da Sun Microsystems e da Khosla Ventures

Preste atenção na expressão "grande inovação" na citação anterior. Não deveria ser uma questão sobre se empresas bem-sucedidas se diferenciam de outras; aquelas que recebem investimento de risco precisam fazer algo inovador, ou pelo menos era isso que eu esperava encontrar quando embarquei em minha pesquisa. Quando analisei o grupo aleatório de startups, porém, encontrei algo surpreendente. As empresas em meu grupo aleatório tinham, cada uma, obtido pelo menos 3 milhões de dólares em investimentos, a maior parte de investidores de capital de risco. Entre elas, menos de 40% eram altamente diferenciadas em sua oferta de produto em comparação com outras empresas no mesmo setor. Os investidores estavam, em média, financiando empresas que não tinham uma grande diferenciação. Esta é novamente uma métrica que dependeu de meu julgamento, e eu estabeleci um padrão bem alto para o que defini como "altamente diferenciada". Por exemplo, defini o Airbnb e o Snapchat como altamente diferenciadas pela maneira como suas experiências de cliente variavam das de outros sites de aluguel ou de aplicativos de mídia social.

A diferenciação diz menos respeito à concorrência e mais a como o produto fundamentalmente se destaca do *status quo* no início. Uma empresa altamente diferenciada não é necessariamente aquela com mais complexidade de engenharia; ela apenas tem uma oferta bem diferente do restante do grupo, mesmo que seja em algo tão simples quanto sua interface de usuário. Quando pesquisei o grupo bilionário, mais de dois terços eram altamente diferenciadas. Apenas uma proporção bem pequena era levemente diferenciada. Este é outro forte sinal que encontrei entre as empresas bilionárias, sugerindo que as startups com produtos altamente diferenciados tiveram mais chances de ter sucesso em comparação com as que têm apenas uma pequena diferenciação.

A razão pela qual possa haver tal variação é que os clientes estarão dispostos a desistir de uma marca de confiança ou a lidar com os custos da troca para experimentar um novo produto só quando há uma diferenciação substancial. Uma ideia radicalmente diferente ajuda a chamar a atenção da imprensa e a conseguir marketing boca a boca e uma base de fãs apaixonados. As corporações e empresas estabelecidas podem fazer uma inovação incremental e criar melhores produtos todos os anos, mas são as startups as que estão dispostas a trabalhar em ideias arriscadas, altamente diferenciadas – e algumas vezes bizarras – que acabam gerando um enorme valor.

SUPERFUNDADORES

UM FUNDADOR QUE SEMPRE DESENVOLVEU PRODUTOS ALTAMENTE DIFERENCIADOS
ENTREVISTA COM TONY FADELL, DA NEST E DA APPLE

O primeiro produto da Nest, seu termostato, é um exemplo de produto altamente diferenciado. Quando a empresa começou a reinventar o termostato doméstico, a categoria deste produto mal tinha sido explorada por décadas. Os termostatos têm origem no século XVII, e o termostato "moderno" – um dispositivo digital e programável projetado na década de 1980 – era um painel de parede desengonçado e retangular no qual as pessoas tinham de apertar botões para ajustar a temperatura desejada todo dia.[3] Tony Fadell, ex-vice-presidente sênior da divisão do iPod na Apple, é conhecido como o "pai do iPod" e coinventor do iPhone. Em 2010, ele começou a reformular o termostato programável. Fundou a Nest com um produto totalmente diferente, incluindo conexão wi-fi, uma tela redonda de led e uma interface supersimples com um anel rotatório para ajustar a temperatura. O termostato da Nest aprende sobre quando seus usuários estão em casa e adapta a temperatura de forma automática ao seu estilo de vida preferido, economizando energia. Mais tarde, a Nest lançou outros produtos inteligentes para a casa, como um sensor para detecção de fumaça. A empresa foi adquirida por 3,2 bilhões de dólares pelo Google em 2014. Conversei com Tony para conhecer sua história.

Estudei Engenharia na Universidade de Michigan e me formei em 1991. Durante a faculdade, abri uma empresa com meu professor Elliot Soloway, chamada Constructive Instruments, que criava e vendia software multimídia para crianças. Costumava ir ao Vale do Silício de vez em quando para trabalhar com um fabricante de software lá e, sempre que eu estava no Vale, ouvia falar de uma empresa chamada General Magic. A General Magic foi fundada pela equipe central que criou o Macintosh, e eu realmente queria um emprego lá porque não conseguia encontrar em Ann Arbor pessoas experientes com quem eu poderia aprender, para que me ajudassem a criar e desenvolver uma startup. Não havia internet nem e-mail naquela época, assim, literalmente, bati à porta. Por fim, consegui uma entrevista.

Na General Magic, desenvolvemos as primeiras versões de um smartphone que anos mais tarde se tornaria o iPhone. A empresa conseguiu dezenas de milhões de dólares, mas seu produto era muito avançado para a tecnologia daquele tempo e estava muito adiantado para adoção. Foi um fracasso retumbante. Depois da General Magic, fiz meus próprios projetos para algo parecido com um smartphone pessoal (sem o telefone) e o apresentei a todos os parceiros da General Magic. Um deles era a Philips. Apresentei a visão e o produto ao CEO da empresa. Ele disse: "Quero que você desenvolva isto para mim". Assim nasceu o Philips Mobile Computing Group, que acabou desenvolvendo uma série de aparelhos portáteis baseados no Windows CE. Então, em 1999, depois de uma breve passagem pela Philips como vice-presidente, comecei em outra startup chamada Fuse. Uma das ideias que tive foi a de criar um pequeno reprodutor de música baseado em disco rígido, para que fosse possível ter uma coleção inteira de músicas em um único aparelho. Esta era a época em que o Napster e o MP3.com foram criados, e a música pirateada começava a dominar a web. Fracassamos em obter uma segunda rodada de financiamento por causa do desastre da internet em 2000, e a empresa estava chegando ao fim. Comecei a procurar outras empresas onde poderia ter um segundo emprego para levantar um dinheiro que mantivesse o negócio vivo. Quando comecei a contar para minha rede de amigos sobre a situação, recebi uma ligação surpresa da Apple. Assim, entrei na Apple em 2001, projetando o que se tornaria o iPod.

Depois de dez anos na empresa, não queria mais um trabalho monótono fazendo versões menores, mais leves ou mais rápidas do que eu já tinha criado. Após a criação de 18 gerações do iPod, 3 do iPhone e da primeira geração do iPad, vi essa história se repetindo e disse a mim mesmo que não ficaria sentado fazendo a mesma coisa pelos próximos vinte anos. Minha esposa (que era a vice-presidente de Recursos Humanos da Apple) e eu aposentamos nossa jornada diária até Cupertino e passamos a viajar pelo mundo com nossos dois filhos. Quando saí do Vale do Silício, fui capaz de ver o mundo por diferentes pontos de vista e vivenciar vários problemas e soluções pelo globo. O Vale do Silício não tem, nem de perto, os mesmos problemas que outras partes do mundo têm – vivemos em sete ou oito lugares diferentes durante aquele ano e meio depois da Apple.

A ideia da Nest surgiu quando eu projetava a casa de nossa família às margens do lago Tahoe (em uma cidade de esqui localizada a poucas horas de carro de San Francisco) na mesma época em que viajávamos pelo mundo. Queria projetar essa casa para ser a mais ecológica e conectada do planeta, e não conseguia encontrar nenhum termostato que pudesse ajudar a conservar energia, que fosse ecológico e conectado ao mundo externo. Não podia acreditar que os termostatos não haviam mudado em nada por décadas. Esse era um problema invisível. Metade da batalha em inovação é resolver um problema que ninguém percebe. É fácil resolver algo que todo mundo vê. Você tem de notar os problemas que muitos de nós comumente ignoramos. Todos temos a oportunidade de melhorar o mundo ao redor com projetos e criar uma experiência superior. Algumas pessoas apenas nascem com essa capacidade de enxergar problemas não solucionados. No entanto, esse não era o meu caso. Tive de desenvolver essa capacidade por muitos anos.

Naquele ponto, já havia trabalhado no Vale por vinte anos, então já tinha uma reputação de fazer as coisas acontecerem e trabalhar com talentos excepcionais. Pude ligar para pessoas talentosas para contratá-las na Nest. Eu tive várias startups e dez anos de fracasso no Vale do Silício antes do sucesso do iPod e do iPhone. Se você não tem um histórico, a coisa muda de figura e fica muito mais difícil convencer pessoas talentosas a se juntarem a você. Nesse cenário, você deve trabalhar com seus membros do conselho e investidores a fim de que eles o ajudem a vender a visão que você tem. Você precisa criar uma rede de confiança. Não dá para simplesmente mandar mensagens para as pessoas no LinkedIn e dizer: "Venha e junte-se a mim". Eu já tinha uma rede de confiança construída ao longo de vinte anos quando criei a Nest. Quando você é um novo empreendedor, precisa ter pessoas à sua volta que possam lhe vender e formar parte dessa rede de confiança que irá validá-lo.

Quando o termostato da Nest foi lançado, esgotou-se de modo instantâneo. Fomos muito cautelosos e incrivelmente conservadores em relação ao estoque; no negócio de hardware, se você estiver com o estoque parado e esse for seu capital, logo vai à falência, se não tiver cautela. E, quando se está criando uma empresa que atende direto ao consumidor, é preciso apostar seu capital em quantos pedidos de produto você conseguirá, o que é bem diferente de uma empresa B2B. Há riscos bem diferentes quando se é uma empresa de átomos e elétrons de uma que seja apenas de elétrons.* Não há como ser o Google ou qualquer outra empresa de software e lançar uma versão beta quando se está criando uma empresa de hardware.

Ao projetar produtos altamente diferenciados, é importante "continuar como iniciante" – o que significa não complicar demais; certifique-se de que seu produto seja intuitivo e simples de usar. Isso é algo que aprendi com Steve Jobs. Steve sempre nos desafiava para que víssemos nossos produtos pelos olhos do cliente. Os detalhes são importantes. Criar uma experiência também é fundamental. É mesclar experiências racionais e emocionais para, então, encapsulá-las em seu produto. Por exemplo, no caso da interface do termostato da Nest, é pensar em como o usuário a vê e como ela fala com ele, mas também pensar na economia de dinheiro pela redução do consumo de energia com o uso do aparelho.

Acho que é importante trabalhar tanto em grandes empresas como em startups em crescimento. Se você não tem nenhum tipo de modelo de como é uma empresa durante a fase de crescimento, não terá uma boa ideia do que está tentando criar e de como sua startup deveria crescer, como o básico de uma organização, os vários cargos e o que fazem. Estar em uma grande empresa proporciona uma perspectiva do que ela é – seus problemas bem como seus pontos fortes e fracos. Estando em uma startup, é possível obter uma perspectiva de como, e se, as coisas estão progredindo. É comum ver empreendedores e CEOs de startups que não têm a menor ideia da direção em que estão seguindo porque não estiveram lá antes. Eles não falaram a linguagem da execução e do crescimento antes. Então, obter esse conhecimento é de vital importância. Se quiser mesmo criar uma grande empresa, vai precisar ter uma ideia de como chegar lá. É aí que vemos a maioria dos CEOs chegarem ao limite – quando uma startup chega a cem pessoas e o CEO não consegue mais ser eficaz, pois nunca esteve nessa situação antes. Algumas pessoas são muito talentosas nisso, mas são uma exceção. De maneira geral, não importa quantos livros elas leram, a menos que já tenham vivenciado isso, é muito difícil.

---

* Uma empresa de átomos é aquela que lida com hardware, enquanto uma de elétrons lida com software. (N. da T.)

Fadell estava obcecado com a criação de produtos altamente diferenciados ao longo de sua carreira. Ele deixou a Apple quando as coisas pareciam menos desafiadoras e viu os problemas através de uma nova lente. Como vimos neste capítulo, produtos altamente diferenciados têm mais chances de levar a startups bilionárias. Mas não é apenas o produto que importa. O produto certo precisa resolver o problema certo para o cliente certo. No próximo capítulo, veremos o papel que o tamanho e a dinâmica do mercado tiveram no sucesso de startups bilionárias.

MERCADO

> Quando uma ótima equipe encontra um mau mercado, o mercado vence. Quando uma má equipe encontra um ótimo mercado, o mercado vence. Quando uma ótima equipe encontra um ótimo mercado, algo especial acontece.
>
> – Andy Rachleff, fundador da Benchmark Capital e Wealthfront

Quando Brian Armstrong e Fred Ehrsam fundaram a Coinbase, em 2012, a "criptomoeda" ainda não estava inserida no léxico popular. O Bitcoin, a primeira criptomoeda moderna, havia sido inventado apenas quatro anos antes; ainda era negociado por menos de cinco dólares. No entanto, Armstrong e Ehrsam já podiam ver um novo tipo de mercado emergente. Armstrong tinha lido o relatório técnico sobre Bitcoin no Natal e a ideia o animou. Se o Bitcoin se popularizasse, haveria demanda para a infraestrutura que o cercava: corretores para gerir as transações, carteiras para armazenar as moedas. Eles já podiam ver o mercado. Só se preocupavam com estar atrasados para a oportunidade.

Como se viu, eles não estavam nem um pouco. O Bitcoin ainda pertencia a uma pequena comunidade de *hackers*, e apenas alguns poucos sites o aceitavam como forma de moeda para doação. "Havia alguns encontros sobre Bitcoin com poucas pessoas participando", disse Armstrong mais tarde.[1] Comprar e vender Bitcoin ainda era bem difícil – e francamente proibitivo para pessoas sem conhecimentos técnicos.

Naquele tempo, a maioria das pessoas que tinham Bitcoin estava interessada em sua natureza anônima. Elas não se importavam com as tecnicidades e estavam dispostas até a aturar os sites duvidosos que negociavam Bitcoin, mas precisavam de um lugar para armazenar e fazer transações de forma segura. Ehrsam e Armstrong sabiam que a popularização do Bitcoin só seria possível se eles possibilitassem a essas pessoas – bem como ao consumidor comum – armazenar e comprar criptomoeda com segurança. Armstrong e Ehrsam levaram a ideia à Y Combinator e foram aceitos para o grupo do verão de 2012. Quando a empresa foi lançada, fez o que foi necessário para que o Bitcoin se tornasse legítimo. Em 2013, um repórter do *TechCrunch* chamou o Coinbase de "o site [aonde] eu enviaria minha mãe para comprar Bitcoin".[2]

Os fundadores da Coinbase também notaram que a natureza anônima e desregulada da criptomoeda havia chamado a atenção do governo e que logo a regulamentação chegaria. A empresa concentrou seus esforços na conformidade com regulamentos governamentais e legislação fiscal. Isso ajudou a Coinbase a se diferenciar como *o* local confiável para trocar dólares americanos por Bitcoin, para o momento em que esse se popularizasse. No início da criação da empresa, o mercado inteiro de transações em Bitcoin era minúsculo, de apenas 1 milhão de dólares por dia no mundo todo, mas estava crescendo 15% semana a semana – em outras palavras, uma pequena demanda de mercado inicialmente, mas que vinha crescendo de forma exponencial. Ao entrar no mercado cedo e apostar no crescimento da demanda, a Coinbase tornou-se a principal carteira de cripto.

No momento da concepção deste livro, a Coinbase tinha 40 milhões de usuários e já havia negociado mais de 450 bilhões de dólares em transações de criptomoeda em sua plataforma. A Coinbase obteve mais de 500 milhões de dólares de investidores, entre eles, Union Square Ventures, Andreessen Horowitz, DFJ Growth e Ribbit Capital.

PEQUENO MERCADO EM CRESCIMENTO *VERSUS* GRANDE MERCADO EXISTENTE

A Coinbase teve sucesso em entrar em um mercado cuja demanda era pequena, mas crescia com rapidez. A maioria das empresas bilionárias é como a Coinbase, ou vai atrás de mercados onde a demanda já seja alta? Ao contrário da crença popular, os dados indicam que mais de 60% das empresas bilionárias começaram em mercados com uma demanda bem estabelecida. No grupo de startups aleatórias, isso aconteceu com apenas 47% das empresas, sugerindo algumas vantagens para aquelas que tentaram competir em grandes mercados já estabelecidos. As empresas que têm sucesso nesses grandes mercados o alcançaram ao criar produtos superiores que tiraram a participação no mercado de outras, ou ao expandir o mercado por meio da redução de custos ou do acesso a novas fatias da população. Em meu estudo, prestei atenção à demanda existente, não à tecnologia. Por exemplo, a Amazon começou em um grande mercado. Embora seja possível argumentar que o mercado de compra de livros on-line não existia na época, o tamanho do mercado em geral para comércio de livros estava na casa dos bilhões; a internet era meramente uma tecnologia de facilitação, por isso a Amazon estava indo atrás de uma alta demanda existente com uma nova tecnologia.

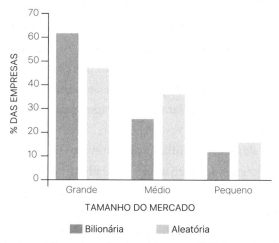

A maioria das startups bilionárias criou produtos que já tinham alta demanda no momento da fundação.

A maioria das startups bilionárias não criou uma nova demanda e, na maior parte dos casos, não precisou esperar pela maturação do mercado. O conceito de demanda de mercado é intimamente ligado ao seu *timing*, o que discutiremos no próximo capítulo.

CRIANDO UM MERCADO *VERSUS* COMPETINDO POR PARTICIPAÇÃO

Algumas startups criam uma nova oportunidade de mercado totalmente nova, em geral, com a introdução de um novo comportamento do cliente ou um novo modelo de monetização. Outras competem pela participação no mercado. Normalmente, quando uma empresa vai atrás de um mercado grande e bem estabelecido, ela compete por participação no mercado; quando vai atrás de um mercado menor e existente, ela é, muitas vezes, a primeira e está criando aquela demanda. Mas nem sempre. Uma empresa pode ainda competir por participação em um mercado pequeno, mas crescente. Quando a Coinbase começou, havia outras poucas carteiras de Bitcoin no mercado. A Coinbase obteve mais participação no mercado ao criar um produto superior que parecia – e de fato era – mais legítimo para os usuários. Como alternativa, uma empresa pode buscar uma demanda de clientes que ninguém buscou antes e criar um novo mercado que seja bem grande desde o início.

O mito de que as startups que seguem pela rota da criação do mercado acabam desenvolvendo empresas maiores persiste, mas não é correto, na verdade. De fato, as empresas que competem por participação geraram um valor um pouco maior. Elas foram avaliadas, em média, em 4,9 bilhões de dólares, e as empresas que criaram novos mercados foram avaliadas, em média, em 4,5 bilhões.

Mais de 65% das startups bilionárias estavam competindo por participação no mercado em vez de criar um mercado totalmente novo. O grupo de startups aleatórias mostra porcentagens semelhantes, o que sugere que não há vantagem ou desvantagem em uma forma ou em outra. Houve mais empresas bilionárias competindo por participação no mercado, mas isso não representa, necessariamente, maior chance de sucesso.

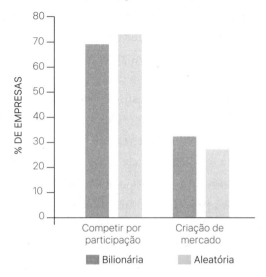

Ao contrário da crença popular, apenas 32% das empresas bilionárias estavam criando um novo mercado. O restante competia por participação no mercado. Mas nenhum dos casos aumentou a probabilidade de tornar uma empresa bilionária.

Para algumas startups bilionárias, a criação do mercado oferece vantagens claras. Veja a 23andMe. Antes do lançamento da empresa de testagem genética de consumidores, o convite para enviar um tubo de saliva para uma startup no Vale do Silício levantaria suspeitas entre a maioria das pessoas. A testagem genética era, naquela época, quase totalmente para fins médicos. Poucas pessoas a tinham usado para calcular sua predisposição genética a certas doenças.

Em outras palavras, não havia mercado para essa testagem. Os fundadores da 23andMe – Anne Wojcicki, Linda Avey e Paul Cusenza – tiveram de criar um. A 23andMe foi uma das primeiras empresas a oferecer testes genéticos autossômicos para usos de ascendência utilizando saliva e precisou de anos de vendas para ir além dos primeiros usuários. No início, os testes eram caros – a 23andMe cobrava 999 dólares por cada teste em 2008. Apenas uma minúscula parcela da população de indivíduos afluentes podia pagar pelos testes, então os fundadores da empresa fizeram *spit parties* (festas do cuspe)* em encontros de alto nível, como o Fórum Econômico Mundial em Davos, na Suíça, para tentar convencer clientes influentes. À medida que o volume aumentava e a lei de Moore (uma tendência histórica em que a potência computacional de *chips* eletrônicos dobra enquanto seu custo cai pela metade a cada dois anos, aproximadamente) tornava-se aplicável à genética, o custo do sequenciamento do DNA foi reduzido consideravelmente, abrindo e desenvolvendo o mercado. A empresa reduziu o custo para 299 dólares em 2012 e para 99 dólares em 2013. Da mesma forma que a capacidade de fazer computadores mais baratos deu início aos computadores pessoais e a empresas como a Microsoft, a redução nos custos do sequenciamento de DNA possibilitou a criação de empresas como a 23andMe. Agora, mais de 10 milhões de pessoas já fizeram o teste – e muitas outras empresas de genética para consumidores surgiram como concorrentes. A demanda dos consumidores e o tamanho do mercado, porém, não são fatores que devem ser ignorados, especialmente quando um novo mercado e uma nova demanda estão sendo criados. Embora a 23andMe tenha mantido uma forte taxa de crescimento por anos, a empresa estava passando por dificuldades com o crescimento da demanda direta do consumidor na época em que escrevia este livro, já que os usuários iniciais da tecnologia esgotaram. O tempo dirá se a 23andMe será capaz de usar sua ampla gama de dados clínicos e parcerias com corporações farmacêuticas para criar uma empresa geracional ou se perderá seu *status* de unicórnio.

B2C *VERSUS* B2B

Além de determinar o tamanho e a participação no mercado, os fundadores também devem decidir entre vender, sobretudo, a consumidores ou a empresas. Essa é, talvez, a segmentação mais proeminente entre as startups. Muitas determinam seus modelos de negócios, o preço de seus produtos e até sua

---

* Festa criada pela empresa na qual funcionários em jalecos passavam entre os participantes e ofereciam-lhes que cuspissem em um tubo de ensaio para receber uma análise genética. (N. da T.)

escolha de investidores, dependendo de qual segmento estão buscando. Com base nos dados, porém, ambos os modelos estão bem representados. Há um número quase igual das que se concentram em consumidores (B2C) e das que se concentram nas empresas (B2B).

Alguns investidores de risco desenvolveram a hipótese de que empresas concentradas no consumidor necessitam de muita sorte e têm menos chances de atingir resultados bilionários, enquanto as que se concentram em empresas têm mais ciência e capacidade de execução. Entre o grupo de startups aleatórias, entretanto, 43% se concentravam em consumidores e 57% em empresas, sugerindo taxas semelhantes de sucesso, se não por uma pequena vantagem para as que focam no consumidor. Pouquíssimas empresas se concentraram em ambas as categorias no momento da fundação, e são a exceção. Algumas, como a 23andMe, começaram vendendo a consumidores, mas depois desenvolveram parcerias com outras corporações (empresas farmacêuticas, no caso da 23andMe), na busca de um canal B2B também. Em meu conjunto de dados, coloquei as empresas que vendem a governos na mesma categoria daquelas que vendem a outras empresas (B2B).

É interessante notar que, ao longo dos anos, diferentes ciclos surgiram. Os anos de 2008 e 2009 foram dominados pelo foco nas empresas como público-alvo, com uma fundação maior de startups bilionárias B2B. É possível que, no pico de uma recessão, empresas focadas no público corporativo tivessem mais chances de sobreviver do que as focadas no consumidor, mas isso é pura especulação. Posteriormente, entre 2011 e 2012, foram fundadas mais empresas com foco no consumidor que atingiriam avaliações de bilhões de dólares. Pode ser também que isso seja bem aleatório, já que apenas dois ciclos foram observados. Os ciclos vão e vêm, e empresas B2C e B2B de sucesso são criadas em qualquer um deles, portanto, isso não é importante, no fim das contas. Os empreendedores precisam descobrir se são as corporações ou os consumidores que mais buscam seu produto e saber que se concentrar em ambos os canais de vendas ao mesmo tempo, pelo menos no início, raramente gerou resultados de sucesso.

UM FUNDADOR QUE CRIOU E EXPANDIU UM MERCADO
ENTREVISTA COM MAX LEVCHIN, DA PAYPAL E DA AFFIRM

Max Levchin foi o cofundador de duas startups bilionárias: PayPal e Affirm. A PayPal, lançada em 1999, criou o mercado para pagamentos on-line *peer-to-peer*. A empresa conseguiu uma adoção em massa no eBay ao permitir pagamentos on-line seguros entre o comprador e o vendedor. Isso impulsionou a receita do eBay e abriu o mercado para o comércio e os pagamentos on-line. Em 2002, a PayPal foi adquirida pelo eBay por 1,5 bilhão de dólares. Agora, ela vale mais de 200 bilhões. Enquanto a PayPal estava dedicada a criar um novo mercado, a Affirm concorria por participação no mercado existente de crédito e empréstimos ao consumidor. A empresa, fundada em 2012, agora oferece empréstimos a clientes no ponto de venda do site de um comerciante. Em vez de usar o cartão de crédito, os clientes podem optar por usar a Affirm para pagar sua compra a prazo. A missão da Affirm é revolucionar as finanças para que sejam mais honestas e transparentes, uma tarefa que repercutiu, em particular, entre as gerações mais jovens. A Affirm foi avaliada em mais de 20 bilhões de dólares em seu IPO em 2021. Encontrei-me com Max para ouvir as histórias da PayPal e da Affirm.

Eu era um estudante de Ciência da Computação na Universidade de Illinois, em Urbana-Champaign, em 1993, mesmo ano em que o Netscape [um dos primeiros navegadores da web, cofundado por Marc Andreessen] foi criado em meu *campus*. Naquele tempo, havia estabelecido um caminho acadêmico muito bem definido. Faria doutorado e seria professor e pesquisador pelo resto da vida. Um dia, dois amigos disseram: "Ei, não há glória em fazer pesquisa. Você deveria abrir uma empresa conosco". Fazia pouco mais de dois anos que eu estava nos Estados Unidos. Não sabia nada sobre abrir empresas, mas disse: "Por que não?". E, então, abrimos a empresa durante a faculdade.

Ela se chamava Sponsernet New Media. Teve um desempenho bem ruim durante meu segundo ano de estudos. Eu tinha destruído minha avaliação de crédito, estava completamente falido e prejudiquei meu GPA [média de notas no ensino dos Estados Unidos], que, antes do início da empresa, era perfeito para seguir para o doutorado. Mas o principal valor que extraí da experiência foi ter decidido que não queria me envolver com pesquisa ou ensino. Fundaria empresas pelo resto da vida. Foi como se tivesse sido contaminado por um vírus de empreendedorismo total durante o processo.

A maioria das empresas que fundei foi com base em ideias mal concebidas, a princípio sobre tecnologia. Em geral, não fico olhando para o mundo e pensando: "Há um grande problema; o que posso fazer para resolvê-lo?". Em vez disso, eu meio que digo: "Posso fazer isso, que é bem legal. Esse é um martelo bacana. Qual é o prego?". Às vezes, você tem martelos esperando por pregos e não há valor a ser gerado. Mas, em outras, você realmente pode olhar para algo novo e dizer: "Ah, legal. Inteligência artificial – ela nos ajudará a fazer X. Ou realidade virtual – isso será útil para Y". Quando estava na faculdade, eu estava muito ligado em criptografia e na ciência de quebrar códigos. Estava muito concentrado nessa ideia de segurança. Eu vim de um país totalitário, então tinha essa noção de querer que minhas comunicações fossem privadas. Não quero que o governo fique lendo meu e-mail. Assim, enquanto pensava na área em que eu faria meu doutorado, pensava em criptografia. Isso foi antes de "cripto" significar Bitcoin. Era no sentido original da palavra. Por isso, na faculdade eu tinha um projeto paralelo chamado SecurePilot. Se precisar fazer *login* em uma rede corporativa segura de verdade ou em uma rede do *campus*, será necessário um gerador de senhas de uso único, às vezes seguidas por algoritmos-padrão, mas, muitas vezes, são algoritmos secretos, embora mal concebidos. Percebi, assim, que à minha volta havia todo tipo de administradores de sistema que carregavam por aí esses pequenos geradores físicos de senha. Para cada nova máquina que as pessoas tinham de acessar, precisavam gerar uma senha de uso único. Um administrador de sistema tinha literalmente 25 dessas penduradas no cinto. Eu queria fazer uma engenharia reversa em todos os algoritmos e colocá-los em um único emulador, em um PalmPilot. Isso se tornou uma espécie de obsessão. Comecei distribuindo-o na internet, que, em 1995, era um lugar bem pequeno, e fiquei chocado ao ver pessoas dispostas a me pagar por suporte. Então, apresentei isso ao Peter Thiel e, por fim, acabou se tornando a PayPal.

Havia criado várias outras startups antes da PayPal. Você nunca ouviu falar de quatro delas; a PayPal foi a quinta. Depois que minha primeira startup fracassou, meu cofundador e eu deixamos Champaign e nos mudamos para Palo Alto. Conheci Peter lá totalmente por acaso. Por não ter ar-condicionado em casa, tentava encontrar um lugar fresco e trombei com ele em uma sala de aula na Stanford. Naquele tempo, Peter administrava uma pequena empresa de capital de risco chamada Thiel Capital, onde captou cerca de 1 milhão de dólares. Apresentei a ele a ideia de emulação de senhas e ele imediatamente disse: "É uma ótima ideia. Você parece ser bem inteligente. Darei um cheque de 300 mil dólares a você". E eu fiquei: "Uau, acabei de conseguir dinheiro no Vale do Silício depois de 48 horas aqui". Ele disse que não seria suficiente e que eu deveria captar mais fundos. Tentei. Mas, depois de alguns dias, ele basicamente disse: "É óbvio para mim que você não tem ideia de como captar dinheiro. Vou ajudá-lo nisso. Você vai continuar a desenvolver o software". Foi assim que fizemos uma parceria.

Até aquele momento, eu era o CEO de fato. Perguntei a ele se queria se juntar em período integral e se tornar o CEO, para que eu pudesse me concentrar apenas na tecnologia, e foi isso que aconteceu. Assim, em 1999, formamos a empresa que acabaria se tornando a PayPal – embora, naquele tempo, ainda estivéssemos atrás da ideia de segurança. No meio do ano, havíamos criado muita tecnologia, mas ficava cada vez mais evidente que ninguém se importava com isso. Havia zero demanda; a adequação do produto ao mercado não existia porque não havia mercado. Naquele ponto, tinha conhecido o amigo de Peter, Reid Hoffman, e algumas outras pessoas no Vale. Eles eram bem famosos naquela época, mas, ao mesmo tempo, eram pessoas muito jovens e talentosas. Passamos muito tempo discutindo ideias: temos essa tecnologia para proteger dispositivos e transferências de dados. Para que podemos usá-la? Temos esses dispositivos portáteis que, segundo acreditamos, estarão por toda parte um dia, mas, agora, apenas uns poucos milhões de pessoas os têm. Reid foi o progenitor da ideia original. Ele disse: "Sabe, o que você pode proteger é dinheiro". Não há nenhuma boa razão para que seu PalmPilot ou seu computador não possam ser uma carteira. Você só precisa de uma forma de colocar e tirar dinheiro com segurança. E essa é basicamente a evolução da PayPal – que foi de transferência de dinheiro no PalmPilot para transferência de dinheiro on-line.

Na PayPal, criamos um mercado inteiramente novo para algo que não existia antes da internet e do eBay. Antes do eBay, se você quisesse comprar algo do Alabama e vivesse no Wisconsin, teria de ir pessoalmente lá e comprar. O eBay possibilitou, em essência, a ideia de comércio entre fronteiras, algo que não existia. A PayPal permitiu aos vendedores cobrar os pagamentos. Antes dele, os compradores precisavam, primeiro, enviar um cheque ao vendedor e, se esse vendedor não fosse um trapaceiro, receberiam o item por correio. A PayPal ajudou a criar esse tipo de *e-commerce*.

Depois dela, comecei a criar algumas outras empresas. Mas queria voltar aos serviços financeiros, porque sentia saudade do setor. Encontrei-me com alguns de meus velhos amigos da PayPal e conversamos sobre o fato de que, na empresa, usávamos os dados para lidar com fraude e gerenciamento de risco, mas nunca exploramos crédito. Havia uma matemática inicial pura ou um quebra-cabeça intelectual genuíno que impusemos a nós mesmos: podemos encontrar fontes alternativas de dados às quais poderíamos subscrever de forma mais inteligente que os bancos para oferecer empréstimos? Muitos de nós, da PayPal, não nascemos ou crescemos nos Estados Unidos e tínhamos problemas de avaliação de crédito – não porque fazíamos um mau uso do dinheiro, mas porque não tínhamos histórico. Todos nós tivemos a memória visceral de vinte anos antes, quando tínhamos uma startup de sucesso, um salário de verdade, até um IPO, mas sem acesso a cartões de crédito. A ideia de Affirm era criar uma avaliação de crédito que naturalmente incluiria pessoas como imigrantes, recém-formados, pessoas que acabaram de ter uma mudança na vida, que passam de não ter dívidas para realmente querer acesso ao crédito.

Construímos algo que pensávamos ser uma boa avaliação de crédito de modo bem rápido, uma vez que tínhamos bastante experiência naquele ponto, tanto em serviços financeiros como em ciência de dados. Mas logo percebemos que ninguém usaria uma nova avaliação nossa, a menos que outros a usassem. Era um problema de arranque. Naquele ponto, eu já tinha outros três cofundadores, e todos nós possuíamos diplomas em Ciência da Computação. Não havia nenhum profissional de marketing entre nós – como vamos promover essa coisa? Então, em vez de promover aos consumidores, decidimos encontrar algum varejista on-line. Talvez pudéssemos oferecer isso com cartões de crédito como alternativa. E dentro de poucas semanas, recebemos uma ligação de nosso amigo, que estava nos fazendo um favor, que basicamente disse: "Vocês movimentaram minhas vendas em 30%. O que está acontecendo?". Acontece que há muitos jovens fazendo compras on-line, mas que não são qualificados para cartões de crédito. E há todos esses estudos, um atrás do outro, mostrando que os *millennials* estão abandonando a dívida. Em essência, eles dizem: "Não vamos usar cartões de crédito. Não vamos nos endividar. Eu vi o que a dívida fez com meus pais em 2008 e não quero participar disso".

Criamos o que pensávamos ser o melhor produto para o cliente. Era com juros simples em vez de compostos. Não havia taxas por atraso. Não havia nada composto, e a parte importante é que seria expresso em dólares em vez de porcentagem. Assim, para um empréstimo de 500 dólares, havia 12 dólares de juros. Pulemos para os dias atuais: temos muitos, muitos milhões de usuários e um volume de bilhões de dólares. É claramente um sucesso. E temos as métricas de comerciantes dizendo que o produto aumenta suas vendas de forma considerável. Na maioria de nossas integrações com comerciantes, a mudança no volume é muito importante, o que significa que há um número de pessoas dizendo isto em essência: "Não quero usar meu cartão de crédito" ou "Não quero ter cartão de crédito; prefiro essas finanças simples da Affirm". Essas pessoas não querem apenas acesso a crédito; querem transparência. Elas gostam dessa estrutura sem taxas. Gostam da ideia de que estamos do lado delas; não vamos ferrar com você quando atrasar um único pagamento.

Na Affirm, estamos eliminando quantidades enormes de tensão, atrito, medo e incerteza relacionados ao empréstimo de dinheiro e ao *e-commerce*. Se você olhar no verso da sua fatura de cartão de crédito, encontrará cerca de 5 mil palavras de texto legal em fonte minúscula descrevendo exatamente o que acontece com você em alguma eventualidade. Basicamente, o que ele diz é: "Em nosso modelo de negócios, impresso aqui em letras miúdas, onde diz 0% não é bem 0%, e quando diz que não há taxas, há definitivamente taxas". Você foi treinado e condicionado pela indústria a acreditar que, de fato, não deveria confiar em sua empresa de cartão de crédito. A Affirm pegou tudo isso e simplificou até não ter letras miúdas. As pessoas ainda compram e emprestam dinheiro sem a Affirm, mas somos muito procurados porque a interface do usuário é muito mais clara, fácil e confiável.

Levchin aproveitou os dois tipos de dinâmica de mercado com suas startups PayPal e Affirm. Na PayPal, depois de vários pivôs, encontraram o canal que os ajudou a usar sua tecnologia para *criar um mercado* e, na Affirm, identificaram o canal e o segmento certos de clientes para concorrer com os cartões de crédito e *expandir o mercado*. Ele também optou, de forma bem inteligente, por se concentrar nos comerciantes como canais de distribuição para o produto de empréstimo da Affirm e buscar uma estratégia empresa-para-empresa-para-cliente (B2B2C), em vez de ir diretamente atrás dos clientes (B2C), considerando onde ele e sua equipe tinham força.

No começo do capítulo, aprendemos como cada uma dessas estratégias leva ao sucesso na criação de startups bilionárias. A dinâmica do mercado é importante, mas dois outros fatores que também têm importância são o *timing* e a maturidade do mercado. Veremos ambos no próximo capítulo.

TIMING DO MERCADO

Não existem ideias ruins. Existem apenas ideias precoces. Todas elas acontecerão. Convenci-me disso. Toda pessoa inteligente que chega aqui com uma ideia maluca, tudo isso vai acontecer em algum momento. Todas acontecerão. É só questão de tempo.

— Marc Andreessen, fundador do Netscape e da Andreessen Horowitz

Em 1995, a General Magic, startup onde Tony Fadell trabalhava, criou uma versão inicial do smartphone. O híbrido telefone-computador era inédito na indústria. Mas não deu certo – a tecnologia para telas sensíveis ao toque ainda era incipiente, os processadores consumiam muita energia, acabando com a vida da bateria, e pouquíssimas pessoas usavam e-mail. Quando a Apple apresentou seu primeiro iPhone, doze anos mais tarde, a maioria desses problemas foi amenizada. Mas, naquele ponto, a General Magic já havia acabado, e seu smartphone fora esquecido. A Apple não estava concorrendo com a General Magic, mas também não foi a primeira empresa a trabalhar com a ideia de um smartphone.

Muitas empresas bilionárias são construídas com base em ideias recicladas. Pelo menos oito tentaram criar um motor de busca antes do Google, com vários níveis de sucesso e fracasso. As redes sociais já existiam uma década antes do Facebook, e as empresas ofereciam armazenamento on-line antes do Dropbox. Instacart, o aplicativo de entrega de compras de mercado, teve sucesso em 2012 ao fazer algo similar ao que a Webvan – uma startup com uma ideia semelhante, mas que fracassou durante o estouro da bolha da internet – tentou fazer em 2000. Ótimas ideias funcionam não só porque são ótimas, mas também porque foram apresentadas no momento certo.

O *timing* é uma das principais razões que os fundadores usam para explicar seu sucesso ou seu fracasso. Em uma pesquisa feita pela Escola de Negócios Booth da Universidade de Chicago, em que novecentos investidores de risco foram questionados sobre o que consideravam o fator mais importante no sucesso das empresas de seu portfólio, o *timing* ficou em segundo lugar, atrás apenas da composição da equipe, uma prova da importância do *timing* em relação a muitos outros fatores.[1] Depois que a Apple adicionou a App Store ao iPhone, empresas como a Uber viram uma oportunidade de aproveitar as funcionalidades de internet e GPS do aparelho. O Instagram só foi possível por causa da proliferação de câmeras de smartphone de alta qualidade, e o Snapchat pela proliferação de câmeras frontais nesses dispositivos. A PayPal cresceu em razão da evolução do eBay.

Os investidores de risco muitas vezes superestimam o valor de ser o pioneiro. Alguns até mesmo rejeitam uma oportunidade de investimento porque "a ideia já foi tentada dezenas de vezes antes e nunca deu certo". O problema, na visão deles, não é a concorrência ou quantas outras empresas estão *atualmente* trabalhando na mesma ideia; os investidores ficam ariscos com a possibilidade de desperdiçar dinheiro em ideias que já fracassaram antes. Na prática, porém, parece que algumas ideias se repetem vez ou outra e finalmente funcionam quando se alinham à dinâmica certa do mercado.

Quando comparo os dados relacionados ao *timing* das startups bilionárias com as do grupo aleatório, não há um único padrão óbvio que as diferencie. Algumas empresas bilionárias foram as primeiras no mercado, algumas estavam entre as cinco primeiras a tentar a ideia e outras começaram mais tarde. Isso significa que empresas de sucesso podem ter sido criadas na primeira iteração da ideia, nas primeiras tentativas ou ao desenvolver uma ideia repetida – e, em nenhum desses casos, houve maior ou menor probabilidade de sucesso. O *timing* parece ser uma questão essencial e uma das mais difíceis de compreender no código do sucesso.

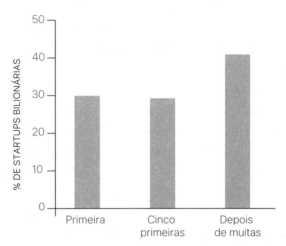

As startups bilionárias às vezes foram as primeiras a tentar uma ideia, mas, com maior frequência, a ideia já havia sido tentada mais de cinco vezes antes.

Se você é um fundador, é importante prever e entender os fatores externos que afetam o *timing* de uma empresa: pontos de inflexão, tecnologias que a viabilizam, mudanças regulatórias, novos segmentos de mercado e outras mudanças de comportamento fundamentais. Estas são as coisas que levaram muitas empresas bilionárias ao sucesso, em vez de ser a primeira ou a última ao tentar uma ideia. Elad Gil, um investidor-anjo, trabalhou na equipe de tecnologia móvel no Google no início da carreira. Naquele tempo, "todas as operadoras de telecomunicações – especificamente as europeias – cobravam um dólar por cada vez que você usasse o GPS", ele me contou. Os aplicativos que dependem de dados de localização, como o Uber, não poderiam ter existido. Simplesmente seriam caros demais. Isso mudou com o nascimento do iPhone e o surgimento do Android, que quebrou o oligopólio das operadoras de telefonia móvel. Como Gil explica: "O 'por que agora' da Uber foi que a estrutura da indústria mudou, em particular, a economia em torno do GPS e de outros serviços de dados".

Para os fundadores, estar adiantado é, essencialmente, escolher a ideia errada. Às vezes, o *timing* está certo quando os preços dos componentes são reduzidos o suficiente para possibilitar novos produtos de consumo. Pete Flint, sócio-administrador da empresa de capital de risco NFX, aponta: "A Tesla e os carros elétricos se tornaram muito mais viáveis quando a explosão dos celulares levou a uma redução nos preços das baterias". Em outras vezes, o reverso acontece: o *timing* está certo quando os preços estão inflacionados. "As caras assinaturas de TV a cabo e dos álbuns de música em parte impulsionaram o crescimento das empresas de *streaming*, como Netflix, Spotify e Hulu", escreveu Flint. "Os custos altos e inflexíveis de contratação de mão de obra e uma estagnação dos salários em partes da economia fizeram surgir a *gig economy* [algo como 'economia sob demanda'] e startups com TaskRabbit, Postmates e DoorDash. E algumas forças macroeconômicas – como a recessão – criaram a *sharing economy* [economia de compartilhamento]. Não é uma coincidência que o Airbnb e o Lyft apareceram logo nos anos pós-crise financeira."[2]

Para mais um exemplo, olhe a Plaid, uma empresa de tecnologia financeira cuja avaliação mais recente estava acima de 5 bilhões de dólares. Usando um conjunto de interfaces de programação de aplicativos (APIs), a Plaid ajuda os desenvolvedores de aplicativos a coletar dados financeiros do banco de um usuário com sua permissão. Uma empresa que queira emprestar dinheiro pode usar a Plaid para se conectar com facilidade à conta bancária do tomador do empréstimo e verificar o saldo.[3]

A capacidade de coletar tais dados dos bancos não era possível até uma mudança regulatória. A Dodd-Frank Wall Street Reform and Consumer Protection Act [Lei de Proteção ao Consumidor e Reforma de Wall Street Dodd-Frank] foi aprovada em julho de 2010, criando uma série de reformas financeiras pensadas para evitar outra crise como a de 2008. Um pequeno fragmento dessa lei, seção 1033, diz que os bancos devem "disponibilizar ao consumidor, sob solicitação[...], informações relativas a qualquer transação, série de transações ou à conta" e "em um formulário eletrônico que possa ser usado por aplicativos de computador". Essas poucas linhas criaram uma abertura para uma empresa como a Plaid ser lançada apenas alguns anos mais tarde, em 2013. A Plaid aproveitou a mudança regulatória para estabelecer relacionamentos com bancos e construir a infraestrutura para coletar esses tipos de dados deles, e, como contrapartida, compartilhar tais dados com outras empresas, como credores, aplicativos de gestão financeira e plataformas de gestão de patrimônio.

É evidente que o *timing* tem importância no sucesso das startups. Os melhores investidores de risco normalmente perguntam: "Por que *agora*?". Há muitas razões pelas quais boas ideias fracassam: pode ser porque a infraestrutura tecnológica não existe ainda ou porque os clientes simplesmente não estão prontos. Essa forma de pensar pode até mesmo ser um exercício útil no desenvolvimento de ideias de startups: analise as que foram tentadas antes, mas que fracassaram. Converse com os fundadores dessas empresas que fracassaram e tente entender o real motivo para isso ter acontecido. Às vezes, o motivo é que a tecnologia não existia naquela época, mas, em geral, não é esse o caso. É mais comum que o problema esteja nos incentivos de participação no mercado, em *unit economics* (economia da unidade) ou em um problema do tipo "ovo ou galinha" difícil de resolver. Dedicar tempo para pesquisar e entender por que sua ideia fracassou antes é, talvez, um dos melhores investimentos de tempo que você pode fazer. Se você se convenceu e tem uma razão válida para acreditar que esses pontos de fracasso não acontecerão de novo, e se pode identificar uma tendência ou ponto de inflexão que se configurará em auxílio, então sua ideia pode ser algo em que se investir. Boas ideias vingam, no fim das contas. Você só tem de apresentá-las no momento certo.

UMA STARTUP BILIONÁRIA COM O *TIMING* PERFEITO DO MERCADO
ENTREVISTA COM MARIO SCHLOSSER, DA OSCAR HEALTH

Ser a primeira ou a última empresa em determinado mercado parece importar menos do que a proximidade a um ponto de inflexão, como a que possibilitou a Plaid. Quem também teve o *timing* a seu favor foi a Oscar Health, empresa de seguros de saúde fundada em 2012. Ela usa dados e tecnologia para simplificar os seguros, ajudando os conveniados a navegar pelos serviços de saúde e custos associados. Na época em que a Oscar Health teve início, o presidente Barack Obama e o congresso decretaram o Affordable Care Act – ACA (Lei de Proteção e Cuidado Acessível ao Paciente), que determinou que todos os americanos obtivessem um seguro de saúde. Essa lei abriu o mercado a dezenas de milhões de pessoas que nunca tiveram um seguro.

Mesmo assim, a Oscar enfrentou uma dura batalha. O mercado americano de seguros de saúde é altamente competitivo; a United Healthcare tem quase 50 milhões de associados, seguida por Anthem, Aetna, Cigna e Humana.[4] Cada uma dessas empresas de seguro tinha as maiores redes de médicos, o maior reconhecimento de marca e relacionamentos duradouros com os sistemas de provisão de serviços de saúde. Cada associado que a Oscar consegue em sua plataforma é alguém que outra empresa de seguros provavelmente perdeu, então a Oscar teve de se concentrar em oferecer um serviço melhor para conquistar os clientes.

Enquanto escrevia este livro, a Oscar Health tinha cerca de 420 mil associados em seus planos e esperava ter uma receita de 2,2 bilhões de dólares. Sua avaliação mais recente, feita por investidores como Google Ventures, General Catalyst e Thrive Capital, foi de 3,6 bilhões de dólares.

Vamos ouvir a história da Oscar Health contada por Mario Schlosser, cofundador e CEO da empresa.

Estudei Ciência da Computação na Alemanha e depois vim para os Estados Unidos como pesquisador visitante no departamento de Ciência da Computação de Stanford. Isso foi no início da década de 2000. Eu fazia pesquisa sobre os algoritmos iniciais no armazenamento de dados em redes de escala distribuída *peer-to-peer*. Depois disso, trabalhei em um fundo de cobertura chamado Bridgewater Associates por alguns anos e, em seguida, dei início a uma empresa de jogos com Josh Kushner.

No início de 2012, minha esposa estava grávida de nosso primeiro filho. Achávamos os serviços de saúde muito complicados e meio loucos. Ao mesmo tempo, Josh teve uma epifania semelhante, e decidimos que deveríamos abrir uma empresa de seguros de saúde. Se conseguir fazer que você economize dinheiro como uma empresa de seguros, é provável que você vá gostar disso, e a empresa também, porque vai ajudá-la na rentabilidade. Três meses após a conversa inicial, vi que o Affordable Care Act seria ratificado pela Suprema Corte e, pela primeira vez, haveria um mercado individual para seguros de saúde de uma forma que não existia anteriormente. Era uma ruptura regulatória importante para dar início à empresa. Às vezes, gosto de dizer que a Oscar deve ser a única empresa do tipo do Vale do Silício que foi criada por mais regulamentação do que por menos.

Josh e eu tínhamos uma rotina inicial em que buscávamos constantemente pessoas com conhecimentos e experiência relevantes e pedíamos a elas que fossem nossas mentoras ou que apenas nos dessem seu feedback. No meio de 2012, Josh e eu fizemos o *pitch* inicial. Ele disse algo como: "Pensamos que nossa falta de experiência em serviços de saúde e seguros é uma vantagem real para nós". E o fundador de outra empresa de seguros de saúde da década de 1990, de forma bem fria, respondeu algo como: "A estrada que leva à abertura de empresas de serviços de saúde está cheia de cadáveres ensanguentados de pessoas que disseram a mesma coisa que você acabou de dizer". Eu também achei que nossa falta de medo era uma vantagem real para nós, mas que precisávamos encontrar bem no início as pessoas que sabiam o que estavam fazendo nessa área. De fato, as dez pessoas seguintes que entraram na Oscar depois de mim e de Josh foram todas ex-executivas do setor de seguros de saúde. Elas é que foram à reunião com o órgão regulador de Nova York, que deixaram os reguladores confortáveis com o fato de que realmente sabíamos o que estávamos fazendo em relação aos pedidos de pagamento, criando uma rede e coisas assim. Sempre foi uma mistura de talentos, tanto de pessoas com experiência em seguros de saúde quanto das que vinham do setor de tecnologia e de startups, como eu.

O fato de o mercado para seguros de saúde individuais ter sido aberto quando a Oscar teve início não foi algo que havíamos planejado, mas o *timing* do ACA foi crucial para o sucesso de nossa empresa. Mesmo se você examinar a Epic [uma empresa de capital aberto que fornece software de registros médicos eletrônicos a provedores de serviços de saúde] em retrospectiva, por exemplo, eles já eram uma empresa por muitas décadas. Então, o governo começou a pressionar por uma nova regulamentação, forçando todos os provedores a manter os registros de forma eletrônica, e a Epic teve um crescimento enorme, até se tornar a empresa multibilionária que é hoje. Dessa forma, é necessário ficar de olho em setores altamente regulamentados, como o de serviços de saúde, para esses tipos de rupturas regulatórias e ver como entrar em um mercado em que a arena fica mais nivelada repentinamente.

A razão de termos ficado famosos em Nova York logo no início foi porque usávamos anúncios no metrô que pareciam bem diferentes dos que eram colocados por outras empresas de saúde. Essa era uma forma de conseguir participação no mercado e se destacar. Assumimos, de modo deliberado, mais riscos em nossas comunicações corporativas e em nossa marca de uma maneira que uma grande empresa de seguros não poderia ter feito. Obviamente, tivemos de sustentar isso com um bom produto também. Mas contar a história de forma diferente foi muito importante. Também ajuda o fato de estar em um mercado em que não há muita concorrência das empresas estabelecidas. Quando a Tesla começou a fabricar carros elétricos, todas as empresas alemãs estavam dizendo que eles nunca funcionariam porque os parâmetros não existiam, assim como as especificações. Houve um pouco de descrença em mudanças na tecnologia de baterias. E acho que a mesma coisa está acontecendo na área de saúde, na qual as coisas estão mudando em direção à individualização.

Algo aconteceu para possibilitar mais "consumerização" na maneira que levamos nosso produto ao público. Isso ajuda a começar em uma parte um pouco isolada do mercado. Se você acredita que o restante do mercado vai se voltar a ela com o tempo, se chegou lá antes das empresas estabelecidas e é capaz de permanecer por tempo suficiente, então vai conseguir conquistá-lo.

Havia várias coisas que imaginamos poder fazer de forma bem diferente e rápida, e pensamos nelas em segredo. Mas descobrimos que há um motivo pelo qual as empresas de seguros não fazem dessa maneira. Havia também o que as empresas existentes de serviços de saúde estavam acostumadas a fazer com processos específicos e mundanos, lidando com isso de uma maneira que demandava muito trabalho.

Tentamos esclarecer para as partes interessadas no sistema que o que estávamos fazendo de diferente também as beneficiaria. No caso dos reguladores, por exemplo, nossos advogados e conselheiros em assuntos regulatórios sugeriram não demonstrar o produto, pois pensavam que fazer isso poderia trazer mais escrutínio e críticas. Sempre achei que, se fazemos uma demonstração, queremos que ela seja transparente, que aprendamos com os reguladores e que consertemos erros que foram feitos. Muitas vezes, as empresas de seguros e os reguladores brigam, e estes devem instaurar processos e implementar outras medidas para administrá-las, em vez de ter conversas francas. Queríamos tentar as conversas. Aos provedores e sistemas de hospitais, contamos de forma bem intencional a história de que criávamos um tipo diferente de rede e que pagaríamos os pedidos com mais rapidez. Dissemos a eles que não teriam de brigar conosco como faziam com as outras empresas de seguros; seríamos muito mais seus aliados. E, se é possível sustentar isso com pontos de dados e coisas que você pode fazer, acaba sendo uma apresentação bem convincente. Então, você tem de, deliberadamente, fazer as coisas de maneira diferente dos demais, ser capaz de ligar isso ao modelo de negócios das outras partes interessadas e ver como elas podem ser beneficiadas também. Apenas palavras gentis não ajudarão a ir além das conversas iniciais. Mas, se você consegue combinar o que eles precisam que seja feito de uma perspectiva de negócios enquanto mantém sua diferenciação dos concorrentes, esse *pitch* torna-se poderoso.

O ACA foi um catalisador muito importante, mas não significa que dependemos de seus regulamentos atuais. Podemos ter um desempenho muito bom em diferentes situações regulatórias também, e temos mostrado isso nos últimos anos. Mas não acho que teria sido possível fundar a Oscar se

> tivéssemos simplesmente tentado ir atrás dos mercados estabelecidos sem nenhuma mudança, como o mercado patrocinado pelos empregadores. O ACA também indicou o futuro dos serviços de saúde. Muitas vezes, pensamos que o que aconteceu com os fundos de pensão também acontecerá com os serviços de saúde. As pensões costumavam ser todas contribuições predefinidas e planos corporativos, que mudaram para benefícios predefinidos a funcionários e planos 401(k), e os responsáveis pela mudança foram empresas como Charles Schwab, Fidelity e fundos de índice. Algo similar, acreditamos, acontecerá na área de saúde. A maneira como o ACA alterou o sistema mais do que todas essas diretrizes ajudou nessa mudança. Portanto, não foi uma questão de mudanças regulatórias em que se encontra um novo poder que não cria um valor social. Foi um alinhamento único de valor essencial à sociedade e uma mudança no sistema de modo bem significativo.

Essa história destaca o papel que o *timing* do mercado desempenhou no sucesso da Oscar Health – além da qualidade do produto da empresa e sua estratégia de marketing. Como vimos neste capítulo, não é importante ser a primeira empresa com uma ideia específica, e ideias às vezes são repetidas por ciclos de décadas, até que a hora certa chegue. Em cada ponto, a empresa pode ser a única na área ou, o que é mais provável, concorrerá com várias outras. O tempo dirá se a Oscar Health pode continuar a crescer no mercado competitivo de seguros de saúde. No próximo capítulo, vamos nos concentrar no papel da concorrência para o sucesso das startups bilionárias.

CONCORRÊNCIA

David Gilboa esqueceu seus óculos no assento do avião algumas semanas antes de começar o MBA na Escola de Negócios Wharton. O preço deles era tão alto que, em vez de substituí-los, ele "passou o primeiro semestre da pós-graduação sem eles, espremendo os olhos e reclamando".[1]

"Eu tinha acabado de comprar o iPhone", ele recorda, "e ele fazia todas aquelas coisas mágicas que as pessoas não teriam acreditado alguns anos antes. Enquanto isso, um par de óculos: a tecnologia existe há oitocentos anos. Não fazia muito sentido eu ter de pagar [um preço igualmente alto] por um novo par."[2]

Em fevereiro de 2008, Gilboa uniu esforços com três colegas da escola de negócios – Neil Blumenthal, Andy Hunt e Jeff Raider – para criar a Warby Parker, uma loja on-line de óculos pensada para concorrer com as empresas estabelecidas que dominavam o setor de produtos oculares: Luxottica e Essilor.

A concorrência da Warby Parker é um Golias. A Luxottica controla muitas das principais marcas no setor global de óculos de 28 bilhões de dólares, incluindo Ray-Ban, Oakley e Oliver Peoples. Além disso, ela é proprietária das óticas LensCrafters, Pearle Vision, Sunglass Hut e Target, e fabrica armações para Versace, Prada, Burberry, DKNY, Chanel, Ralph Lauren e muitas outras grifes. Em 2017, a Essilor, fabricante líder em lentes sob prescrição, comprou a Luxottica por 24 bilhões de dólares, criando a EssilorLuxottica e solidificando uma participação de mercado de quase

30% no mundo todo – um número possivelmente mais alto nos Estados Unidos. "O que descobrimos foi que este setor é dominado por poucas grandes empresas que estão mantendo os preços artificialmente altos", diz Blumenthal. "Foi aí que pensamos que poderíamos chegar e revolucionar, cobrando um quarto do que eles cobram e, quem sabe, começar a tomar uma parte deste mercado. E, no processo, transferir bilhões de dólares dessas grandes corporações multinacionais para as pessoas comuns, como você e eu."[3]

Nem todo mundo acreditava que quatro estudantes de uma escola de negócios seriam capazes de concorrer com os gigantes do setor. Adam Grant, professor de Wharton e autor de *Originals* (Originais), não aceitou investir na Warby Parker, algo que agora considera "a pior decisão financeira" de sua vida (ele admite, em tom de brincadeira, que esse erro é o motivo pelo qual sua "esposa lida com todos os nossos investimentos agora").[4] Apesar da incerteza entre os investidores, a empresa conseguiu um pequeno capital semente e o utilizou para gerar interesse da mídia; teve uma lista de espera de 20 mil clientes potenciais antes mesmo de seu lançamento oficial.

A Warby Parker foi alvo de tanto entusiasmo porque explorou as ineficiências do modelo de negócios de seus concorrentes para reduzir os custos. Em vez de operar, sobretudo, em lojas de varejo, a empresa envia aos clientes cinco armações para avaliação por cinco dias, aproveitando o baixo custo do comércio on-line, sem sacrificar o aspecto "experimente antes de usar" das lojas físicas (a empresa lançou sua primeira loja física em 2013 e agora tem mais de uma centena, embora 85% dos compradores no varejo já tenham feito uma busca on-line). No lugar de pagar taxas de licenciamento a marcas de luxo, a empresa obtém seus próprios materiais e cria armações internamente. Nos Estados Unidos, uma armação de óculos custa em média 238 dólares, e o par de lentes sob prescrição custa em média 113 dólares; a Warby Parker oferece tanto a armação como as lentes por meros 95 dólares.

A Warby Parker fortaleceu seu modelo de negócios ao se tonar uma empresa de "resultado triplo": seus impactos ambientais e sociais são considerados ao lado da rentabilidade. A empresa é neutra em carbono e, para cada óculos que vende, doa um para um país em desenvolvimento. Essas práticas colocam a Warby Parker na companhia da Patagonia, da Seventh Generation e da Toms, marcas de bens de consumo que seguem um modelo de doação semelhante. A empresa pode se posicionar como uma marca ética e humanizada, concorrendo com a grande multinacional EssilorLuxottica.

As empresas estabelecidas estão tentando adotar o modelo de negócios da Warby Parker, mas provavelmente não conseguirão oferecer preços competitivos porque suas estruturas de custo incluem pagar por licenças caras de marca e design. A Warby Parker trabalha com suas próprias marcas e designers, e sua estratégia de venda direta ao consumidor proporciona margens mais altas. Apenas o tempo dirá se a empresa poderá continuar a aumentar sua participação no mercado ou se permanecerá em um nicho na área de produtos oculares.

O conhecimento popular diz que as startups que entram em mercados concorridos enfrentam uma difícil batalha; elas não têm a experiência ou os recursos de suas contrapartes já estabelecidas, e a concorrência pode sufocá-las muito rápido. Surpreendentemente, quando observei meu conjunto de dados, vi que mais da metade das startups bilionárias enfrentaram grandes empresas estabelecidas quando foram fundadas, de modo semelhante ao que aconteceu com a Warby Parker. Embora essas concorrentes gigantes normalmente tenham orçamentos bilionários e milhares de funcionários, elas não são um obstáculo intransponível; são um sinal de que a oportunidade de mercado é significativa. As startups que competem com empresas maiores e mais antigas evitam a dificuldade de educar os clientes – as bem estabelecidas já cuidaram disso – e podem lucrar com a correção das ineficiências conhecidas dos sistemas de suas concorrentes. Elas também têm o benefício de não serem emperradas por sistemas herdados desatualizados que atrasam as empresas maiores. Os sistemas herdados requerem muita manutenção e, frequentemente, modificações para serem integrados a tecnologias modernas. Uma organização pode continuar a usar sistemas herdados por uma variedade de motivos, entre eles a crença de que "se não está quebrado, não conserte". As organizações estabelecidas podem também relutar em mudar sistemas e canais de distribuição em virtude de preocupações com alienação dos clientes existentes ou em causar problemas potenciais de segurança e confiabilidade ao mudar para uma nova plataforma.

Atrás daquelas que enfrentam várias grandes concorrentes estabelecidas (55%), o segundo maior segmento de empresas bilionárias não enfrentou nenhuma concorrência na época da fundação (17%), seguidas pelas que competiram em mercados fragmentados (15%), onde não há uma empresa dominante, mas há mais que uma dúzia de empresas, cada uma com pequenas participações no mercado. Por fim, 13,5% competiam apenas com outras startups no momento da fundação. Quando comparei esses números com os do grupo aleatório, não observei diferenças significativas, o que sugere que as startups foram capazes de alcançar o *status* de bilionárias independentemente do tipo de concorrência que enfrentaram, seja uma empresa estabelecida muito poderosa, sejam várias outras startups.

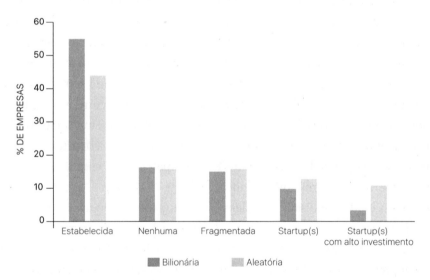

A concorrência(s) com várias empresas estabelecidas foi o cenário mais comum, seguido pela entrada em um mercado fragmentado. No entanto, nenhum desses tipos de concorrência aumentou a probabilidade de sucesso. As startups que concorrem com outras que possuem um alto investimento foram a exceção: elas tinham menores chances de se tornar empresas bilionárias. Basicamente, copiar a ideia de outra startup que já conseguiu muitos fundos quase nunca levou ao sucesso.

Em casos excepcionalmente raros, como o da Lyft e da Uber, duas startups com bom financiamento competem entre si com sucesso, com ambas conquistando a resultados bilionários. É importante observar que isso é uma exceção: comparando os dados das empresas bilionárias com o das aleatórias, as que competem com outras startups com alto investimento tiveram menor chance de sucesso.

Abrangemos as startups sem concorrência no capítulo sobre criação de mercado. Agora vamos abordar a concorrência em um mercado fragmentado e com outras startups.

CONCORRÊNCIA EM UM MERCADO FRAGMENTADO

A Warby Parker aproveitou o fato de que enviar a você cinco óculos para avaliação é mais barato do que operar um local de varejo e ter um estoque perto de onde você mora. Mas e se o envio for de 50 mil óculos? Em 2013, uma startup chamada Flexport introduziu melhor comunicação e rastreamento ao transporte de carga (e, ao que parece, a Warby Parker usa a Flexport para transportar suas mercadorias).

No meio dos anos 2000, o fundador da Flexport, Ryan Peterson, teve problemas de expedição ao importar quadriciclos, *scooters* e motos *off-road* chinesas para vender on-line nos Estados Unidos. "Suas coisas passam por todas essas transferências", ele disse. "Você não tem ideia de onde é e quanto vai pagar por isso."

Tradicionalmente, a logística do frete era feita por meio de "uma confusão de Excel, e-mail, fax e manifestos em papel" compartilhados por várias partes interessadas. "Você tem uma fábrica na China, uma empresa de caminhões na China e, então, o porto, agências alfandegárias, transportadora marítima", disse Peterson. "Depois, replique tudo isso na chegada: alfândega, portos, armazéns e caminhões nos Estados Unidos. É um monte de empresas diferentes juntas."[5]

As empresas de transporte de carga agem como um ponto central na rede de logística, lidando com todas essas relações. Elas fazem o contrato com o cliente para transportar os bens de uma localização, normalmente o fabricante, até o ponto de distribuição. Peterson viu uma oportunidade para levar o transporte de carga para o mundo on-line de modo que seus concorrentes de décadas não conseguiram (das cem maiores empresas de transporte de carga, a Flexport é a única fundada depois do advento da internet). Em vez de fax e telefonemas, a empresa usa uma plataforma on-line para administrar a rede.

Atualmente, a empresa tem mais de 10 mil clientes e uma receita de centenas de milhões de dólares. Uma plataforma de software integrada oferece várias vantagens importantes em relação aos métodos tradicionais de transporte de carga, e a Flexport aproveita isso ao máximo.

Esse mercado é extremamente fragmentado, com a maior empresa na área possuindo menos de 8% de participação. Nenhuma empresa domina o envio de carga global, que é o envio de pacotes grandes e pesados, diferentemente do envio de pacotes menores, um segmento de mercado dominado por empresas como a DHL e a FedEx. Aproveitando ao máximo o fato de que este é um setor pouco atrativo, antigo e fragmentado sem muita concorrência de contrapartes modernas que priorizam a tecnologia, a Flexport foi capaz de ganhar participação e desenvolver uma marca.

Há sempre a chance de que os sistemas herdados serão atualizados, mas Peterson não parece preocupado com isso. "É um empreendimento muito difícil pegar um modelo operacional antigo e tentar migrá-lo para a internet", ele diz. "Elas apenas não são empresas nativas da internet. Elas estão tendo de adaptar esses sistemas herdados à idade moderna." Sem o fardo do software e dos processos atualizados, a solução ponta a ponta da Flexport continuará movendo o setor de transporte de carga, digamos, para a frente.

CONCORRÊNCIA COM UMA STARTUP DE ALTO INVESTIMENTO

Como mencionado, a Uber e a Lyft oferecem um exemplo bem menos comum de duas startups que receberam alto investimento obtendo sucesso no mesmo espaço. Mas nenhuma delas começou na área de transporte por aplicativo como a conhecemos hoje, e duas outras empresas ajudaram a moldar essa história: Zimride e Sidecar.

A primeira na cena foi a Zimride, que começou a oferecer transporte por aplicativo entre cidades em 2007. A Uber chegou ao mercado em 2009 – mas não era a Uber que você conhece. A empresa começou como um serviço de táxi privado, apenas voltado à clientela endinheirada e ambiciosa, oferecendo carros e limusines e se autodenominando "o motorista particular de todos". O Sidecar, primeiro aplicativo de transporte sob demanda, foi lançado em 2011, em São Francisco. Alguns meses depois, em 2012, a Zimride organizou um *hackathon* interno para tentar aumentar a retenção e o engajamento de usuários. A solução que surgiu foi o Lyft. No ano seguinte, a empresa trocou de nome (e foco) e vendeu seus ativos remanescentes da Zimride para a Enterprise Rent-A-Car.

Lyft e Sidecar, competindo entre si, ganharam bastante impulso em São Francisco. Elas provaram que os consumidores estavam dispostos a entrar em um táxi não licenciado para ir do ponto A ao B (os táxis privados da Uber eram licenciados). Nesse caso, a Uber tinha obtido 11 milhões de dólares de investidores de risco, a Zimride/Lyft, 6 milhões, e a Sidecar, 10 milhões. Quando a Lyft e a Sidecar se popularizaram, a Uber percebeu a maior oportunidade proporcionada pela *gig economy*; então, fez a transição de serviço de luxo para acessível e lançou o UberX.

A Sidecar enfrentava vários problemas. Seus motoristas podiam definir o próprio preço e os passageiros podiam escolher o motorista, o que criava complexidade demais. E o mais importante: não conseguiram captar tanto capital quanto a Uber e a Lyft. "Fomos incapazes de concorrer com a Uber, uma empresa que obtém mais capital que qualquer outra na história e é conhecida por seu comportamento anticoncorrência", disse o CEO da Sidecar, Sunil Paul. "O legado da Sidecar é que inovamos mais do que a Uber, mas, ainda assim, não conseguimos conquistar o mercado. Fracassamos – na maior parte – porque a Uber está disposta a vencer a qualquer custo e tem um capital praticamente ilimitado para fazê-lo."[6] A Sidecar encerrou as operações na véspera de Ano-Novo em 2015, e a General Motors adquiriu seus ativos remanescentes e a propriedade intelectual. A Uber levantou bilhões de dólares e tornou-se a força dominante no setor de transporte por aplicativos.

Hoje, Lyft e Uber obtiveram bilhões de dólares de investidores nos mercados público e privado. Apesar de ter menos vendas e participação no mercado, a Lyft persistiu ao longo dos últimos dez anos, estabelecendo-se como uma alternativa mais ética à Uber, que passou por uma longa lista de escândalos e controvérsias. As duas empresas também têm desempenho diferente de acordo com a localização: a Lyft tem mais sucesso em cidades como Detroit e São Francisco, enquanto a Uber a supera em Miami e Houston.

Nenhuma gerou lucro – provavelmente por causa da intensa concorrência de preços entre si. Alguns analistas acreditam que as empresas só se tornarão rentáveis quando a Uber comprar a Lyft, facilitando a concorrência de preços (supondo que o governo aprovaria tal fusão e possível monopólio).

Os dados nos mostram que muitas empresas bilionárias alcançaram o sucesso, não importando quem fosse sua concorrente, mas é importante entender o que ajudou cada uma a conquistar participação no mercado. Acreditar cegamente que uma startup com recursos limitados pode ter sucesso contra qualquer concorrente é simplesmente um erro. A Warby Parker, que concorreu com a poderosa Luxottica, com seus milhares de pontos de varejo e milhões de dólares gastos com marketing, aproveitou melhor a economia de unidade por meio de um inovador modelo de "avaliação em casa" e por criar seus óculos internamente, abrindo uma brecha no mercado para conquistar uma participação, ainda que pequena. No caso da Flexport, que competia com mais de 25 empresas de transporte de carga com anos de relacionamentos com o cliente, *nenhuma* havia expandido o suficiente para garantir todos os provedores de caminhões e frete, deixando espaço para o surgimento de uma nova participante. No caso da Lyft, concorrer com a Uber, uma startup com a capacidade de captar bilhões de dólares de investidores, sua marca ética e amigável a ajudou a crescer paralelamente à empresa dominante. Mesmo assim, os dados indicam que uma startup que concorre com outra de alto investimento tem menos chances de sucesso, como vimos com a Sidecar. Em cada caso, o tempo dirá se elas continuarão a crescer e se um dia vão substituir suas concorrentes mais bem estabelecidas ou se o crescimento vai estacionar.

SUPERFUNDADORES

CONCORRÊNCIA COM FORTES EMPRESAS ESTABELECIDAS
ENTREVISTA COM ERIC YUAN, DA ZOOM

Para fechar este capítulo, vamos ver o que tem a dizer Eric Yuan, que fundou a Zoom Video Communications em São José, Califórnia, em 2011. A Zoom oferece uma plataforma de videoconferência altamente confiável que se tornou a ferramenta-padrão de colaboração e comunicação empresarial por vídeo. Ela obteve 3 milhões em capital semente em 2011, seguidos de 6 milhões em investimento série A em 2013 da Qualcomm Ventures, da AME Cloud Ventures, da Maven Ventures e de investidores-anjo, como Subrah Iyar, Dan Scheinman, Bill Tai, Farzad Nazem e Matt Ocko. Em janeiro de 2017, a Zoom entrou para o clube das bilionárias depois de uma rodada série D de 100 milhões de dólares liderada pela Sequoia Capital. Eric, um fundador solo, abriu a empresa aos 41 anos de idade. Em março de 2019, a empresa abriu o capital na NASDAQ, avaliada em 16 bilhões. A Zoom cresceu de maneira exponencial desde o IPO, obtendo uma avaliação de 100 bilhões de dólares.

Como estudante universitário, Eric passava muito de seu tempo livre em jornadas de trem de dez horas para visitar a mulher que um dia se tornaria sua esposa. Ele odiava essas jornadas – ele as "detestava", para ser exato – e passava as viagens sonhando em ser capaz de visitá-la sem precisar viajar. Mesmo hoje em dia, Eric viaja bem menos do que outros CEOs; ele prefere usar o Zoom, é claro.

A comunicação por vídeo existe há mais de vinte anos, e, quando a Zoom começou, tinha vários concorrentes ferozes, como Skype, Polycom e o WebEx da Cisco. Na verdade, a Cisco controlava quase 50% do mercado em 2011. A Skype, que oferecia um serviço gratuito, tinha acabado de ser adquirida pela Microsoft, uma empresa estabelecida com décadas de experiência em vendas corporativas.

Mesmo com esses desafios, o Zoom ainda saiu como a empresa vencedora. Isso porque Eric sabia exatamente os problemas que precisava corrigir – ele trabalhava em uma empresa que logo seria sua concorrente. Estava extremamente concentrado no produto e assumiu como missão satisfazer seus clientes. Em 2018, a Zoom tornou-se líder do setor tanto em participação no mercado como em satisfação do cliente, com avaliações mais de duas vezes melhores que a média. A pandemia relacionada ao coronavírus de 2020, que levou muitas empresas e escolas a adotar políticas de trabalho e estudo em casa, impulsionou de forma considerável o negócio da Zoom, dobrando sua receita em um trimestre e quadruplicando sua avaliação nos mercados públicos.

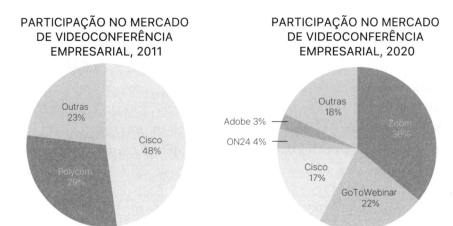

Em 2011, a Cisco e a Polycom tinham a maior parte do mercado de videoconferência empresarial. Em 2018, a Zoom se tornou líder no mercado. *Fontes:* Sean Buckley, "Enterprise Videoconferencing and Telepresence Market Share Leaders" (chart), Fierce Telecom, 9 de março de 2012, www.fiercetelecom.com/telecom/week-research-enterprises-catch-videoconferencing-bug-adc-revenue-surges-to-1-4b; "Web Conferencing Market Share Report: Competitor Analysis: Zoom, GoToWebinar, Cisco Webex", Datanyze, www.datanyze.com/market-share/web-conferencing--52?page=1.

Essa é a história da Zoom, nas palavras de Eric.

Nasci na China em 1970. Meu bacharelado foi em Matemática Aplicada com um título secundário em Aplicativos Computacionais, e, em 1991, fui para Pequim para meu mestrado. Depois de concluí-lo, trabalhei para uma editora que me enviou para o Japão por quatro meses. Em 1995, enquanto ainda estava no Japão, acabei participando de uma palestra do Bill Gates em uma das conferências do setor. Aprendi sobre a internet naquela palestra.

Fiquei tão inspirado pelo que ele falou que, quando retornei à China, só pensava em como poderia adotar a internet. Eu sabia que a internet mudaria tudo.

Minha primeira ideia foi a de vender livros on-line, já que trabalhava no setor editorial, mas na China eu não conseguia descobrir como fazer isso. Quis, então, vir para o Vale do Silício para dar uma olhada e aprender sobre o panorama. Inscrevi-me várias vezes para um visto de curto prazo para os Estados Unidos, chamado visto B-1. No entanto, continuava a ter meu visto recusado. Soube de uma startup no Vale do Silício chamada WebEx, que foi fundada naquele ano [em 1995] e que trabalhava em colaboração com dados em tempo real. Tinha um bom amigo que havia trabalhado para um dos cofundadores da WebEx, então me candidatei a um emprego lá. Consegui e eles patrocinaram meu visto de trabalho H-1B para os Estados Unidos. Cheguei ao Vale do Silício em 1997, quando tinha 27 anos. Era a décima segunda pessoa na WebEx. Fui engenheiro de software, gerente de engenharia e depois diretor de engenharia por sete anos. Por fim, fui promovido a vice-presidente de engenharia. Fomos adquiridos pela Cisco em 2007. Fiquei na Cisco por outros quatro anos e meio como vice-presidente corporativo responsável pelo software de colaboração.

Fiz parte da primeira equipe de engenharia do WebEx – era meu bebezinho – e, apesar de ter uma enorme conexão com ele, o código que havia sido escrito em 1998 ainda estava em operação em 2010. Sendo assim, havia muito software herdado. Toda vez que eu falava com um cliente do WebEx, não via um único rosto feliz. Estava muito envergonhado. Não me sentia feliz, e percebi que, para corrigir o problema, precisava construir uma nova solução do zero. Nunca quis sair da Cisco, mas eles não queriam refazer o WebEx do zero. Levei um ano e ainda assim não consegui convencê-los. Não tinha vontade de ir ao escritório pela manhã. Não estava feliz. Por fim, disse a mim mesmo: "Você não pode mais sofrer com isso". Tive que sair – para desenvolver uma nova solução que trouxesse a alegria de volta aos clientes.

Meu objetivo era só consertar esse problema. Só isso. Nunca pensei sobre a grande oportunidade de mercado que era, ou como criar uma grande startup, nada disso. Apenas pensei que poderia construir uma solução melhor; conseguir consertar esse erro.

Quando iniciei a Zoom, a ideia era deixar as comunicações por vídeo com o menor atrito possível. Tínhamos vários grandes concorrentes, mas não prestamos atenção nisso. Concentramo-nos nos clientes – eu falava com eles constantemente. Quando comecei, perguntei aos clientes que software eles usavam para vídeo e se gostavam das soluções existentes, e todos disseram que não. Não havia um único cliente que me disse que estava feliz com o que tinha. Assim, quando contei às pessoas que estava criando uma solução melhor, elas quiseram experimentá-la. Meu foco eram os usuários finais, não nos concorrentes. Senão, tudo o que faria seria pensar nas grandes equipes e na enorme quantidade de recursos dos concorrentes em vez de trabalhar em meu próprio produto.

No começo, Walt Mossberg, um famoso jornalista de tecnologia do *Wall Street Journal*, avaliou o Zoom e escreveu um artigo muito bom. Aquele artigo nos ajudou bastante, visto que todos no setor respeitavam sua opinião. Eu o respeitava muito. Naquele tempo, também conseguimos nosso primeiro cliente pagante, a Stanford Continuing Studies – antes mesmo de o produto estar pronto ou de ter sido lançado. Essas duas coisas realmente alavancaram nossa confiança.

Em uma startup, velocidade é tudo. E como é possível ter uma velocidade maior na inovação. É preciso confiar nas pessoas que contratou. No nosso caso, trabalhei na Cisco WebEx por muito tempo e gerenciei quase mil pessoas, portanto, os primeiros 22 ou 23 engenheiros tinham todos trabalhado para mim antes em algum momento. Contratamos primeiro os engenheiros, e eles conseguiam vender a vários clientes. Quando isso cresceu, contratamos uma equipe de vendas capaz de fechar ainda mais negócios. Depois, montamos uma equipe de suporte e, em seguida, quando conseguimos vários clientes, montamos nossa equipe de sucesso do cliente. E, embora em certo ponto tivéssemos muitos engenheiros e vendas, havia apenas uma pessoa em período integral cuidando das finanças. Não existia a necessidade de montar uma equipe financeira maior naquele tempo. Não tivemos sequer uma equipe de marketing até 2015. Crescemos dando um passo de cada vez, não todos ao mesmo tempo.

Em retrospectiva, não percebi como é empolgante abrir a própria empresa. Mesmo que tenha de trabalhar mais e seja mais desafiador, no fim das contas, você pode traçar o próprio destino. Você sabe que está criando algo que pode, de fato, ter grande impacto e influência no mundo.

Yuan foi capaz de superar a concorrência com sua grande obsessão sobre a qualidade do produto. Ele deixou a ferramenta de comunicações por vídeo Zoom tão perfeita e sem problemas que nenhum outro concorrente foi capaz de acompanhá-lo. A qualidade da comunicação por vídeo é a principal coisa que os clientes buscam, e, ao criar um produto superior, Yuan pôde tornar o Zoom o melhor dessa categoria. Em muitos casos, só se concentrar na qualidade do produto não é suficiente para conquistar os clientes ou competir com sucesso em relação a outras empresas; pode ser necessário também ter uma obsessão por vendas e pelo movimento de entrada no mercado ou focar no desenvolvimento da marca. O conceito de concorrência anda de mãos dadas com a defensibilidade. Quanto mais defensável for a oferta principal de uma startup, menor a probabilidade de ser prejudicada pela concorrência no futuro. No próximo capítulo, analisaremos a defensibilidade das startups bilionárias.

O FATOR DEFENSIBILIDADE

Fred Moll foi preparado a vida inteira para ser um médico. Essa era a profissão de seus pais. A escola de Medicina foi tranquila. Mas, quando chegou à residência cirúrgica, ficou fascinado pelos instrumentos na sala de cirurgia. "Fiquei impressionado com o tamanho da incisão e da lesão criadas só para chegar ao interior do corpo", disse Moll, depois, em uma entrevista. "Parecia antiquado."[1]

Moll tirou uma licença de sua residência para ver se poderia fazer melhores ferramentas para os cirurgiões. Depois de fundar várias empresas de sucesso, ficou claro que não retornaria. Suas duas primeiras empresas fabricavam equipamentos médicos, e cada uma foi adquirida por uma quantia modesta. Sua terceira e quarta empresas, Intuitive Surgical e Hansen Medical, foram pioneiras na área de robôs cirúrgicos, ferramentas de precisão que os cirurgiões controlam como controles de videogame na sala de operações. Quando ele abriu sua quinta empresa, a Auris Surgical, já tinha passado décadas entendendo as necessidades dos cirurgiões e o potencial da cirurgia robótica.

A Auris levou mais de dez anos de um trabalho pesado de engenharia – e 150 patentes obtidas – para finalmente lançar seu primeiro produto. O Monarch, um microrrobô flexível projetado para uso em cirurgias, foi especificamente criado para cirurgiões que tratam câncer de pulmão. "Uma tomografia mostra uma massa ou lesão. Ela não te diz o que é", disse Moll. "Então, você tem de pegar um pedaço do pulmão, e, se for uma pequena lesão, isso não é fácil – pode ser um procedimento cirúrgico bem traumático. Portanto, seria bom fazê-lo de maneira bem sistemática e minimamente invasiva." Antes que a Auris lançasse o Monarch, os médicos tinham dificuldade com técnicas manuais, e, "em 40% das vezes, não havia diagnóstico", disse Moll. "Isso foi um problema por muitos anos e [inibia] a habilidade de um médico de diagnosticar e tratar um câncer no estágio inicial."[2] Visando a esse problema, a Auris obteve mais de 800 milhões de investidores, entre eles Highland Capital, Lux Capital, OrbiMed, Mithril e Coatue. Em 2019, doze anos após sua fundação, ela foi adquirida por 3,4 bilhões de dólares pela gigante da saúde Johnson & Johnson. Com sua engenharia pesada e seu vasto portfólio de PI, a Auris conseguiu tornar-se muito defensável. Em outras palavras, seria caro e difícil para outra empresa copiar o produto. Por esse motivo, a Johnson & Johnson fez uma oferta de aquisição da empresa por um preço que não era apenas alto – foi uma das maiores aquisições de dispositivos médicos da história.

No último capítulo, vimos que a concorrência com empresas estabelecidas poderosas não é necessariamente uma má ideia. Mas, para poder concorrer de forma eficaz – seja com outros iniciantes, seja com corporações existentes que podem copiar seu produto –, uma startup também precisa ser defensável. Os investidores de risco, em particular, prestam muita atenção à defensibilidade de uma startup. Eles querem ter certeza de que, ao investir na empresa, a próxima que virá com uma ideia semelhante terá muito trabalho para acompanhar. Peter Thiel, cofundador da PayPal e da Palantir, leva essa noção mais além. Para ele, as startups deveriam se esforçar para criar monopólios.[3]

Analisei diferentes tipos de defensibilidade nas empresas. Entre as startups bilionárias, apenas 8% não tinham um fator de defensibilidade – mas mais de 45% no grupo aleatório não tinham uma defensibilidade específica. Isso mostra a importância de ter defesas fortes cercando a empresa, e foi outra grande diferença que observei nos dados.

Muitas das startups bilionárias (56%) tinham algum tipo de defensibilidade por meio da engenharia. Isso significa que o produto por si só não era fácil de criar, tornando difícil para outra empresa copiá-lo com facilidade. Aqui, defini "engenharia" de forma ampla: nas startups farmacêuticas, por exemplo, os esforços para desenvolver um novo medicamento são um tipo de engenharia. Apenas 38% das empresas no grupo aleatório tinham defensibilidade de engenharia, uma estatística que mostra maior probabilidade de sucesso quando há complexidade de engenharia. Mas a engenharia sozinha normalmente não é suficiente. Muitas empresas combinaram defensibilidade de engenharia com outros tipos de defesa. Cerca de 28% das startups bilionárias tinham efeitos de rede, o que significa que a empresa se torna melhor e mais forte toda vez que um novo usuário é adicionado. O exemplo extremo de efeito de rede é o de uma empresa como o Facebook, que se tornou dominante nas redes sociais porque todos os que você conhecia tinham uma conta. Menos de 7% das empresas do grupo aleatório tinham uma defensibilidade com efeito de rede, o que indica a grande importância desse tipo de defesa.

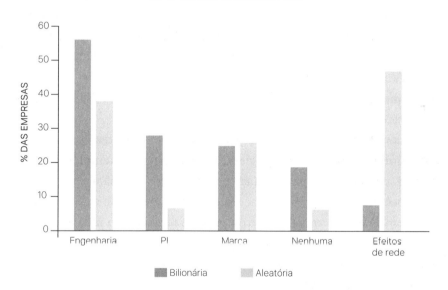

As startups bilionárias às vezes foram as primeiras a tentar uma ideia, mas, com maior frequência, a ideia já havia sido tentada mais de cinco vezes antes.

Por fim, um grupo menor das empresas bilionárias (cerca de 19%) tinha defensibilidade baseada na marca. Muitas empresas usam a marca para aumentar as vendas e para marketing, mas poucas investem nela e a usam como seu principal fator de defensibilidade. No grupo aleatório, menos de 7% tinham defensibilidade de marca. Isso mostra que as startups que investiram na marca desde o começo tinham mais probabilidade de tornar-se empresas bilionárias. Ainda assim, uma pequena parte das startups bilionárias usava a marca como sua principal tática de defensibilidade. É importante observar que muitas no grupo aleatório simplesmente não levantaram dinheiro suficiente para poder investir na criação de uma marca.

EFEITOS DE REDE

Keith Rabois, gestor do Founders Fund, tem ainda outra maneira de pensar no conceito dos efeitos de rede. Ele o relaciona ao que chama de "vantagens acumuladas". Quando Rabois ouve um *pitch*, ele busca evidências de que a startup poderá gerar um impulso para que a empresa possa ser mais bem-sucedida todos os dias. "Às vezes você pode desistir de um investimento se ficar obcecado com a defensibilidade", ele contou. "Vantagens acumuladas são uma camada acima dos efeitos de rede. Basicamente, por que está ficando mais fácil? Ou como as coisas ficam cada vez melhores com o tempo?."

Muitas empresas têm efeitos de rede bem diretos: Twitter, Quora, Reddit e a maioria das outras redes sociais são os principais exemplos. Quando dois de seus amigos se juntam à rede, esta se torna imediatamente melhor para você e essa roda gira para sempre. Mas os efeitos de rede podem ser vistos em muitos outros tipos de empresas e também em mercados. Esses efeitos são, muitas vezes, tão fortes que uma empresa pode continuar como líder de mercado por décadas, mesmo com quase nada de inovação: eBay e Craigslist são exemplos.

Embora os efeitos de rede sejam uma ótima tática de defensibilidade, eles não são impossíveis de quebrar. Por exemplo, as plataformas de empréstimo *peer-to-peer* beneficiam-se de efeitos de rede: quanto mais pessoas se juntam à plataforma – com mais diversidade de origem, avaliação de crédito e necessidades –, mais oportunidades são criadas para quem quer emprestar dinheiro, levando a mais credores. Quanto mais credores se juntam, mais capital está disponível, levando à participação de mais mutuários. No entanto, se uma concorrente surge, assim que alcançar credores e mutuários *suficientes* em sua plataforma, ela pode ser bem-sucedida. Se outra empresa for capaz de fazer um produto muito melhor e encontrar uma maneira de atingir uma massa crítica mínima, ela será capaz de concorrer.

Os melhores tipos de efeito de rede são criados quando não há um número mínimo de usuários, o que pode fazer com que duas plataformas se tornem igualmente valiosas para quem as utiliza. O LinkedIn, por exemplo, tem um efeito de rede bem forte. Ele não tem um número mínimo de usuários, pois a interação é feita entre várias pessoas, e a plataforma que tem o maior número de membros com informações atualizadas sobre a carreira sempre será a escolhida. Em comparação, os credores por *peer-to-peer* se tornam igualmente valiosos depois que um número mínimo de usuários se junta à sua plataforma. Neste caso, pode ser possível quebrar a defensibilidade do efeito de rede ao criar pontos de entrada e especializações fortes, como redes regionais (por exemplo, LinkedIn para América Latina) ou específicas para uma profissão (por exemplo, LinkedIn para médicos).

USO DA MARCA PARA CONQUISTAR CONSUMIDORES

Emily Weiss era editora de beleza da *Vogue* antes de lançar sua marca de produtos de beleza Glossier. Weiss não gostava da maneira como muitas marcas de cosméticos se promoviam, então ela começou um blog – *Into the Gloss* – no qual proporcionava o tipo de conversa inteligente e honesta sobre beleza que ela não encontrava no setor. O blog foi um sucesso com mais de dez milhões de visitantes mensais e inspirou Weiss a lançar sua própria linha de produtos.

A Glossier é uma linha de produtos de beleza selecionados e totalmente direcionados à geração *millennial*. O tom de voz da marca é honesto – ela ocasionalmente sugere produtos de outras marcas – e, em vez de depender de influenciadores pagos, amplifica sua base de fãs orgânica para crescer com o boca a boca. Quando a Glossier lançou "Boy Brow", um gel para sobrancelhas, ele vendeu instantaneamente, com uma lista de espera de 10 mil nomes.[4] A Glossier tornou-se, desde então, uma das principais marcas.

A startup efetivamente usou seu nome como um fator de defensibilidade ao colocá-lo no centro de sua operação e ao desenvolver a empresa com base no conteúdo e na marca.

O conceito de marca ficou muito mais complicado, já que as startups têm muitas novas formas de alcançar os clientes além dos anúncios na TV ou em revistas. Uma marca não é mais apenas um logotipo e um site; pelo contrário, ela engloba as diferentes maneiras com que uma empresa interage com seus usuários: de como ela escreve o conteúdo de seu site ou e-mails promocionais, passando pelo design de sua embalagem ou pela interface de usuário do seu produto, pela atenção aos detalhes que oferece no atendimento aos clientes, até como um usuário pode cancelar uma assinatura ou devolver um produto. Uma marca é feita de todas as maneiras em que uma startup atinge o cliente, seja um consumidor, seja outra empresa. Uma marca é a forma com que uma empresa cria uma ligação com seus usuários e a comunidade. A marca torna-se um ativo quando ajuda a criar uma base de fãs e comunidade apaixonadas; é assim que ela pode se tornar um fator de defensibilidade.

As startups com defesas e fatores fortes de defensibilidade tiveram mais chances de se tornar empresas bilionárias. A defensibilidade vem em muitos formatos: engenharia profunda, parcerias, dados, marca, efeitos de rede e, como disse Keith Rabois, vantagens acumuladas. Mas isso não significa que ninguém possa copiar uma empresa. Há muitos exemplos em que as defensibilidades de marca, engenharia ou PI foram superadas por concorrentes mais bem financiados ou administrados. Até mesmo os efeitos de rede foram superados. Os fatores de defensibilidade são meramente barreiras na entrada que ajudam as empresas a ficar à frente da concorrência. As empresas que não conseguem usar seu *status* como líderes do setor para continuar inovando, criando melhores ligações com os clientes e desenvolvendo melhores produtos estão fadadas à substituição em algum momento, da mesma forma que empresas como a Nokia e o MySpace o foram.

PARTE TRÊS

A CAPTAÇÃO DE RECURSOS

Na primeira parte deste livro, aprendemos sobre os fundadores, analisamos suas origens e conhecemos alguns dos superfundadores que criaram empresas bilionárias. Na segunda parte, observamos as empresas, da ideação ao produto, mercado e concorrência. Vimos que muitas dessas startups bilionárias fizeram mudanças radicais logo no início para encontrar a adequação do produto ao mercado. A maioria delas desenvolveu analgésicos para os clientes, mas as abordagens com vitaminas funcionaram também. Aprendemos que as empresas que buscavam ajudar os clientes a economizar tempo ou dinheiro tinham mais sucesso, e que realmente importa ter um produto altamente diferenciado, independentemente da estratégia de entrada no mercado. Vimos que nem todas as startups bilionárias vão atrás da criação de um novo mercado; na verdade, muitas competem por participação onde uma ampla demanda de clientes já existe. Não é tão importante ser a primeira com uma ideia quanto estar próxima a um ponto de inflexão. Vimos que muitas startups bilionárias competiram em um mercado fragmentado ou com grandes e antigas empresas estabelecidas, e que as empresas bilionárias usam uma variedade de estratégias de defensibilidade para se proteger de concorrentes.

Na última parte do livro, discutiremos os investidores e a captação de recursos. Muitos mitos cercam os investidores-anjo e os de risco, quem eles são, como avaliam acordos e, o mais importante, como convencê-los a investir. Começaremos entendendo o papel e a história do capital de risco, bem como formas alternativas de financiar uma empresa, como o *bootstrapping*. Discutiremos as diferenças entre captação de recursos em *bull markets* (mercados em alta) e em *bear markets* (mercados em baixa), e falaremos sobre eficiência de capital. Depois, discutiremos sobre investidores-anjo e investidores de risco envolvidos com empresas bilionárias, o que buscam, como as empresas bilionárias obtiveram financiamento e o mistério das avaliações.

CAPITAL DE RISCO VERSUS BOOTSTRAPPING

O fator de contribuição mais importante para o crescimento de uma nação é o número de startups que chegam a uma receita de 1 bilhão de dólares em vinte anos.

– Carl Schramm, economista e presidente da Kauffman Foundation

A primeira empresa de Sara Blakely foi um serviço de babás no hotel Clearwater Beach Hilton. Ela cobrava 8 dólares por criança dos pais que queriam relaxar sob o sol. Ela era adolescente, mas buscava conseguir um dinheiro e conseguiu passar ilesa por três verões – sem credenciais, treinamento de reanimação cardiopulmonar (RCP) ou seguro – até o serviço ser encerrado pela administração do hotel.

A empresa pela qual ela é mais conhecida é a Spanx, uma marca de roupas femininas. Blakely sabia que as mulheres amavam os efeitos modeladores da meia-calça, mas odiavam a sensação de ser uma peça fora de moda. Quando surgiu a ideia de uma marca de roupas modeladoras, ela passou muitas noites pesquisando sobre patentes de meias, visitou lojas para explorar tecidos e ligou para fábricas de meias na tentativa de persuadir alguém a dar vida à sua invenção. Chegou a escrever a própria patente, usando um manual que encontrou na livraria Barnes & Noble para economizar 3 mil dólares em honorários legais.

Blakely gastou 5 mil dólares de suas economias pessoais para começar a empresa. Mesmo após ter conseguido acordos com a Neiman Marcus, a Saks e a Bloomingdale's para que inserissem seu produto nas lojas, ela manteve o emprego em período integral em uma empresa de materiais de escritório vendendo máquinas de fax. No início, incapaz de pagar por ajuda adicional, ela fez tudo sozinha na Spanx: embalagem, marketing, RP e atendimento ao cliente. Quando Oprah Winfrey nomeou a Spanx como seu produto favorito do ano em 2000, Blakely nem tinha um site. "Pegamos uma cópia colorida da embalagem e a digitalizamos", contou Blakely mais tarde. "Administrei um negócio considerável na web por 18 dólares por mês."[1]

A Spanx foi lucrativa desde o primeiro dia. A empresa obteve 4 milhões de dólares no primeiro ano e 10 milhões no segundo. Blakely nunca recebeu investimentos, então possui 100% da empresa. Quando a empresa chegou à avaliação de mais de 1 bilhão de dólares, Blakely entrou para o clube de bilionários, mantendo muito mais dessa riqueza que os fundadores de corporações bem maiores financiadas por capital de risco.

O capital de risco tornou-se uma parte tão integrante da maioria das histórias de startups que é fácil esquecer que nem todo fundador obtém investimentos. Embora a maioria das empresas bilionárias seja financiada por capital de risco, algumas, como a Spanx, conseguiram crescer sem obter um centavo. E startups financiadas por capital de risco são algo que começou recentemente. Por centenas de anos, as empresas eram construídas com empréstimos oferecidos por bancos em troca de juros. Quando uma empresa atingia determinado tamanho ou nível de maturidade, podia pedir um registro para IPO e captar fundos de mercados públicos. As pequenas empresas ainda crescem com seus próprios lucros e empréstimos bancários, mas, por anos, essa foi a forma principal de *qualquer* nova empresa para obter dinheiro. Nem mesmo as primeiras empresas de semicondutores – que deram o nome ao Vale do Silício – foram financiadas por capital de risco. William Shockley, que inventou o transistor, conseguiu financiamento por meio de uma corporação, a Beckman Instruments, e teve de formar a empresa sob seu nome. Quando oito de seus funcionários saíram para abrir uma empresa concorrente, eles também precisaram fazê-lo sob o guarda-chuva de seu investidor, a Fairchild Camera and Instrument, uma empresa que vendia equipamentos de imagem para a Segunda Guerra Mundial.[2] (Depois, ela foi renomeada Fairchild Semiconductors.)

A rota do empréstimo costumava se limitar às empresas com ativos tangíveis, como estradas, varejo e manufatura. As empresas de alta tecnologia tinham, no início, poucos ativos assim e precisavam de muito dinheiro, o que dificultava a avaliação e o investimento dos bancos. Em 1958, o congresso aprovou o Small Business Investment Act (Lei de Investimentos em Pequenas Empresas), que possibilitou que o governo federal emprestasse dinheiro a firmas de investimento recém-criadas como forma de injetar fundos em uma nova onda de empresas de alta tecnologia.[3] Começava a era da Guerra Fria, e o governo queria fortalecer as capacidades tecnológicas nacionais. O programa não teve sucesso, mas muitos dos gestores de fundos do programa acabaram criando as primeiras empresas de capital de risco.

Na década de 1960 e no início da de 1970, as empresas de capital de risco estavam começando a se formar, com o principal objetivo de investir em corporações de tecnologia de alto risco e recompensa (naquele tempo, a maioria das empresas de eletrônicos e semicondutores). A primeira empresa de capital de risco na Costa Oeste – Draper, Gaither & Anderson – foi formada em 1959 em Palo Alto.[4] Ela foi seguida pela Draper and Johnson Investment Company, em 1962, e pela Sutter Hill Ventures, em 1964. A Venrock Associates foi formada em 1969; a Kleiner Perkins Caufield & Byers e a Sequoia Capital, em 1972. Desde então, centenas de empresas de capital de risco foram abertas, graças a mudanças regulatórias e a um incentivo governamental, bem como ao surgimento de novas empresas de tecnologia de alto risco.

No entanto, até mesmo hoje em dia, o setor de capital de risco continua pequeno. De acordo com dados da National Venture Capital Association (Associação Nacional de Capital de Risco), há pouco mais de mil empresas de capital de risco ativas nos Estados Unidos, e a quantia total administrada por todos os investidores de risco americanos em 2019 foi de 444 bilhões de dólares – uma fração minúscula se comparada a outras partes do setor financeiro, cujos ativos sob gestão chegam a um total de trilhões de dólares.[5] A empresa de capital privado Blackstone teve 545 bilhões de dólares sob sua gestão em 2019, mais do que todos os investidores de risco combinados. E, das centenas de milhares de novas empresas formadas todos os anos nos Estados Unidos, menos de 10 mil recebem algum tipo de financiamento de capital de risco, o que representa menos de 1% de todas as novas empresas criadas. Destas, menos de 1% se tornam bilionárias.[6]

Então, por que as empresas de capital de risco e as que são financiadas por elas recebem toda essa atenção da mídia, dos legisladores e dos fundadores que estão vendendo suas grandes ideias? Porque os investimentos de capital de risco representam uma grande porcentagem das empresas muito bem-sucedidas – e não apenas as de tecnologia e biotecnologia, como a Apple e a Genentech. As empresas de varejo, como Whole Foods e Starbucks, também foram financiadas dessa maneira. No geral, as empresas financiadas por capital de risco compuseram 42% de todos os IPOs nos Estados Unidos entre 1974 e 2014. Elas representam 63% do valor e 85% do total de pesquisa e desenvolvimento de todas as empresas de capital aberto dos Estados Unidos fundadas desde 1974.[7]

Meus próprios dados sobre as empresas bilionárias mostram que mais de 90% delas foram financiadas por capital de risco. O restante foi por *bootstrapping*, o que significa que não captaram fundos de risco e cresceram com seus lucros modestos no início ou foram autofinanciadas por fundadores que tinham os recursos para investir nas próprias empresas.

Por que tantas empresas bilionárias foram financiadas por capital de risco? A resposta está principalmente nas intenções. Colocando de maneira simples, os fundadores que procuram capital de risco objetivam desenvolver impérios bilionários. Os investidores de risco buscam e escolhem empresas que têm o potencial de atingir grandes resultados. Muitos empreendedores abrem empresas com a intenção de desenvolver bons e lucrativos negócios de total propriedade deles. Suas receitas podem aumentar até chegar a dezenas e, em alguns casos, centenas de milhões de dólares, e os fundadores podem expandir o negócio sem pressa, assumindo riscos moderados. Mas entre as empresas financiadas por capital de risco, normalmente é preferível tentar chegar ao resultado multibilionário – e logo –, mesmo que isso signifique assumir riscos que poderiam acabar com o negócio. Discutiremos o que encoraja essa aposta, mas observe que a mentalidade de risco e recompensa mais altos cria mais resultados bilionários entre as empresas financiadas por capital de risco, embora ao custo de mais fracassos catastróficos.

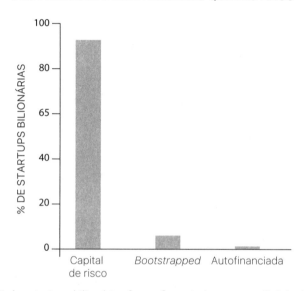

Mais de 90% das startups bilionárias foram financiadas com capital de risco.

CAPITAL DE RISCO: UMA MATEMÁTICA NÃO INTUITIVA

A obsessão do capital de risco com resultados muito arriscados e grandes não faz sentido intuitivamente. Por que ir atrás de uma possibilidade improvável de um unicórnio em vez de uma empresa que tem muito mais chances de crescer, embora de maneira modesta? Imagine se um investidor coloca 5 milhões de dólares em uma empresa com uma avaliação de 20 milhões e depois ela é adquirida por 80 milhões. Para muitos investidores, esse retorno de quatro vezes seria um excelente resultado, muito melhor do que investir no mercado de ações. Mas não para os investidores de risco, em razão do modo de funcionamento da economia dos fundos de capital de risco.

Uma concepção errada comum é a de que os investidores de risco são pessoas muito ricas investindo seu próprio dinheiro pessoal em startups. Embora isso possa ser verdade para alguns poucos investidores, não é o caso da maioria das empresas de capital de risco. Para "fazer parte do jogo", os gestores (*general partners*, ou GPs) de uma empresa de capital de risco devem colocar parte de seu próprio capital no fundo, em geral, pelo menos 1% ou 2% do tamanho dele, algo chamado de *GP commit* (compromisso do gestor). O restante do dinheiro costuma vir de fontes institucionais de capital, doações de universidades, escritórios de investimento de famílias de alto poder aquisitivo, fundações sem fins lucrativos, fundos de pensão, fundos de riqueza soberana e afins. Há alguns investidores de risco que apenas investem dinheiro em nome de organizações sem fins lucrativos. Essa é uma das principais distinções entre investidores de risco e investidores-anjo: os anjos investem o próprio dinheiro, enquanto os de risco investem o dinheiro dos outros, comumente entre cinquenta e cem vezes mais que o próprio. De fato, muitos investidores de risco, desde o início de suas carreiras, têm de pegar empréstimos de bancos para pagar seu capital, a fim de "fazer parte do jogo".

Os investidores de risco caem na estrada de tempos em tempos para captar recursos, assim como as startups fazem. As entidades que investem em empresas de capital de risco, chamadas de cotistas (*limited partners*, ou LPs), investem uma pequena porcentagem de seus ativos totais na classe de ativos do capital de risco. Como mencionado, a classe de ativos do capital de risco está designada para retornos altos, mas é também de alto risco – o que significa que há uma boa chance de que a empresa de capital de risco *não* retorne esses enormes ganhos. Para retornos mais estáveis, os cotistas também investem nos mercados de ações, de títulos, imóveis, *commodities* e outras classes de ativos de investimento. Eles esperam que as empresas de capital de risco deem um retorno três vezes maior que seu capital ou mais em um prazo de dez anos.

A mídia por vezes ridicularizou empresas com alto investimento de capital de risco que fracassaram ou empresas que captam recursos a uma avaliação elevada sem receita. Essas críticas estão corretas em nove entre dez vezes. Mas esse fracasso está inserido no modelo de capital de risco. Quando um investidor de risco está errado, ele perde o dinheiro que investiu; quando está certo, pode conseguir até vinte vezes o que investiu. O lado negativo é limitado, mas o positivo não, e por isso os investidores de risco aceitam empresas que possam perder 100% de seu dinheiro com a baixíssima probabilidade de obter dez vezes o valor do investimento. O capital de risco é um jogo exponencial, e os resultados de *exit* das startups geralmente seguem uma curva exponencial, em vez de uma distribuição normal. Se até mesmo a melhor firma de capital de risco investir em dez empresas em um fundo, ela verá, em geral, três ou quatro delas perder a maior parte de seu dinheiro, e três ou quatro meramente retornando o que foi investido. O sucesso de cada fundo depende totalmente das três melhores empresas nele. Há, normalmente, até uma diferença grande entre os retornos da melhor empresa e os da segunda melhor.

Fred Wilson, cofundador da Union Square Ventures, usa uma heurística de terços: "um negócio retorna o investimento, outros três ou quatro o retornam novamente e o restante o retorna por uma terceira vez para chegar ao valor bruto de três vezes que um fundo deve atingir para oferecer bons retornos aos cotistas".[8] E essa heurística provavelmente se aplica a fundos de capital de risco mais de elite. Uma pesquisa feita pela Correlation Ventures revelou que cerca de metade de todo o capital investido em empresas com financiamento de risco que fizeram o *exit* na última década perderam dinheiro, enquanto menos de 4% geraram um múltiplo de dez ou mais.

DISTRIBUIÇÃO DE RESULTADOS DE INVESTIMENTOS DE RISCO REALIZADOS NOS EUA EM 10 ANOS: 2009-2018

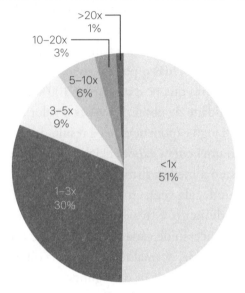

Mais de 50% dos investimentos feitos por investidores de risco perderam dinheiro, enquanto menos de 4% retornam dez vezes ou mais. Dados fornecidos pela Correlation Ventures. Fonte: David Coats, "US Venture Investments by Return Range" (gráfico), 11 de setembro de 2019, https://medium.com/correlation-ventures/venture-capital-no-were-not-normal-32a26edea7c7.

Você pode estar imaginando por que as firmas de capital de risco não se concentram em empresas de risco e retorno mais baixo. Em vez de buscar um raro retorno de dez vezes, por que não ir atrás de dez negócios com retorno de três vezes com mais certeza? Essa ideia é interessante na teoria, mas as startups morrem por um milhão de razões diferentes – conflito entre cofundadores, perda de interesse do fundador, saída de um cofundador, perda de um dos principais clientes, não encontrar a adequação ao mercado, incapacidade de desenvolver um produto, mudanças regulatórias, concorrência e por aí vai. Como resultado, é difícil encontrar de forma consistente empresas com retornos de cerca de três vezes sem o risco. Talvez a única coisa que os investidores de risco possam controlar é o fato de uma ideia não ter vantagem limitada, possivelmente permitindo a ela que tenha um retorno de dez vezes.

Alguns fundos tornam-se famosos por causa de uma única empresa do portfólio. A Accel Partners, uma das empresas de capital de risco mais conhecidas, investiu uma pequena parte de seu nono fundo para liderar a rodada série A no Facebook. Sete anos depois, o Facebook teve um IPO com avaliação de 100 bilhões de dólares, dando um retorno de pelo menos trezentas vezes o investimento inicial. Esse fundo, conhecido como fundo do Facebook da Accel, sem dúvida é uma exceção. Esse é exatamente o tipo de retorno enorme que os cotistas esperam ter.

O problema é que, no momento de investir, eles não sabem qual empresa terá o melhor desempenho. Na verdade, muitos investidores de risco confessaram publicamente que nunca adivinharam qual empresa se tornaria a melhor no portfólio. Algumas de suas melhores empresas são adquiridas logo, e algumas das que têm o pior desempenho podem chegar a um ponto de inflexão e tornar-se um foguete. Como resultado, os investidores de risco precisam investir em cada empresa de seu fundo com o maior nível de convicção de que ela será *a número 1*. Toda empresa financiada por um investidor de risco precisa ter o potencial para retornar pelo menos o investimento. Se você conseguir dinheiro de capital de risco, esse cálculo determinará a expectativa do investidor e estabelecerá em que ponto ele desejará que você venda a empresa.

Vamos usar um exemplo para ilustrar como isso funciona: imagine um fundo de 300 milhões de dólares que quer investir em vinte empresas. Os investidores de risco costumam usar uma porção de seus investimentos para o primeiro (chamado de capital novo), mas mantêm o restante como reservas (chamado de capital subsequente) para preservar a propriedade em suas empresas nas rodadas subsequentes. Supondo que seja uma divisão igual, nosso fundo imaginário pode investir 7,5 milhões de dólares em cada startup como capital novo. Digamos que esse fundo lidere uma série A com 7,5 milhões de dólares na startup X. A avaliação é de 40 milhões, então o investidor de risco detém 18,75% da startup X. Nosso investidor pode manter a propriedade investindo seus 7,5 milhões reservados na próxima rodada, mas a empresa ainda teria muita diluição no momento do *exit*. Digamos que o investimento de risco será diluído em 30%; então ele terá aproximadamente 13% no *exit*. Para o cenário ideal, em que cada investimento seja capaz de ter um retorno de uma vez, 13% da startup X precisam ser avaliados em 300 milhões (o tamanho do fundo do investidor de risco), o que significa que a startup X precisa de um *exit* a 2,3 bilhões de dólares. Por isso os investidores de risco concentram-se nos resultados bilionários – não nos milionários. Observe que o tamanho do fundo é um fator muito importante nessa equação: ele tende a afetar muito o que a empresa de capital de risco está buscando. Para fundos maiores, o resultado esperado aumenta proporcionalmente. Os empreendedores devem manter esse cálculo em mente ao obter dinheiro de investidores de risco, saber que tipo de resultado a empresa de capital de risco espera. O resultado que um fundo de 50 milhões de dólares está buscando é extremamente diferente do que o de 1 milhão espera, que é, por sua vez, diferente do fundo para o qual um investidor-anjo separou 200 mil dólares para investimentos.

BOOTSTRAPPING VERSUS AUTOFINANCIAMENTO

Há, claro, exceções à norma dos investidores de risco. Você pode desenvolver uma empresa bilionária sem nenhum financiamento de investidores de risco. Na verdade, os fundadores que podem se autofinanciar ou fazer *bootstrapping* no começo e construir um negócio atrativo acabam em uma posição muito melhor para levantar capital de crescimento mais tarde. Eles também enfrentarão muito menos diluição.

Considere uma empresa como a Yeti, que faz uma linha popular de caixas térmicas duráveis para acampar. A maioria das pessoas não pensa em gelar algumas latas de bebida quando imagina uma startup bilionária. E, ainda assim, a Yeti vale incríveis 4 bilhões de dólares no momento em que escrevo este livro, com mais de 1 bilhão em vendas de produtos por ano. Os irmãos Roy e Ryan Seiders fundaram a empresa em 2006 da garagem de seu pai em Austin, no Texas. Eles a criaram com recursos próprios, lentamente aumentando os negócios – começando com seu primeiro produto, uma caixa térmica robusta e bonita, vendida por cinco a dez vezes o preço da média (modelos posteriores seriam vendidos por até mil dólares).

A Yeti conseguiu transformar o que antes era um produto comum em um produto *premium*, gerando clientes que os seguem quase como um culto. A empresa expandiu-se para uma marca de mercado de massa para pessoas que gostam de atividades ao ar livre, *tailgater** e churrasqueiros de quintal, atingindo cerca de 30 milhões de dólares em vendas em 2011. A empresa expandiu suas mercadorias oferecendo roupas, chapéus, garrafas e copos térmicos, esses últimos respondendo pela maior parte das vendas da Yeti. Em 2012, a Yeti obteve dinheiro de uma pequena empresa de capital privado chamada Cortec Group, mas só depois de ultrapassar dezenas de milhões em receita.

O *bootstrapping* funciona para muitas empresas, não apenas para as de varejo. O setor de tecnologia tem muitos exemplos de empresas bem-sucedidas que operaram com seus próprios lucros, pelo menos no início. Muitas foram baseadas em *bootstrapping* por anos antes de obter dinheiro de investidores em estágio de crescimento ou de fundos de capital privado para acelerar o crescimento. A Atlassian – uma empresa de software multibilionária australiana, mais conhecida pelo Jira, um aplicativo de rastreamento de problemas – ficou no *bootstrapping* por oito anos antes de conseguir financiamento em uma rodada de crescimento dos parceiros da Accel. A UiPath, uma empresa de automação de processos robóticos fundada na Romênia, operou no *bootstrapping* por dez anos antes de obter capital de risco. Muitas dessas empresas faziam trabalhos de consultoria e prestavam serviços para gerar receita e se sustentar no início. Algumas não conheciam ou não tinham acesso a investidores e tiveram de fazer *bootstrapping* por necessidade. Daniel Dines, fundador da UiPath, precisou fazer *bootstrapping* "enquanto também fazia trabalho de consultoria e terceirização" nos primeiros dias da empresa. Ele chama isso de primeiro erro do UiPath. "É uma distração, na verdade. É muito melhor arrecadar dinheiro. Mas, no nosso tempo, isso não era possível".[9]

Um pequeno número de empresas bilionárias foi autofinanciado. Um exemplo é o Carvana, um dos maiores sites de compra e venda de veículos usados. Ernest Garcia, fundador da Carvana, veio de uma família do ramo imobiliário e de venda de automóveis; o autofinanciamento foi um caminho natural para o avanço dos negócios da família usando tecnologia. Outro exemplo é a Zscaler, uma startup bilionária que fornece serviços de segurança na

---

* Pessoas que se reúnem em uma local aberto como um estacionamento, retirando comidas e bebidas do porta-malas de seus carros ou traseiras das caminhonetes, cuja porta (*tailgate*) está aberta. (N. da T.)

internet. Nos primeiros quatro anos, a Zscaler foi fortemente autofinanciada por seu fundador, Jay Chaudhry, um superfundador que já havia vendido várias empresas de segurança cibernética por centenas de milhões de dólares e tinha meios para investir esses recursos em sua próxima empresa.

O dinheiro de capital de risco, como o nome indica, é útil quando você planeja se *aventurar* com algo arriscado. Não se trata apenas de financiar um negócio ou projeto. Nesse sentido, o capital de risco não é o tipo certo de financiamento para muitas empresas. Para muitas startups, em particular para aquelas com altos custos de capital, o capital de risco ou uma enorme injeção de capital próprio são uma necessidade – veja a Tesla ou a SpaceX, por exemplo. Para outras, dependendo da situação financeira dos fundadores, pode ser possível usar recursos próprios e reservar o capital de risco apenas para oportunidades de crescimento ou para vencer a concorrência, em vez de utilizá-lo só para começar.

"Você precisa construir um negócio real e passar por pivôs difíceis, fazer sacrifícios e enfrentar restrições desde o início", disse Ryan Smith, CEO e cofundador da Qualtrics. "Muitas empresas ignoram isso porque arrecadam muito dinheiro, então não estão tendo essas conversas que talvez devessem ter." A Qualtrics, uma empresa de gerenciamento de experiências, passou a maior parte de sua existência fazendo *bootstrapping*. Smith acredita que a vantagem era saber para onde estava indo, "em vez de captar dinheiro e depois tentar descobrir isso".[10]

Seja uma empresa financiada por meio de *bootstrapping*, seja por meio de capital de risco, é importante entender o mais rápido e com o menor investimento possível se o mercado responde ou não ao seu produto. Há alguns exemplos conhecidos de startups que perceberam que não havia demanda de mercado só após muito investimento. A mais recente é a Quibi, que produzia e transmitia conteúdo em vídeo em episódios de cinco a dez minutos em um aplicativo móvel. A Quibi obteve mais de 1 bilhão de dólares em investimento e encomendou centenas de programas antes do lançamento. Inicialmente apontada como uma das novas startups mais empolgantes, ela desmoronou rapidamente e fechou apenas seis meses após o lançamento, tendo gastado mais de 1 bilhão de dólares em capital.

SUPERFUNDADORES

EMPRESA DE 7,5 BILHÕES DE DÓLARES QUE FICOU SEM INVESTIMENTO EXTERNO PELOS PRIMEIROS CINCO ANOS
ENTREVISTA COM TOM PRESTON-WERNER, DO GITHUB

O GitHub é mais um exemplo de uma empresa que operou em *bootstrapping* em seus primeiros anos. Fundado em 2008, é uma plataforma de hospedagem de código que cria software para controle de versão e colaboração. Também é principalmente um repositório gratuito para código aberto no mundo. A maioria das empresas ou grupos que desenvolvem código aberto o armazena no GitHub, permitindo a outros usuários que acessem o código. A parte de código aberto é gratuita, e a versão corporativa, que permite código privado dentro de uma empresa, é paga. Em janeiro de 2020, o GitHub tinha mais de 40 milhões de usuários ativos e mais de 100 milhões de repositórios, tornando-se o maior site de hospedagem de código-fonte do mundo. O GitHub cresceu como uma empresa sem investimento externo por mais de quatro anos e meio; a primeira captação de recursos que fez foi uma rodada série A de 100 milhões de dólares, liderada pela Andreessen Horowitz, pulando muitas rodadas de financiamento e diluições que a acompanham. Três anos depois, o GitHub obteve um investimento série B de 250 milhões de dólares, liderado pela Sequoia Capital, e, em junho de 2018, a Microsoft o adquiriu por 7,5 bilhões.

Como eles fizeram isso? Os fundadores do GitHub eram programadores autônomos e a empresa cresceu de forma orgânica em receita. Como muitos outros fundadores de startups bilionárias, Tom Preston-Werner, um dos cofundadores do GitHub, desenvolveu e vendeu um produto antes de fundar essa empresa de bilhões. Vamos ver o que Tom diz sobre sua jornada e o começo do GitHub.

Eu sempre mexi com computadores. Então, comecei a estudar Ciência da Computação, mas abandonei a faculdade depois do segundo ano para trabalhar em uma startup. Aprendi sozinho com livros; eu lia e praticava. Mas eu programava o tempo todo. Fiquei interessado no Ruby on Rails [uma estrutura de aplicativos da web]. Acabei me mudando para São Francisco, para trabalhar em uma empresa que usava o Ruby on Rails chamada Powerset, uma empresa de busca que tentava ultrapassar o Google. Acontece que é difícil, mas ela foi adquirida pela Microsoft. E eu era o funcionário número 32 lá. Consegui 10 mil dólares dela ou algo assim. Foi uma compra de 100 milhões de dólares pela Microsoft, mas recebi, tipo, 10 mil. Você aprende com essas aquisições e vê que ser fundador é muito diferente de ser funcionário. Há uma diferença bem grande, em geral. Sempre havia trabalhado em projetos paralelos, entre eles, um chamado Gravatar, que desenvolve avatares que o seguem pelos blogs. Queria me livrar dele porque estava me custando dinheiro. Ele não tinha nenhum plano de negócios e se tornara um tanto popular. Eu o criei enquanto prestava consultoria, querendo contribuir com a blogosfera. Tive a ideia de avatares reconhecidos globalmente e a implementei. Começou a ficar popular. Encontrei-me com Matt Mullenweg e acabei vendendo para a Automattic, sua empresa, que é proprietária do WordPress. E agora o Gravatar alimenta todos os avatares em sites do WordPress. Não era nem uma empresa. Eu lhe vendi o código, e ele apenas fez um cheque para mim pessoalmente. Dei a ele o código, a URL e o domínio, e já estavam prontos.

Tinha um colega na Powerset chamado Dave Fayram; acho que foi ele quem me apresentou ao Git originalmente, dando início a essa nova maneira de trabalhar. Colaboramos de maneira muito eficaz, podendo passar esses códigos de um para o outro, embora não houvesse uma boa maneira de realmente olhar para eles e não fossem fáceis de usar. Basicamente, era preciso configurar um servidor Linux em algum lugar e criar contas para si mesmo, e depois as pessoas faziam *login*. Havia um local compartilhado ao qual ambos tinham acesso, usando o mesmo repositório. Era um pouco ridículo. Havia tanto potencial lá comparado ao que outras pessoas estavam usando. Ninguém fora das principais comunidades do Linux e do Git o usava com seriedade.

Queria muito trabalhar em um projeto paralelo que, ao contrário do Gravatar, se tivesse sucesso, seria algo em que poderia trabalhar em tempo integral e ser pago por isso. Então, a princípio, o GitHub foi um projeto paralelo. Era apenas algo em que comecei a trabalhar. Eu conhecia alguns outros programadores de Ruby por um grupo de usuários que montamos.

Encontrávamo-nos a cada duas semanas no escritório de alguém, e havia uma conversa técnica por talvez uma hora. Conheci Chris Wanstrath [o outro cofundador do GitHub] em um grupo e sempre admirei o trabalho dele. Ele estava fazendo consultoria e lançou um monte de bibliotecas de código aberto que muitas pessoas usavam. Achei aquilo muito incrível. Pensei que seria muito legal trabalhar em algo com ele. E, então, depois de um desses encontros, sentei-me com ele e mostrei no que estava trabalhando. Disse-lhe que tinha essa ideia para uma coisa chamada GitHub e poderia ser um lugar on-line para armazenar repositórios e compartilhar. O poder estava lá [Git], mas não era possível acessá-lo. Havia uma barreira: nenhuma boa interface na web para compartilhamento. Existia um site que estava praticamente tentando fazer isso, mas, por exemplo, se esquecesse sua senha, seria preciso enviar um e-mail para o cara que o administrava, e ele a redefiniria manualmente. Não estava pronto para ser dimensionado nem era muito bom em geral. Começamos a trabalhar no GitHub juntos, ambos em nosso tempo livre. Ele fazia um trabalho de programação como autônomo para pagar as contas; eu estava trabalhando na Powerset para isso também. Trabalhamos nisso em paralelo por quase seis meses. Então, a Powerset foi adquirida e me ofereceram um emprego para continuar trabalhando na Microsoft com o produto de busca no Bing, oferta que recusei, porque era bastante óbvio, para mim, que o GitHub estava chegando a algum lugar. Já ganhávamos dinheiro com ele na época.

Acho que depois de seis meses trabalhando nisso, lançamos o primeiro alfa público e convidamos as pessoas a usá-lo. Três meses depois começamos a cobrar. Portanto, foram nove meses do início até começarmos a cobrança. Cobrávamos por repositórios privados; era totalmente gratuito para código aberto. Esse ainda é o modelo de negócios hoje, com a ideia de que teria um mecanismo de publicidade embutido se as pessoas do código aberto pudessem usá-lo gratuitamente. Parecia óbvio torná-lo gratuito para código aberto como uma forma de retribuir à comunidade que trabalha nisso. Se você é uma empresa e tem um código privado, você tem dinheiro, porque aceita pagar por coisas que são úteis. E aquilo funcionou com rapidez. De imediato. As pessoas começaram a nos pagar, em especial, indivíduos que queriam ter algum código privado que houvessem criado. Definimos um preço de 7 dólares por mês para alguns repositórios privados. Queríamos que fosse barato o suficiente para que as pessoas pudessem pagar, já que nenhuma empresa iria usá-lo ainda. Cinco dólares por mês parecia muito barato, mas 10 dólares por mês era caro demais. Escolhemos 7 dólares. Começou a render algum dinheiro, então saí da Powerset e começamos a trabalhar nele em tempo integral. Não ganhávamos tanto quanto em nossos empregos anteriores ou como autônomos, mas era o bastante. Assim, meio que entramos em um aclive: todo mês ganhávamos mais dinheiro.

Estávamos ganhando cerca de 10 mil por mês quando me dediquei ao GitHub em tempo integral, e provavelmente recebíamos 3 mil cada um. E, então, uma terceira e uma quarta pessoa entraram: P. J. Hyett e Scott Chacon.

Estávamos fazendo dinheiro e não precisávamos pensar em captação de recursos. Gostávamos do que fazíamos, estávamos felizes com o que tínhamos e com as pessoas que contratávamos. A captação de recursos não pareceu necessária. Tentamos nos manter lucrativos; então, quando contratávamos alguém, tínhamos dinheiro suficiente para pagar essa pessoa sem a necessidade de dinheiro de capital de risco. Esperávamos até que nossa receita aumentasse o suficiente para que tivéssemos dinheiro para contratar a pessoa seguinte. A curva de crescimento do GitHub, em geral, foi exponencial, mas muito achatada no início, com um lento aumento inicial. Quando contratamos, ao mesmo tempo, nosso primeiro designer e nosso primeiro engenheiro de *back-end* realmente competente, ficamos sem lucro por um mês ou dois, mas pareceu valer a pena. E ambas as contratações foram incríveis. Eles eram como celebridades.

Acho que o primeiro investidor de risco que nos procurou foi Mike Maples [sócio-administrador da Floodgate Capital]. Ele disse: "Vocês querem conversar?". E a gente, tipo: "Claro, vamos marcar um jantar. Você paga". Ele nos levou para jantar e acho que queria investir, mas não parecia necessário. Ficamos, tipo: "Para quê?". Éramos lucrativos; estávamos felizes crescendo no ritmo em que estávamos. Não tínhamos nenhum gasto de capital, exceto salários e uma parte para servidores. Mas isso era mínimo. Não queríamos que alguém nos dissesse o que fazer. O objetivo de construirmos uma empresa era ter nossa liberdade. Era não ter chefes. Isso sempre foi o que busquei.

Acho que tínhamos cerca de cem funcionários e estávamos lucrando quando obtivemos financiamento pela primeira vez. Acredito que foi Andreessen Horowitz quem nos contatou. Não me lembro direito, mas a ideia estava na mesa. Ela surgiu. Poderíamos captar dinheiro e provavelmente com uma avaliação muito boa, e isso seria bom para a empresa. Parecia prudente pelo menos investigar e ver o que isso poderia significar. E, se pudéssemos obter uma avaliação adequada, talvez aquilo fizesse sentido. Poderíamos crescer mais rápido, lidar com a empresa de forma mais eficaz e fazer marketing. Nunca fomos à Sand Hill Road [no Vale do Silício, onde estão localizados vários escritórios de capital de risco]. Nunca. Os investidores de risco sempre vieram até nós. Com certa perspectiva agora, vejo que foi uma experiência bastante incomum.

Decidimos aceitar o dinheiro porque vimos a oportunidade e começamos a ver concorrentes. O Bitbucket surgiu e estava fazendo exatamente o que fazíamos, mas com um atraso de mais ou menos um ano. E, então, estamos vendo isso e pensando em outros concorrentes que surgiriam, querendo ser capazes de manter nossa vantagem e continuar inovando. Tínhamos de lidar com a empresa e precisávamos contratar um monte de vendedores para solucionar isso. Poderia haver valor real em uma empresa de capital de risco que tivesse alguma experiência nessa área. A Andreessen Horowitz tinha alguns dos melhores conhecimentos. O gestor que acabamos tendo, Peter Levine, possuía experiência exatamente nessa área, e ele se tornou membro do conselho. Parecia atrativo. Eles tinham todos os elementos de serviço da Andreessen Horowitz para dizer: "Ok, vocês querem contratar um CFO; vamos ajudá-los a fazer isso da maneira certa". Não sei como contratar um CFO. Parece algo em que não é bom cometer erros. E pensamos que, agora que estamos entre os grandes nomes, provavelmente deveríamos ser mais responsáveis em relação às finanças e à governança corporativa, e em áreas em que não tínhamos experiência. Fomos muito claros sobre fazer as coisas de maneira diferente. Era assim que iríamos fazer, e eles não chegariam e nos diriam para fazer diferente, a menos que lhes pedíssemos. O mais irritante era que nos enviavam cópias revisadas dos termos e das condições sem mostrar exatamente o que era diferente de uma versão para outra, e pensávamos: "Podemos fazer isso no controle de versão do GitHub?".

Uma das principais razões pelas quais os fundadores preferem o *bootstrapping* é evitar a diluição. Eles são donos da maior parte da empresa e, o mais importante, mantêm o controle. Na minha experiência como ex-fundador, às vezes parece que você está trabalhando para os investidores de risco, e não para si mesmo. Meu melhor conselho para os fundadores é tratar sua empresa como se você não pudesse obter dinheiro de capital de risco. Como a empresa se tornaria lucrativa? Como você desenvolveria o produto? Os fundadores fariam bem em seguir o caminho do GitHub e da Atlassian. Uma vez que sua empresa seja lucrativa, a captação de recursos se tornará uma das partes mais fáceis da jornada, e não a mais difícil. Você enfrentará muito menos diluição e estará em condições de manter mais controle. É claro que começar sem uma injeção de capital é algo mais fácil de falar do que de fazer, e muitas startups não o conseguem. Sem investidores de risco a bordo, também pode ser mais fácil e rápido fazer um pivô, tomar decisões difíceis e reiterar tudo isso até que você veja a adequação do produto ao mercado. É claro que tenho um viés, mas no final das contas penso em bons investidores de risco como um valor agregado em geral. Eles podem ajudar a alavancar a marca, convencer as principais pessoas a participar e, às vezes, apresentar executivos de nível C em empresas que podem se tornar parceiros ou clientes importantes.

BULL MARKET VERSUS BEAR MARKET

Em 10 de outubro de 2008, a Sequoia Capital compartilhou uma apresentação de 56 slides com os CEOs em seu portfólio. O título era ameaçador: "Descansem em paz, bons tempos". A recente crise financeira levou a uma retração econômica drástica – o mercado de ações caiu 40% –, e a apresentação da Sequoia foi feita para preparar suas empresas para o que estava por vir. Nada disso era uma boa notícia. As grandes rodadas de crescimento, fusões e aquisições acabaram, a diversão acabou. As startups precisavam cortar custos, diminuir dívidas e se tornar empresas de verdade.

Não era a primeira vez que o mundo das startups enfrentava uma economia difícil. Doug Leone, gestor da Sequoia, havia enviado um e-mail aos CEOs das empresas em seu portfólio em abril de 2000, após o estouro da bolha da internet, alertando-os sobre os perigos que se aproximavam. Ele enviou uma mensagem semelhante às empresas de seu portfólio em outubro de 2008. Disse a elas que deveriam encerrar as rodadas de financiamento o mais rápido possível se estivessem no meio de uma, para serem realistas nas avaliações e, se não tivessem caixa no banco para cobrir pelo menos doze meses de operações, para considerar como serem adquiridas.[1]

Na mesma semana, Bill Gurley, gestor da Benchmark Capital, e Ron Conway, um investidor-anjo prolífico, enviaram e-mails comparáveis às empresas de seu portfólio, aconselhando-as a cortar custos e planejar uma operação sem esperar financiamento externo por três a seis meses, cortando orçamentos de marketing, reduzindo o número de funcionários e minimizando outras despesas.[2] Os fundos estavam realmente escassos. Eis aqui um trecho da nota de Gurley:

1. Você não percebe o quão rápido as coisas saem do controle. Há efeitos negativos que se reforçam sozinhos em uma desaceleração.
2. Não gaste dinheiro até que seja necessário.
    a. Não mude de escritório até que chegue a uma superlotação.
    b. Não contrate nenhum funcionário adicional até que não dê mais para evitar.
    c. Não obtenha mais capacidade para seu *data center* até que seu site esteja fora do ar.
3. Melhor "chegar atrasado para a festa" do que chegar cedo e ficar sem dinheiro.
4. Revise seu orçamento linha por linha todo mês (jurídico, contábil, tudo).
5. Não apenas uma mentalidade de CEO, mas uma mentalidade de empresa.
    a. Todos devem aderir ao processo.
    b. Mas de forma calma; não se desespere.
6. Crie dois ou três cenários de perda diferentes – saiba a qualquer momento quantos meses de dinheiro restam.

Não é segredo que, durante uma contração do mercado, os investidores de risco percebem isso. Em teoria, uma queda no mercado de ações hoje não deveria influenciar o estilo de trabalho de um investidor de risco. Afinal, eles querem ter um retorno em sete a dez anos: eles têm uma visão de longo prazo. Na prática, porém, quedas maciças no mercado de ações afetam o financiamento de startups. O valor total do investimento de capital de risco foi reduzido de mais de 40 bilhões de dólares em 2008 para menos de 30 bilhões um ano depois, afetando startups que obtiveram dinheiro em 2009 e 2010. Mais nitidamente, essas startups tiveram de aceitar investimentos com avaliações mais baixas. As avaliações pré-investimento caíram de uma média de 40 milhões de dólares em uma rodada série C em 2007 para cerca de 25 milhões em 2009. Da mesma forma, o *lockdown* relacionado ao coronavírus em 2020 reduziu temporariamente a atividade de investimentos em cerca de 25%, mas rapidamente voltou ao normal e aumentou ainda mais depois. No geral, os altos e baixos na economia, inclusive no mercado de ações, têm impacto tanto nos valores investidos pelas empresas de capital de risco quanto nas avaliações, com as startups em estágio avançado sendo mais atingidas. No entanto, o impacto não é catastrófico. Embora as startups achem mais difícil obter capital e se encontrem fazendo isso com avaliações mais modestas durante esses tempos, a vida ainda continua, os investidores de risco ainda trabalham, as startups ainda são financiadas e os unicórnios ainda são criados.[3]

Mesmo as empresas mais fortes foram atingidas por rodadas em baixa (obtendo avaliações mais baixas na rodada de financiamento seguinte) durante as recessões, especialmente em rodadas de crescimento em estágio posterior. O Facebook conseguiu sua rodada série C em 2007 com uma avaliação de 15 bilhões de dólares. Logo depois, a crise financeira chegou e, quando o Facebook tentou obter sua rodada série D, foi avaliada pela maioria dos investidores em 6 a 8 bilhões, metade da rodada anterior (por fim, o Facebook conseguiu sua rodada série D a uma avaliação de 10 bilhões da DST Global, um grupo de investimentos russo). Da mesma forma, o Airbnb captou 1 bilhão de dólares em novos investimentos em abril de 2020, logo após a pandemia da covid-19, a uma avaliação de 26 bilhões em uma rodada em baixa. Apenas sete meses depois, a empresa teve um IPO e foi avaliada em mais de 100 bilhões.

Uma razão pela qual o financiamento segue os mercados é que os próprios investidores de risco dependem do financiamento de cotistas, as entidades que investem em empresas de capital de risco. Os cotistas precisam manter seus portfólios equilibrados entre títulos do mercado público, como fundos de cobertura, e mercados privados, como capital de risco. Quando o mercado de ações quebra, seus investimentos na classe de ativos de capital de risco de repente representam uma porcentagem maior de seu portfólio (à medida que suas posições no mercado de ações diminuem de valor); então, eles podem estar menos dispostos a investir em uma empresa de capital de risco. Uma dessas empresas que iria captar seu próximo fundo pode decidir diminuir o ritmo de investimento para fazer o fundo durar mais. Os investidores de risco também pensam de maneira oportunista, e, quando há uma queda na atividade, as startups demandam menos dinheiro e uma avaliação menor. Então, os investidores de risco podem esperar para investir em avaliações mais baixas. Por fim, a maioria dos cotistas exige que as empresas de capital de risco invistam durante alguns anos para obter diversidade de tempo no fundo. Os anos quentes são assim equilibrados pelos anos mais frios.

Apesar da captação de fundos apertada, algumas das maiores empresas do meu estudo foram fundadas durante a recessão. Mais startups bilionárias foram criadas em 2007 do que em qualquer ano anterior, e o grupo de empresas lançadas em 2009 gerou o maior valor em relação a qualquer outro ano, com uma diferença significativa. Entre as startups bilionárias criadas em 2008 e 2009 estão: Airbnb, AppDynamics, Cloudera, Cloudflare, Docker, FanDuel, Okta, PagerDuty, Pinterest, Quora, Slack, Square, Stemcentrx, Thumbtack, Uber e WhatsApp. Esse é um grupo bem decente, eu diria. Talvez a inovação surja de restrições. No entanto, não acho que haja dados suficientes para sustentar uma hipótese de que um ciclo de *bear market* leve ou não a melhores resultados. Por exemplo, o sucesso do grupo de empresas bilionárias iniciadas em 2008 e 2009 pode ser atribuído à proliferação de smartphones e à mudança para a computação em nuvem.

Por mais difícil que seja captar recursos durante os ciclos de baixa, as retrações econômicas podem tornar outras partes do processo mais fáceis ou mais baratas – pelo menos em teoria. Quando os tempos são difíceis, as empresas podem achar mais fácil contratar recém-formados ou pessoas talentosas que foram demitidas de outras empresas, em comparação com os tempos de impulso, quando todos estão competindo por talentos. Muitas startups beneficiaram-se com a contratação de grandes talentos após as demissões que ocorreram no início de 2020 em empresas como Uber e Airbnb.

A recessão de 2008 não é a única que produziu empresas de grande sucesso. Outras que surgiram em recessões incluem a Cisco (fundada logo após a quebra do mercado de 1987), a Amgen (fundada durante a recessão de 1980) e a HP (fundada em 1939, exatamente quando os Estados Unidos estavam saindo da Grande Depressão). A captação de recursos foi mais difícil durante a recessão de 2008: tanto o número de negócios fechados quanto o capital total investido caíram pelo menos 25%, e as avaliações caíram ainda mais. No entanto, o capital ainda fica disponível em *bear markets*. O financiamento total de capital de risco em 2002, apenas alguns anos após o estouro da bolha da internet, voltou aos níveis de 1997; o financiamento em 2009 voltou aos níveis de 2005. As melhores empresas, especialmente nos estágios iniciais, ainda foram financiadas, sem muito efeito na avaliação nas rodadas de capital semente.

Não é uma decisão fácil iniciar uma empresa durante uma recessão, e foi preciso muita coragem e determinação dos fundadores que o fizeram. Todd McKinnon, cofundador da Okta, teve de fazer uma apresentação para convencer sua esposa e seus amigos de que deixar seu lucrativo emprego na Salesforce e abrir uma empresa durante a recessão de 2008 era a decisão certa – e que ele não tinha enlouquecido. Ele intitulou a apresentação "Por que não sou louco".[4] Nela, apresentou um plano financeiro familiar, mostrando como suas economias os sustentariam até que a nova empresa pudesse captar fundos e pagar-lhe um salário, e delineou um plano alternativo de como ele conseguiria outro emprego se as coisas não dessem certo.

É importante lembrar que as startups são construídas para o longo prazo e, às vezes, quando seus produtos ficam prontos, o mercado está de volta e estável. Meu ponto: você pode e deve começar uma empresa, não importa se o mercado parece bom ou sombrio.

ALI TAMASEB

UMA EMPRESA BILIONÁRIA QUE COMEÇOU EM PLENA RECESSÃO
ENTREVISTA COM MICHELLE ZATLYN, DA CLOUDFLARE

Outra startup bilionária a surgir em uma recessão é a Cloudflare, uma empresa de infraestrutura e segurança na web com sede em São Francisco. Fundada em 2009, a Cloudflare oferece um serviço que fica entre o visitante e o servidor de hospedagem de um site, visando torná-lo mais rápido e seguro. A Cloudflare conseguiu sua primeira rodada de financiamento em novembro de 2009, quando muitos investidores de risco pararam de investir por causa da crise financeira. Dez anos depois, a empresa abriu seu capital com uma avaliação próxima a 5 bilhões de dólares. Encontrei-me com Michelle Zatlyn, sua cofundadora e *chief operating officer*. Vamos ver a história da Cloudflare em suas próprias palavras.

Cresci no Canadá e fiz meu bacharelado na McGill em Ciência e Química, com a ideia de fazer Medicina depois e me tornar médica. Em algum momento, percebi que não queria mais ser médica. Assim, após formatura, fui atrás de um emprego em vez de me inscrever na faculdade de Medicina. Lembro-me de meus pais chocados, dizendo: "Como assim, você não está se inscrevendo na faculdade de Medicina? O que pretende fazer?". No geral, não tinha ideia do que queria fazer.

Consegui meu primeiro emprego em finanças. Eu amava o que fazia, mas não gostava do setor. Depois, consegui um emprego em uma startup de tecnologia em Toronto. Era uma empresa em estágio muito inicial, antes de conseguir qualquer financiamento de capital de risco. Foi minha primeira experiência vendo o que um grupo de pessoas apaixonadas por tecnologia poderia resolver. Após dois anos e meio, consegui um emprego no escritório da Toshiba em Toronto como gerente de produto, e tinha uma grande responsabilidade sobre lucros e perdas de uma linha de produtos de 60 milhões de dólares. Era exatamente o oposto do ambiente de uma startup. Em certo ponto, percebi que, com tecnologia, podemos ajudar as pessoas em escala.

As coisas que eu achava que conseguiria encontrar sendo médica encontrei na tecnologia.

Precisava aprender alguns fundamentos de negócios, então me inscrevi para programas de MBA e entrei em Harvard. A Escola de Negócios de Harvard faz muitas coisas incríveis, como planejar viagens ao redor do mundo para que os alunos possam obter experiência internacional. Como a escola tem um alcance muito amplo, eles sempre aproveitam os ex-alunos para organizar visitas a empresas e ao governo. No segundo ano na escola de negócios, havia a opção de ir para o Vale do Silício. Eu era do Canadá e nunca tinha estado lá, mas me inscrevi.

Era janeiro de 2009, logo após a crise financeira. O mundo não era um lugar animador. O mercado de ações havia caído muito e, como os mercados estavam em baixa, não era um bom momento para abrir uma empresa. Era difícil juntar dinheiro. Todos tentavam reduzir os custos. Ainda assim, tivemos acesso a pessoas incríveis na viagem. Naquela época, a Zynga [uma empresa de desenvolvimento de jogos para celular no Vale do Silício, avaliada em mais de 10 bilhões de dólares] era a empresa do momento. Lembro-me de ir a uma recepção com Mark Pincus [fundador da Zynga]. Para uma estudante canadense do segundo ano da escola de negócios, ter acesso ao Mark Pincus... achei superlegal. Jim Breyer [um investidor de risco que investiu no Facebook, na Etsy e em outras empresas] falou conosco. Na quarta-feira daquela semana, estávamos no Plug and Play Tech Center [uma aceleradora global de startups] em Sunnyvale e ouvimos muitas startups em estágio inicial apresentarem suas ideias. Entrei na sala, durante o intervalo, e disse a um de meus colegas de classe: "Se esse cara pode abrir uma empresa, eu também posso". E, para crédito do meu amigo, ele respondeu: "Claro que você pode".

Essa pessoa era Matthew Prince, que agora é meu parceiro de negócios. Antes da escola, Matthew havia iniciado um projeto com Lee Holloway chamado Honey Pot, que rastreava *spammers* on-line. Eu não entendia por que alguém se inscreveria para aquilo. Ele disse: "É porque um dia todos esses usuários do Honey Pot vão querer que criemos um serviço que de fato detenha os maus agentes e ajude a dar mais rapidez às propriedades da internet". Esse foi o momento "ahá". Começamos um projeto da escola naquela noite. Fomos ao hotel Sheraton, no centro de Palo Alto, e o rabiscamos em um guardanapo.

Fomos até nosso professor, Tom Eisenmann, e dissemos: "Tom, temos uma ideia; você pode ser nosso conselheiro?". E ele disse: "Não tenho muito tempo, mas, como são vocês, farei isso".

No primeiro mês, verificamos que havia um grande problema. A próxima fase foi ver se poderíamos encontrar uma solução técnica. E, então, perguntamo-nos: "Existe um negócio aqui?". Acreditávamos que sim. Elaboramos o plano de negócios e preparamo-nos para apresentá-lo na competição da escola. E vencemos! Não era grande coisa – naquele momento, tinha trabalhos agendados depois que os estudos terminassem. Realmente, dou crédito a alguns investidores que foram juízes da competição de planos de negócios, por nos incentivar a tornar isso realidade. Dan Nova, da Highland Capital, disse: "O que vocês estão falando é muito interessante. Vocês deveriam vir conhecer meu parceiro de tecnologia". Matthew e eu respondemos a ele: "Não temos certeza; é apenas um projeto da escola". E ele disse: "Não. Vocês deveriam vir falar com o meu parceiro Peter Bell. Deveriam mesmo".

Fomos, mas não tínhamos nem uma apresentação de slides. Eles propuseram que nos tornássemos empreendedores residentes na Highland Capital durante o verão. Às vezes, os investidores de risco fazem isso – incubam empreendedores potenciais para trabalhar em sua ideia e ver até onde ela vai. A próxima coisa de que me lembro é que estávamos arrumando nossas malas para sair de Boston e ir para o Vale do Silício.

Li muitos livros de fundadores, e os dados indicam que 95% das empresas fracassam. Você lê essa estatística e diz: "Por que eu abriria uma empresa?". Quando estava dando início à Cloudflare, lia esses livros e pensava: "Se pensar dessa maneira, ninguém deve fazer isso". Não era medo, mas não imaginava se daria certo. Foi um período difícil. Mas foi uma daquelas coisas em que estávamos bem no início e eram superdesconexas, por isso não tivemos muitas despesas. Recebemos o único investimento em tecnologia que a Venrock [uma das empresas de capital de risco de alto nível] fez em todo aquele ano. Conseguimos o dinheiro em novembro de 2009. Não tinha ideia de que as coisas estavam tão ruins quando estávamos fazendo nosso *pitch*, e só soube disso mais tarde.

O bom da tecnologia é que há muitas pessoas à sua frente com as quais você pode aprender. Li muito sobre como montar uma equipe de vendas e

> quais métricas observar. Dharmesh Shah, da HubSpot, escreve muito sobre isso; Tomasz Tunguz, da Redpoint Ventures, publica várias métricas para empresas de SaaS. Não importa se você conhece Dharmesh ou Tomasz. Tudo o que lhe resta é ler o artigo e aprender. Eu aprendo rápido e sou como uma esponja, o que me beneficiou.

Zatlyn e seus cofundadores conseguiram abrir uma empresa bilionária em plena recessão. O que lhes deu esperança foi que outros também estavam dando início a novas empresas. E o que os ajudou a começar foram o incentivo e um pequeno investimento de uma empresa de capital de risco que gostou da ideia. Como aprendemos no começo deste capítulo, não há problema em abrir uma empresa, seja qual for a parte do ciclo econômico, desde que seja possível obter o financiamento necessário. Isso nos leva ao próximo capítulo, sobre eficiência de capital e como diferentes startups precisam de variados níveis de capital de investimento para ter capacidade de expansão.

EFICIÊNCIA DE CAPITAL

Quando chegou à Escola de Negócios de Harvard, em 2009, Katrina Lake sabia que queria abrir uma empresa na área de compras de vestuário. Ela imaginou um serviço de compras pessoais que usaria a tecnologia para recomendar roupas com base no estilo individual do cliente, como um *personal stylist*. Desenvolver sua startup, Stitch Fix, durante o período na escola de negócios foi simplesmente uma forma de se proteger do risco. "Meu pensamento era que, na melhor das hipóteses, poderia começar meu próprio negócio, e isso seria ótimo", disse Lake mais tarde em uma entrevista. "Na pior das hipóteses, eu teria um MBA de Harvard, e isso também não é ruim."[1]

Em seus primeiros seis meses de operação, a Stitch Fix lutou para chegar a 132 mil dólares em receita. Não tinha site – a empresa de estilo funcionava com Google Docs, SurveyMonkey e Excel, já que Lake não sabia programar. Ainda assim, a Stitch Fix aumentou sua base de clientes. A startup usou o capital semente de Steve Anderson, da Baseline Ventures, para comprar uma pequena quantidade de estoque. Contratou a TaskRabbits e estagiários para inserir manualmente as informações do cartão de crédito das pessoas e processar pedidos.

Lake havia criado uma série de soluções alternativas para desenvolver o negócio. Ela criou um modelo do Excel para determinar o estilo pessoal de um cliente, uma pesquisa para coletar suas informações pessoais e um *link* do PayPal – enviado manualmente a cada cliente – para receber o pagamento. Mas não havia solução alternativa para comprar o estoque necessário para aumentar o negócio. A Stitch Fix vendia roupas, e seus custos de estoque exigiam um modelo de negócios com alto dispêndio de capital. Seu modelo de negócios também contava com um exército de estilistas que misturavam e combinavam roupas de acordo com o estilo dos clientes. Esses estilistas também eram caros.

Tendo trabalhado antes como consultora em uma empresa de capital de risco, Lake sabia, em primeira mão, que os investidores poderiam ficar nervosos com esse tipo de modelo de negócios. "Não existem tantos investidores de risco que fiquem animados em assinar um cheque para comprar um monte de roupas, literalmente o que tivemos de fazer para o negócio decolar", disse ela.[2] Ela também sabia que os investidores, muitas vezes, evitam negócios que dependem de mão de obra humana – neste caso, os estilistas da Stitch Fix. Empresas dimensionadas de forma linear com mão de obra humana não são eficientes em termos de capital.

Embora Lake tenha conseguido arrecadar fundos nos estágios iniciais de investidores de risco como Bill Gurley, da Benchmark, ela teve problemas nas rodadas de crescimento. Como resultado, teve de aprender a ser muito eficiente com o dinheiro que tinha. A Stitch Fix vendia roupas antes de pagar seus fornecedores e entregava o estoque o mais rápido possível. A empresa mudou seu ciclo de caixa para que não precisasse ficar com produtos não vendidos parados. Ao contratar cientistas de dados muito talentosos e seniores, ela também transformou a Stitch Fix em uma potência tecnológica e um ímã de talentos para os melhores cientistas de dados. A Stitch Fix foi capaz de entender melhor o estilo de um cliente por meio de uma série de algoritmos sofisticados, que podiam aumentar a força de trabalho de estilistas humanos e reduzir significativamente os custos.

"Se eu tivesse recebido 100 milhões de dólares, não sei se teria entendido o negócio tão bem quanto entendi", diz Lake. "Isso nos forçou a compreender nossos pontos fortes. Isso nos forçou a pensar na lucratividade desde muito cedo para não dependermos de investidores de risco. Sem dúvidas, isso nos tornou uma empresa muito mais forte, e uma equipe muito mais forte também."

A empresa ficou rentável em três anos. Lake atribui isso, pelo menos em parte, a ter de trabalhar com uma quantia muito pequena de financiamento.

"O pior conselho para os empreendedores é obter o máximo de dinheiro possível", diz ela. "Existem empresas por aí que podem ter fracassado porque tinham dinheiro demais e nunca precisaram pensar na economia de seu negócio".[3] A Stitch Fix teve um IPO em 2017 com uma avaliação de mais de 1,6 bilhão de dólares. Katrina Lake, aos 34 anos, tornou-se a mulher mais jovem naquela época a abrir o capital de uma empresa.

A maioria dos fundadores está bem ciente do valor de um modelo de negócios eficiente em termos de capital. É do interesse tanto dos investidores como dos fundadores alcançar o maior resultado com o mínimo de investimento, evitando, assim, a diluição. Mas, embora seja fácil identificar uma startup com baixa despesa de capital, uma startup com *eficiência* de capital nem sempre é óbvia desde o primeiro dia. Uma empresa como a Stitch Fix – que envolve a compra e a manutenção de estoque, armazenamento, transporte e muito trabalho físico, de estilistas a trabalhadores de armazém – seria considerada intensiva e ineficiente em termos de capital à primeira vista. Lake conseguiu tornar-se mais eficiente renegociando contratos com fornecedores e contratando cientistas de dados para aumentar o trabalho dos estilistas e expandir os negócios.

É verdade que muitas empresas eficientes em termos de capital não precisam dele em um nível alto. (Elas têm baixo dispêndio de capital, abreviado como "low CapEx" [CapEx baixo].) Mas, na prática, empresas com elevadas necessidades de capital também podem ter sucesso tanto em obter financiamento como em alcançar resultados multibilionários. Cerca de 42% das startups bilionárias em meu estudo tinham uma necessidade baixa de capital, cerca de 28% eram de médio nível e outros 30% tinham modelos de negócios de CapEx alto.

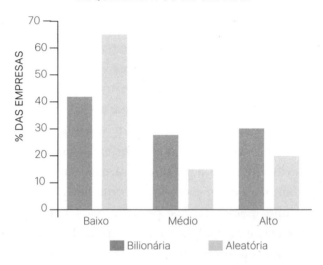

Das startups bilionárias estudadas, 58% tinham modelos de negócios com requerimentos médios ou altos de capital.

Considere uma empresa como a SpaceX. Elon Musk fundou a empresa de espaçonaves em 2002, depois que uma tentativa frustrada de comprar foguetes recondicionados o forçou a construir o seu próprio. Musk tinha a visão de explorar Marte, cultivar plantas em solo marciano e, por fim, enviar humanos para lá. Para fazer isso, ele precisava de foguetes, e foguetes custam milhões de dólares.

Musk viajou para a Rússia para encontrar foguetes recondicionados, mas foi ignorado como novato e voltou para os Estados Unidos de mãos vazias. Em uma segunda viagem à Rússia, ele levou Mike Griffin, que ocupou cargos executivos na Nasa. O grupo se reuniu novamente com o fabricante de foguetes e recebeu a oferta de um foguete por 8 milhões de dólares. Musk recusou o preço e foi embora. Mais tarde, quando fez as contas, ele descobriu que as matérias-primas para construir um foguete eram apenas uma fração do preço corrente. Se ele mesmo pudesse fabricá-los, poderia ter tantos foguetes acessíveis quanto precisasse. Ao construir a maioria de seus equipamentos internamente, a SpaceX poderia reduzir o preço de lançamento por um fator de dez e ainda desfrutar de uma margem bruta de 70%.

Musk abriu a empresa com o próprio dinheiro, parte do qual veio da venda da PayPal, que ele cofundou. Em março de 2006, Musk havia investido pessoalmente 100 milhões de dólares na SpaceX e arrecadado outros 100 milhões de investidores, incluindo Founders Fund e DFJ. O negócio de construção de foguetes requer alto capital, e esse nível de investimento de capital é atípico para uma startup privada. Musk conseguiu repensar a economia construindo internamente foguetes reutilizáveis, tornando a SpaceX viável. A SpaceX, com a avaliação mais recente em 36 bilhões de dólares, foi a primeira empresa privada da história a enviar humanos ao espaço. As outras empresas de Musk – Tesla, Neuralink (uma startup de interface cérebro-computador) e a Boring Company (uma startup de tuneladoras) – também se encaixam no molde de CapEx alto.

Do outro lado do espectro, empresas como a Veeva Systems tiveram um modelo de negócios de baixo custo desde o início. A Veeva, fundada em 2007, faz software de gestão de relacionamento com o cliente baseado em nuvem para empresas de biotecnologia e do setor farmacêutico. Ao se concentrar no setor de ciências da vida, a Veeva desenvolveu um profundo conhecimento de gerenciamento de dados e conformidade regulatória, o que a ajudou a tornar seu produto o principal do setor. Entre seus clientes estão Johnson & Johnson, Amgen, GSK, Novartis e Pfizer – grandes empresas farmacêuticas que podem pagar um preço mais alto por software do que empresas de outros setores. Ao mesmo tempo, o foco da Veeva ajudou a manter os custos de aquisição de clientes baixos.

Como conseguiu reunir rapidamente uma forte base de clientes, a Veeva foi uma das empresas mais rápidas a atingir 500 milhões de dólares em receita.[4] É também uma das startups mais eficientes em termos de capital em meu conjunto de dados. A empresa obteve um total de 7 milhões de dólares e depois se tornou lucrativa. O IPO da Veeva em 2013 a avaliou em mais de 2,4 bilhões. Desde então, a corporação teve um desempenho excepcionalmente bom como empresa de capital aberto (crescimento de 500% em três anos após o IPO).

DE INTENSIVA PARA EFICIENTE EM TERMOS DE CAPITAL

Empresas com menores gastos de capital deveriam, em teoria, gerar retornos mais altos. Há também menor diluição por financiamentos futuros, razão pela qual muitos investidores perseguem empresas de software de alta margem e de baixo requerimento de capital. As startups de software normalmente têm CapEx baixo porque têm menos ativos físicos; a maioria dos gastos são salários para desenvolvimento de tecnologia em contraste com serviços. Produtos com um elemento físico são, normalmente, mais intensivos em capital. Considere uma empresa de biotecnologia, por exemplo. Para desenvolver um novo medicamento, uma empresa precisa arcar com o custo de laboratórios, equipamentos extensivos e salários por muitos e muitos anos antes que haja qualquer chance de receita. As empresas de biotecnologia também pagam regularmente por ensaios clínicos, que podem ser muito caros. As empresas que desenvolvem dispositivos médicos, serviços de saúde, hardware, ciência de materiais ou produtos de energia enfrentam os mesmos desafios. A Planet Labs, que coloca satélites de observação na órbita da Terra e vende os dados e os *insights* coletados por eles, tem necessidades de capital incrivelmente altas. Mas essas necessidades podem criar uma forma de defensibilidade. Existem poucas empresas que podem conseguir capital suficiente para colocar centenas de satélites no espaço; em algum momento para novos participantes, arrecadar todo esse dinheiro apenas para ter uma chance de competir torna-se um problema. Investidores e fundadores não devem descartar startups intensivas em termos de capital. Elas podem ser mais resilientes, e a alta necessidade de capital cria uma barreira maior à entrada de concorrentes.

Também é um equívoco pensar que apenas empresas de software--como-um-serviço de CapEx baixo podem ser eficientes em termos de capital. Meus dados indicam que as startups bilionárias com mais eficiência de capital não eram apenas empresas de SaaS, mas englobavam muitos tipos de startups. Algumas eram empresas de consumo, como o WhatsApp; outras eram empresas farmacêuticas, como Kite Pharma e Stemcentrx. Havia muitas empresas de SaaS também, como GitHub e Slack. As empresas com modelos de negócios de alto CapEx eram, em média, apenas 25% menos eficientes em termos de capital do que as empresas de baixo CapEx. Altos gastos nem sempre levam à baixa eficiência, e algumas startups intensivas em termos de capital também foram eficientes.

A eficiência de capital também não é necessariamente o mesmo que requerer baixo capital. Quando olhei para as empresas menos eficientes em termos de capital entre as startups bilionárias, novamente encontrei uma mistura de software, SaaS, produtos farmacêuticos e físicos. Algumas empresas de software de baixos recursos precisaram gastar muito em marketing, aquisição de clientes e vendas, o que aumentou seu capital gasto em longo prazo.

Mesmo dentro de empresas de SaaS, há uma ampla gama de taxas de eficiência de capital. Considere a análise de Shin Kim, um colaborador do *TechCrunch*, que analisou a proporção do capital total obtido dividido pela receita recorrente anual (ARR) em empresas de SaaS de capital aberto (veja o gráfico "ARR e capital acumulado no IPO").

A mudança na dinâmica dos negócios e da tecnologia também pode afetar a eficiência. Antes de a computação em nuvem se tornar prevalente, as empresas de software eram menos eficientes porque exigiam hardware e servidores. Com a mudança para a nuvem, alguns desses custos foram cortados. Mas hoje, à medida que a carga de computação cada vez maior aumenta continuamente o preço da computação em nuvem e os custos de aquisição de clientes, as empresas de software podem ser menos eficientes do que costumavam ser. Tomasz Tunguz, sócio da Redpoint Ventures, estudou uma métrica chamada ROIC, ou retorno sobre o capital investido. O ROIC é a quantia de dólares de receita que um dólar de capital de risco comprou. A análise de Tunguz demonstrou que o ROIC aumentou inicialmente para empresas de SaaS, mas está em declínio desde 2014 (veja o gráfico "Retorno sobre o capital investido ao longo dos anos").

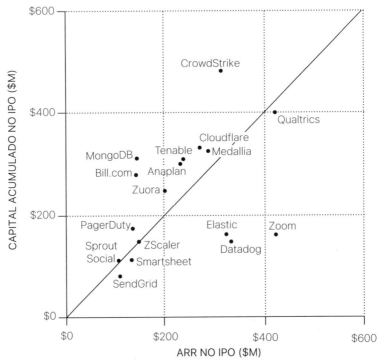

Até mesmo as startups de SaaS diferem enormemente em termos de eficiência de capital. As empresas abaixo da linha diagonal tiveram maior eficiência de capital. Fonte: Shin Kim, "Most Tech Companies Aren't WeWork", *TechCrunch*, 24 de janeiro de 2020, https://techcrunch.com/2020/01/24/most-tech-companies-arent-wework/.

Tanto as empresas com CapEx baixo quanto com CapEx alto podem alcançar resultados multibilionários. Embora em meu conjunto de dados as startups bilionárias com CapEx alto fossem, em média, 25% menos eficientes em termos de capital do que as de baixo CapEx, muitas intensivas em capital tornaram-se empresas muito bem-sucedidas, gerando bilhões de dólares em valor para os acionistas e criando medicamentos que salvam vidas, sistemas médicos ou novos modos de transporte. As empresas de SaaS têm potencial para ser, e quase sempre são, mais eficientes em termos de capital, mas nem sempre. Elas têm o potencial de estar entre as startups mais eficientes em termos de capital e menos também, dependendo de como são administradas. Os fundadores devem pensar na economia da unidade desde o início, além de como e se eles podem se tornar lucrativos com seus custos atuais e encontrar todas as maneiras possíveis de administrar um negócio mais eficiente em termos de capital, independentemente de sua capacidade de conseguir muito dinheiro.

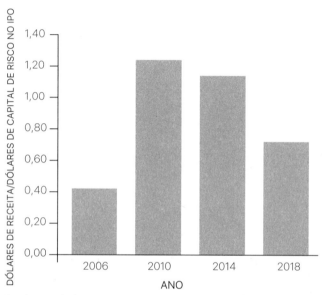

A eficiência de capital para empresas de software tem estado em queda. Fonte: Tomasz Tunguz, "Do SaaS Startups Still Require Less Capital than 10 Years Ago?" (primeiro gráfico), *TomTunguz.com*, 2 de abril de 2019, https://-tomtunguz.com/capital-efficiency-five-years-later/.

ANJOS E ACELERADORAS

Aaron Levie teve a ideia da Box, sua empresa de armazenamento em nuvem, quando tinha apenas 19 anos. Ele não perdeu tempo e começou a construir um protótipo com a ajuda de alguns amigos do colégio. Mas transformar a Box em uma empresa completa provou ser mais desafiador do que ele esperava. Levie (sobre quem lemos no capítulo 1) sabia que, para fazer a Box funcionar, ele precisava de dinheiro.

O problema era que Levie não estava tendo muita sorte com a captação de recursos. Ele entrou em contato com mais de cem investidores sobre a ideia e até enviou seu plano de negócios por fax para o escritório de Bill Gates. Sem sorte. Por fim, depois de enviar fax, correspondência e e-mail para investidores, e até mesmo aparecer na porta de alguns deles, Levie enviou um e-mail para Mark Cuban, que, alguns anos antes, havia vendido sua empresa, Broadcast.com, para o Yahoo por 5,7 bilhões de dólares. Talvez, apenas talvez, Cuban entendesse.

Levie não pediu um investimento. Ele estava atrás de algo quase tão valioso: publicidade. Cuban escrevia um dos blogs mais populares da época, e Levie sabia que se Cuban apresentasse sua empresa, isso enviaria uma onda de tráfego para o Box.net. Por um golpe de sorte, Cuban respondeu à mensagem imediatamente. Após uma longa troca de e-mails com Levie e uma boa pesquisa por conta própria, Cuban ficou tão atraído pela ideia que investiu 350 mil dólares na Box, tornando-se o primeiro investidor-anjo da empresa, tudo antes mesmo de conhecer pessoalmente a equipe.[1]

"Não consigo pensar em nenhuma desvantagem em contatar tantas pessoas quanto possível para uma oportunidade", disse Levie mais tarde. "Pensamos: 'O que Mark Cuban sabe que não sabemos sobre quão grande esta empresa pode ser?'."[2] O investimento de Cuban ofereceu garantia suficiente para Levie abandonar a faculdade alguns meses depois (mais tarde, Cuban vendeu suas ações da Box a preço de custo para os investidores da próxima rodada, pois sua visão para a empresa começou a se desviar da dos fundadores, fazendo com que ele perdesse a enorme vantagem que teria conquistado se continuasse um investidor).

Os investidores-anjo costumam dar às startups sua primeira fonte real de capital. Um mito comum é que qualquer pessoa com dinheiro sobrando pode fazer um investimento anjo. Mas não é bem assim que funciona. Nos Estados Unidos, os anjos precisam ser "investidores credenciados", conforme definido pela Securities and Exchange Commission (SEC). Ou eles devem ter mantido uma renda acima de 200 mil dólares (no caso de pessoas solteiras) ou 300 mil (no caso de pessoas casadas) para cada um dos últimos dois anos, ou seu patrimônio líquido deve exceder 1 milhão, excluindo sua residência principal. Em 2020, a SEC alterou os requisitos, expandindo a definição de investidor credenciado para incluir também indivíduos que possuem certas certificações, designações ou credenciais profissionais. Esses requisitos tornam o investimento anjo um pouco diferente de outros tipos de investimento. Você não precisa atender a nenhuma qualificação para investir em ações de empresas de capital aberto, por exemplo, porque elas são regulamentadas pela SEC. Mas startups e outras empresas de capital fechado não são, e, para proteger as pessoas do alto risco de perder todo o seu dinheiro (o que é comum em investimentos em startups), o governo estabeleceu esses regulamentos limitando quem pode investir em startups.

Desde que as regras passaram a existir, elas foram debatidas: a riqueza por si só mostra sofisticação? Não, na verdade não. Alguém com uma renda de 400 mil dólares pode investir todo o dinheiro de forma imprudente e perdê-lo? Claro. Alguém com uma renda de 150 mil pode assumir um risco calculado com uma pequena fatia dela? Com certeza. Alguns argumentam que as restrições da SEC simplesmente permitem que os ricos fiquem mais ricos. Discutir esse tópico está fora do escopo deste livro; apenas esteja ciente de que existem regulamentos oficiais que limitam quem pode e quem não pode se tornar um investidor-anjo. É claro que algumas pessoas desconhecem ou não seguem os regulamentos. Além disso, regulamentos relativamente recentes permitem o financiamento coletivo de capital e outras formas de investidores não credenciados participarem do investimento em startups, mas, em razão de processos legais complexos, eles são menos usados. E é menos comum, pelo menos no momento em que escrevo este livro, que as melhores startups que podem facilmente ter acesso ao investimento de capital de risco recorram ao financiamento coletivo de capital.

Para muitos anjos, o investimento é mais do que apenas ganhar dinheiro. Eles investem porque realmente querem ver uma causa ou um produto ter sucesso. Muitos investidores-anjo eram indivíduos bem-sucedidos e com alto patrimônio líquido antes de começar a investir dessa forma. Os dados mostram que 10% dos investimentos anjo geram 90% dos retornos; nem todos os investidores-anjo terão a sorte de ter um desses investimentos de sucesso em seu portfólio. Embora o investimento anjo como classe de ativos gere bons retornos para os investidores, apenas um pequeno número de investidores-anjo obterá retornos excepcionalmente bons; a maioria dos outros perderá seu dinheiro. Aprenderemos no próximo capítulo que até mesmo muitas empresas de capital de risco geram retornos abaixo da média – e esses são investidores profissionais que ganham a vida com isso e atendem a centenas de empresas por ano. Para um investidor-anjo vencer as probabilidades, ele precisa investir em um portfólio. Uma pesquisa de 2012 mostrou que os investidores-anjo precisavam investir em, no mínimo, quatro a seis empresas; em menos que isso, eles teriam maior probabilidade de perder dinheiro.[3] Uma vez que os investidores tinham uma carteira de, pelo menos, quatro investimentos, seu retorno médio excedia em uma vez, mas, de preferência, eles mantinham uma dezena de investimentos em seu portfólio. E cada um de seus investimentos deveria ter tido o potencial de se tornar um sucesso. Um estudo feito pela equipe de ciência de dados da AngelList sugere que os investidores-anjo que investiram em mais empresas geraram retornos mais altos. (De acordo com uma pesquisa, o investidor-anjo médio tem catorze empresas em seu portfólio.) O valor médio de investimento de um investidor-anjo nos Estados Unidos foi de 25 mil dólares; então, os investidores-anjo precisam reservar uma grande quantia para criar um portfólio diversificado em que um dos investimentos tenha chance de atingir o sucesso.[4]

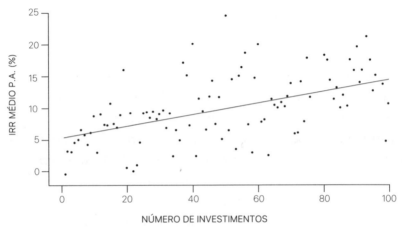

RETORNO DO PORTFÓLIO BASEADO NO NÚMERO DE INVESTIMENTOS

Pesquisa feita pela AngelList sugere que os investidores-anjo com portfólios mais amplos tinham mais chance de ter maiores retornos. ("IRR p.a." significa "taxa interna de retorno por ano"). Fonte: Abe Othman, "How Portfolio Size Affects Early-Stag Venture Returns", *Angel.Co*, 23 de abril de 2020, https://angel.co/blog/how-portfolio-size-affects-early-stage-venture-returns.

Muitos desses principais anjos são fundadores ou ex-fundadores que saíram de suas startups e permanecem no círculo de outros fundadores promissores. Alguns investidores-anjo são operadores ou executivos de empresas maiores que têm conexões estratégicas com o setor. Muitos, mais tarde, começam suas próprias empresas de capital de risco, usando o investimento anjo como trampolim para tornar-se investidores profissionais.

No que diz respeito às empresas bilionárias, a maioria dos investidores tem sorte em ter uma em seu portfólio. Em meu estudo, encontrei vários investidores-anjo que tinham cinco ou mais. Muitos desses principais anjos eram ex-fundadores. Elad Gil (que fundou a Mixer Labs e Color Genomics), David Sacks (PayPal, Yammer), Dave Morin (Path), Jason Calacanis (Weblogs.com), Jeremy Stoppelman (Yelp), Naval Ravikant

(Epinions, AngelList), Kevin Hartz (Eventbrite), Pejman Nozad, Matt Ocko (Da Vinci), Ben Ling, Ron Conway, Biz Stone (Twitter), Bill Tai, Peter Thiel (PayPal), Alexis Ohanian (Reddit) e Marc Benioff (Salesforce) estão entre aqueles que investiram no maior número de startups bilionárias. Observe que alguns desses anjos também são (ou tornaram-se mais tarde) investidores de risco, mas contei apenas onde eles investiram pessoalmente, não em nome de uma empresa de capital de risco, nem se na rodada de anjo ou semente. Uma pesquisa da Wharton mostra que cerca de 50% de todos os investidores-anjo são ex-fundadores, uma estatística que salta para 85% entre os anjos que investiram no maior número de startups bilionárias. Isso sugere que os fundadores que se tornaram anjos eram mais propensos a identificar ou ter acesso a oportunidades de financiamento de primeiro nível.

No mesmo estudo da Wharton, que entrevistou mais de 1.500 investidores-anjo, os com experiência anterior de fundador também tiveram retornos mais altos. Naval Ravikant, cofundador da AngelList, concorda que os atuais fundadores se tornarão grandes investidores-anjo. É por isso que a AngelList criou o programa Spearhead, que dá aos fundadores um talão de cheques de 1 milhão de dólares para investir em paralelo, enquanto permanecem em tempo integral em suas próprias empresas. "Ao começar, os fundadores precisam de um pouco de dinheiro, mas de muita experiência de alguém que recentemente esteve no lugar deles e os tratará como um par, os fundadores anteriores ou atuais", Ravikant me contou.

Em meu estudo, descobri que Elad Gil é um dos investidores-anjo mais bem-sucedidos. Ele fez investimentos em 24 empresas bilionárias – entre elas Airbnb, Airtable, Brex, Coinbase, Gusto, Instacart, Opendoor, Pinterest, Stripe, Square e Wish –, a maioria no estágio de semente ou série A. Antes de tornar-se investidor, o próprio Gil trabalhou em startups. "Acabei entrando para o Google quando eles tinham cerca de 1.500 pessoas e saí quando tínhamos cerca de 15 mil", ele me disse. No Google, Gil iniciou a equipe de tecnologia móvel, ajudando a comprar o Android e reunindo as primeiras equipes para os mapas do Google e o Gmail para dispositivos móveis. Em seguida, ele partiu para iniciar a própria empresa, Mixer Labs, uma startup de infraestrutura de dados que foi adquirida pelo Twitter em 2009. "Foi uma das primeiras empresas de plataforma de desenvolvimento adquiridas pelo Twitter", diz Gil. "Na época, o Twitter tinha cerca de 90 pessoas e, quando saí, dois anos e meio depois, eram cerca de 1.500". Gil permaneceu por mais um ano como consultor, ajudando a dimensionar a empresa por meio de esforços de crescimento e análise. Em seguida, partiu para fundar outra empresa, a Color Genomics, que mescla *big data* com testes genéticos.

Seu primeiro investimento como anjo, em 2008, veio por acaso. "Estava ajudando amigos meus que abriam empresas enquanto eu abria a minha", ele me contou. "Quando estava começando a Mixer Labs, muitas pessoas me ligavam e diziam: 'Ei, estou pensando em captar dinheiro com esse investidor [ou] aquele', ou 'Estou contratando alguém pela primeira vez e não sei como entrevistá-los', ou 'O que você acha do meu produto?'. Então, eu ajudei pessoas diferentes desde o início, e elas voltavam para mim e diziam: 'Há uma captação de recursos, você quer investir como parte desta rodada?'".

Seus investimentos iniciais foram "quase acidentais", diz ele, mas lhe renderam uma reputação na comunidade de empreendedores. "Nos meus primeiros cinco ou dez investimentos, tinha o Airbnb. Tinha a Optmizely. E tinha a Minted. Acho que tive sorte em investir em algumas coisas muito boas desde o início".

Algumas de suas experiências como fundador também o levaram a produtos que ele esperava que fossem grandes. "Uma das razões pelas quais acabei investindo ou ficando empolgado com empresas como Gusto e Stripe e PagerDuty e outras, foi porque essas eram ferramentas que, de outra maneira, teríamos criado na minha empresa e preferimos não fazê-lo", diz ele. "Havia toda uma gama de empresas que apareciam com soluções muito interessantes, que teríamos adotado, e, portanto, eu as financiei. Como investidor, parte da identificação do que era bom teve base apenas em necessidades pessoais." Essa é talvez uma das razões pelas quais os ex-fundadores parecem ter tido maior sucesso no investimento como anjos.

INCUBADORAS E PROGRAMAS DE ACELERAÇÃO

Outra maneira de as startups obterem financiamento inicial é por meio de programas de aceleração e incubadoras. Esses programas, em geral (mas nem sempre), vêm antes ou concomitantemente à rodada de anjos e dão suporte às startups em estágios iniciais. As aceleradoras, como Y Combinator e Techstars, normalmente têm programas mais curtos (com duração de meses) e se concentram em acelerar a aquisição de clientes ou o financiamento. As incubadoras têm, em geral, programas de longo prazo e focam mais no desenvolvimento de produtos e ideias. Existem mais de 250 programas desse tipo apenas nos Estados Unidos.

Com todo o burburinho em torno desses programas e seu valor, é fácil imaginar que a maioria, se não todas as startups bilionárias, passaram por um. Afinal, muitos investidores de risco e investidores-anjo passam tempo indo de um dia de demonstração para outro, buscando a próxima startup bilionária. Os dados, no entanto, contam outra história: 85% das startups bilionárias *não* passaram por nenhum programa de aceleração. As que fizeram – incluindo Stripe, Airbnb, Coinbase e Instacart – formaram-se, sobretudo, na Y Combinator.

Isso não é para desmerecer o valor desses programas. A atenção, as redes e os recursos fornecidos por aceleradoras e incubadoras certamente podem dar uma vantagem às startups. Em comparação com o grupo aleatório, as empresas que passaram pela Y Combinator, por exemplo, estiveram, de fato, mais propensas a alcançar avaliações de bilhões de dólares. A questão, no entanto, é que passar por esses programas não deve ser o grande objetivo final, e a maioria das empresas bilionárias não o fez.

Esses programas foram especialmente benéficos para os fundadores de primeira viagem. Como vimos no Capítulo 4, uma grande porcentagem de fundadores de empresas bilionárias não são iniciantes; muitos deles tiveram suas startups anteriores de sucesso adquiridas. Muitos desses fundadores não precisam da ajuda de aceleradoras ou incubadoras; eles podem obter dinheiro diretamente dos principais investidores de risco, então são menos propensos a se candidatar a esses programas em primeiro lugar.

Um investidor-anjo é como um consultor que está disposto a colocar seu dinheiro onde ele aposta mais: ele quer que a startup tenha sucesso porque faz parte do jogo. Para os fundadores, encontrar um anjo pode ser uma ótima fonte de financiamento e orientação. Recomendo escolher anjos que sejam ex-fundadores/operadores ou pessoas em seu setor que possam responder a perguntas específicas dele, fazer conexões com clientes ou aprimorar a marca por meio da imagem pública. Em essência, você precisa receber dinheiro de investidores-anjo que deseja ter como consultores, funcionários ou membros do conselho. Ao dar a eles a oportunidade de investir uma pequena quantia, está fortalecendo o relacionamento e colocando o dinheiro deles para trabalhar. Às vezes, você pode alocar uma pequena parte de sua rodada de financiamento para esses investidores individuais. Por exemplo, se estiver captando uma rodada inicial de 2,5 milhões de dólares, seria uma ótima estratégia reservar de 100 mil a 200 mil para cinco a dez pessoas que podem ajudar com conexões, conhecimento do setor e ser embaixadores de sua marca. Tenha em mente que adicionar muitas pessoas como proprietários de uma empresa pode criar alguns problemas legais no futuro, mas é possível se utilizar de várias maneiras, como criar consórcios de pessoas jurídicas, para reunir todos esses investimentos individuais em uma pessoa jurídica e minimizar o trabalho legal futuro.

SUPERFUNDADORES

UM PROLÍFICO INVESTIDOR-ANJO QUE SE TORNOU INVESTIDOR DE RISCO
ENTREVISTA COM KEITH RABOIS, DO FOUNDERS FUND

Antes de sua carreira como investidor de risco, Keith Rabois foi um investidor-anjo prolífico e, antes disso, um dos primeiros funcionários da PayPal (adquirida pelo eBay por 1,5 bilhão de dólares). Ele investiu em dezenas de empresas, incluindo muitas marcas conhecidas. Encontramo-nos para discutir suas ideias sobre startups em estágio inicial e seus investimentos como anjo. Vamos ver o que Keith diz sobre isso.

Sou atualmente um gestor no Founders Fund. Antes, havia passado seis anos como investidor profissional na Khosla Ventures e, antes disso, cerca de treze anos como executivo empreendedor, administrando grandes porções de empresas interessantes. Comecei em 2000 como vice-presidente executivo da PayPal. Depois disso, passei um ano incubando empresas com Peter Thiel e, em seguida, entrei no LinkedIn em tempo integral como vice-presidente executivo de desenvolvimento de negócios e desenvolvimento corporativo. Depois de uns três anos, saí de lá e reencontrei meu amigo Max Levchin dos dias da PayPal em uma empresa chamada Slide, da qual infelizmente ninguém vai se lembrar. Ela foi adquirida pelo Google em 2010, mas está nas cinzas da história. Em seguida, entrei na Square como o 21º funcionário e passei dois anos e meio desenvolvendo a empresa, de zero usuário para muitos usuários.

Durante esses treze anos, enquanto era um executivo, eu era bastante ativo como investidor-anjo. Investi em cerca de oitenta empresas, sendo as mais notáveis, provavelmente, YouTube, Airbnb, Palantir, Lyft, Quora, Yelp, Wish e LinkedIn.

O que aconteceu de fundamental foi o estouro da bolha da internet em 2000. Existem apenas algumas empresas dessa geração que sobreviveram, como Google, PayPal e Netflix. Todo o resto que ainda não era muito bem-sucedido foi completamente obliterado com um "inverno nuclear" no Vale do Silício. O benefício de ter tido certo sucesso nesse inverno nuclear foi que tínhamos a filosofia – "nós" sendo Peter Thiel, Reid Hoffman, Roelof Botha, Max Levchin e Jeremy Stoppelman – de que, embora todos pensassem que a internet e a tecnologia de consumo estavam mortas, sentimos que, de fato, haveria outra onda. E voltamos de imediato ao trabalho depois que todos saímos da PayPal.

Acabei investindo e coinvestindo em muitas empresas fundadas por meus amigos da PayPal. Quando Reid Hoffman começou o LinkedIn, fiz um cheque como anjo. Quando Jeremy Stoppelman começou o Yelp, investi e entrei para o conselho dele logo no início. Quando o YouTube começou, assumi o primeiro compromisso de investir e depois os ajudei a obter capital da Sequoia. Então, basicamente, eu me comprometi e investi na maioria dos meus amigos da PayPal que se tornaram empreendedores. Como essas empresas se saíram bem, isso me colocou nesse ecossistema. Jeremy era um engenheiro, que mais tarde foi promovido a gerente de engenharia e depois a diretor de engenharia que fundou o Yelp. Chad Hurley foi o designer que criou o primeiro logotipo da PayPal. Jawed [Karim] era engenheiro e Steve Chen era gerente de engenharia, e Chad, Jawed e Steve fundaram o YouTube. Reid foi um vice-presidente executivo que fundou o LinkedIn. Max Levchin era nosso CTO. Todas essas pessoas seguiram seu caminho e começaram novas empresas, e eu era louco ou inteligente o suficiente, ou ambos, para investir na maioria delas. E foi assim que acabei no meio disso.

Meu primeiro investimento como anjo, tecnicamente, foi no LinkedIn, no início de 2003, quando Reid abria a empresa. Até fizemos um *brainstorming* sobre o LinkedIn em contraste com outras ideias enquanto ainda estávamos na PayPal esperando o fechamento dessa transação. Também sou quase um investidor-anjo na Xoom, o que ajudou Kevin [Hartz] a começar. Tecnicamente, eu tinha ações de fundador como membro do conselho, por isso não assinei um cheque. E aí meu terceiro investimento como anjo pode ter sido o YouTube. As pessoas às vezes falam sobre como os investimentos como anjo podem ser como uma safra de vinhos: um grupo de boas empresas que começam em um prazo apertado. Pode haver certa verdade nisso. É claro que minha rede da PayPal era muito boa. E essas redes atrofiam com o tempo. Pouquíssimos colegas meus da PayPal estão hoje começando novas empresas.

Em geral, não gosto de [investir em] fundadores do setor. Costumo evitá-los como uma peste. Na verdade, prefiro pessoas mais ingênuas. Acho que sempre é possível contratar especialistas mais tarde, e a experiência no setor, na maior parte, ensina o que você não pode ou não deve fazer, não como fazê-lo. E você não faz perguntas suficientes sobre o porquê, como: "Por que é assim?". Então, prefiro pessoas sem experiência no setor. Na PayPal, tínhamos apenas duas pessoas, talvez três, em toda a empresa que sabiam alguma coisa sobre serviços financeiros. E, na Square, com muita consciência, mantivemos baixo o número de pessoas do setor de serviços financeiros. Havia apenas um punhado delas entre os quatrocentos funcionários da Square que sabiam alguma coisa sobre serviços financeiros. Acho que as empresas mais inovadoras, na verdade, não têm muito conhecimento na área. O software empresarial pode funcionar um pouco diferente. E as regras podem ser distintas. Normalmente, não invisto em empresas de software empresarial. Admito que pode haver uma fórmula no software empresarial em que você pega o conhecimento da área e o potencializa. Mas, em empresas de consumo, de microcomércio e pequenas e médias empresas, que são regularmente nas quais investi, não acho que a experiência ajude.

Ao procurar investir em fundadores, procuro traços de fundador, não sua adequação ao mercado. Paul Graham escreveu uma ótima postagem em um blog, que amo de verdade, sobre ser implacavelmente engenhoso. Na minha opinião, é um ingrediente absoluto. Acho que o QI é muito importante. Você precisa ver coisas que outras pessoas não veem. Em última análise, a melhor descrição do que estou procurando são pessoas que podem se orientar por esse labirinto intelectual. Balaji [Srinivasan] deu uma aula em Stanford chamada engenharia de startups, e em uma das palestras ele fala sobre o labirinto intelectual. Acho que o que busco de verdade é alguém que possa me guiar pelo caminho do sucesso de modo que leve em consideração todas as distrações artificiais, armadilhas, coisas em que outras pessoas fracassaram.

Por exemplo, tive a ideia da Opendoor em 2003 enquanto trabalhava para Peter [Thiel] e passei dez anos recrutando pessoas para trabalhar nela. Quando você pensa em uma ideia por dez anos, refletiu sobre todos os casos possíveis... Ainda hoje, cinco anos após o lançamento da empresa, posso entrar no meio de uma reunião e as pessoas podem estar debatendo um tópico bastante misterioso, e eu certamente o entenderei e muitas vezes posso contribuir com perspicácia. É uma função de dez anos pensando em um problema e estudando tudo o que é relevante para ele. Se você não tem esse mapa no cérebro, é muito difícil ter sucesso. Basicamente, você vê um muro à frente, e um empreendedor realmente bom – um empreendedor excepcional – descobrirá como passar por baixo do muro, por cima do muro, fazer amizade com o muro, atravessar o muro, de alguma maneira, contornar o muro de um modo que ninguém descobriu como fazer. Eles não param. Não há desculpas para isso.

Não acredito nem um pouco em *timing* do mercado. Essa é uma das minhas visões que vão na contramão, possivelmente discutíveis. O *timing* é sempre uma desculpa, a meu ver. O objetivo de um empreendedor é igualar a trajetória da empresa com o mundo real. Quando uma empresa ou um fundador não faz isso, significa apenas que ele não é muito bom. Deixe-me dar um exemplo tangível. Quando conheci Jack Dorsey [cofundador da Square e do Twitter] para tomar um café e conversar sobre potencialmente ingressar na Square, ambos pensamos que o estado ideal seria obviamente um produto digital que você pudesse negociar sem um dispositivo de hardware. [A Square ajuda um vendedor a cobrar facilmente dos clientes por meio de uma máquina de ponto de venda.] Portanto, o hardware é difícil de construir; é caro construir, as coisas dão errado. Você tem de construí-los na China – todas essas questões. Mas Jack, sendo um empreendedor extremamente talentoso, que a história já provou, basicamente disse: "Precisamos do hardware, precisamos do dispositivo da Square, o leitor de cartão da Square como um dispositivo de transição, porque não consigo mover todo mundo para o on-line para fazer as transações imediatamente". Isso foi em 2010 [quando nem todo mundo tinha internet disponível em seus telefones]. Nunca houve uma desculpa. Acontece que pudemos hackear o conector do fone de ouvido do iPhone para desenvolver um complemento para o aparelho, o que nos permitiu entrar no mercado com mais rapidez, aumentar, desenvolver uma marca e construir uma base de comerciantes enquanto esperávamos que o mercado e a tecnologia se atualizassem. É verdade que 99,9% dos empreendedores não são Jack Dorsey, mas deveriam estar pensando como Jack. Você sempre quer estar do lado certo da história, porque está construindo uma empresa como uma empresa de capital aberto, [mesmo que] seja em cinco a quinze anos no futuro. Assim, é certo que queira estar no arco correto da história. Você não vai querer investir em coisas que claramente vão na direção oposta. Mas é

> trabalho do empreendedor fazer a correspondência entre realidade e métricas de curto prazo. Por isso, quando ouço falar em *timing*, logo penso em "mau empreendedor".

Rabois conseguiu aproveitar sua rede para criar um ótimo portfólio de investimentos como anjo. Ele também é um dos muitos exemplos de pessoas que passam de executivo de uma startup a investidor-anjo e investidor de capital de risco – uma carreira comum para investidores de risco. No próximo capítulo, veremos o papel que os investidores de capital de risco desempenham na formação de startups bilionárias.

INVESTIDORES DE RISCO

Seja tão bom que eles não possam ignorá-lo. Você estará sempre melhor ao fazer seu negócio melhor do que ao tornar seu *pitch* melhor.

– Marc Andreessen, cofundador da Andreessen Horowitz

Mark Zuckerberg ligou primeiro para Jan Koum na primavera de 2012. Zuckerberg tinha ouvido falar sobre o aplicativo de mensagens de Koum, WhatsApp, que crescia a uma velocidade impressionante, e ele planejava fazer uma proposta: o Facebook queria comprar o WhatsApp.

Koum, que passou anos no Yahoo como engenheiro de infraestrutura, sabia como era trabalhar para uma enorme empresa de tecnologia. Na realidade, ele e seu cofundador, Brian Acton, haviam se candidatado a empregos no Facebook em 2007, mas foram rejeitados. Então, Koum teve a ideia do WhatsApp, um aplicativo para permitir o compartilhamento de seu *status* – "na academia", "bateria fraca" – com seu círculo social. Não foi um grande sucesso no início. Mas quando, em 2009, a Apple lançou notificações nos iPhones, as pessoas começaram a usar o WhatsApp para enviar mensagens em massa por meio de seu *status*. Koum viu isso acontecer e logo criou um componente de mensagens. Assim que o fez, o número de usuários do WhatsApp aumentou para 250 mil.

O crescimento desenfreado do aplicativo chamou a atenção de Zuckerberg. Durante o café com Koum, ele fez sua oferta – mas Koum a recusou.

O WhatsApp estava apenas começando; Koum e Acton queriam permanecer independentes.

O Facebook não foi o único pretendente da startup. Anos antes do telefonema inicial de Zuckerberg, os investidores de risco também haviam notado a estrela em ascensão do WhatsApp. Quando o WhatsApp atualizou seu aplicativo para iPhone, a fim de possibilitar o envio de fotos, em dezembro de 2009, os downloads dispararam. Investidores como Jim Goetz, sócio da Sequoia Capital, puderam ver que o WhatsApp era um destaque claro na cada vez mais lotada área de mensagens. Goetz fez mestrado em Ciência da Computação em Stanford e cofundou uma empresa de software em 1996. Ele ingressou na Sequoia em 2004 para se concentrar em investir em empresas corporativas e de tecnologia móvel. Quando Goetz buscou Koum e Acton, ele já havia se encontrado com uma dúzia de outras empresas de mensagens – Pinger, Tango e Beluga – e percebeu que o WhatsApp era diferente. "Eu estava envolvido com a AdMob (uma empresa de anúncios para celular que foi comprada pelo Google) e vi como as empresas de aplicativos a usavam para colocar seus aplicativos na cara dos consumidores. E várias empresas fizeram muitas coisas para se promover na loja de aplicativos", disse ele. "Mas sem qualquer publicidade, o WhatsApp se destacou país a país, então reconheci que um novo modelo de negócios estava surgindo".[1] Após meses indo atrás de Koum e Acton, Goetz acabou convencendo-os a se encontrarem e se ofereceu para investir.

Koum e Acton já haviam obtido 250 mil em financiamento inicial de alguns ex-funcionários do Yahoo, mas viam o financiamento de capital de risco como um resgate. Ainda assim, Goetz foi persistente. Ele assegurou aos fundadores que atuaria como consultor estratégico, ajudando-os a transformar o WhatsApp na potência que ele sabia que poderia ser. Por fim, Koum e Acton concordaram em receber 8 milhões de dólares da Sequoia. Em 2013, depois que o WhatsApp cresceu, chegando a 200 milhões de usuários e uma equipe de cinquenta, Koum e Acton concordaram em receber outros 50 milhões de dólares da Sequoia – "por segurança". A rodada de financiamento avaliou o WhatsApp em 1,5 bilhão. A Sequoia continuou sendo a única empresa de capital de risco com investimento no WhatsApp e ganhou bilhões de dólares quando o Facebook finalmente o adquiriu por 19 bilhões, uma das maiores aquisições da história.

Muitas vezes, ouvimos histórias de fundadores perseguindo investidores, lutando para conseguir apresentações, aprimorando seus *pitches* e ouvindo centenas de "nãos" de investidores de risco. Às vezes, porém, é o contrário. Muitas startups que mais tarde se tornaram empresas multibilionárias foram cortejadas por investidores. Mesmo os melhores investidores, como Goetz, às vezes têm de comprar sua entrada. Bill Gurley, da Benchmark, procurou Katrina Lake na esperança de investir na Stitch Fix; Peter Levine, da Andreessen Horowitz, também comprou sua entrada para o GitHub. Quando Pejman Nozad, um investidor-anjo, contou à Sequoia sobre o Dropbox, Mike Moritz – um investidor lendário em empresas como Yahoo e Google – foi ao apartamento do fundador em um sábado para ouvir a proposta. Não é incomum ouvir sobre negócios que foram fechados em um domingo. Por quê? Muitas startups que se tornaram empresas bilionárias foram negócios atraentes desde as primeiras rodadas de financiamento, e os investidores de risco lutavam pela oportunidade de investir.

Os fundos de capital de risco podem variar muito nos retornos sobre seus investimentos. Embora os principais fundos de capital de risco gerem retornos extraordinários, não é isso que acontece na média. Para os fundos de capital de risco lançados em 2009, após dez anos, os 5% melhores renderam retornos bem maiores do que o mercado de ações (S&P 500), mas o fundo médio teve um retorno semelhante ou inferior ao do S&P 500. Como exemplo, um relatório da Bloomberg revelou que a Sequoia Capital teve um retorno de mais de dez vezes em seu sétimo e oitavo fundos.[2]

Assim, quem são algumas dessas principais empresas de capital de risco? É difícil identificá-las porque seus dados raramente são públicos e seus números de desempenho são mantidos em confidencialidade. Mesmo que você saiba o tamanho de uma rodada de financiamento, não sabe quanto foi investido pelo principal investidor e quanto ele possui. Com base puramente no número de investimentos em empresas bilionárias, as firmas SV Angel, Y Combinator, Khosla Ventures, Sequoia Capital, Accel, Andreessen Horowitz, Benchmark, First Round Capital, Founders Fund, DCVC e Felicis Ventures ficaram no topo em meu estudo. Algumas, como Index Ventures, Accel e Sequoia, também conseguiram grande sucesso investindo em empresas bilionárias na Europa e na Índia. É importante perceber que mesmo as melhores empresas de capital de risco investiram em apenas um punhado de empresas bilionárias na rodada inicial ou série A. A Sequoia, por exemplo, havia investido em treze empresas bilionárias ao longo do período do meu estudo (catorze anos). Isso acaba sendo cerca de uma por ano. O investimento em estágio inicial é difícil e, dado o fato de que cada uma dessas empresas de capital de risco tem vários parceiros de investimento (cinco a dez, em muitos casos), mesmo os principais entre eles costumam fazer investimentos em poucas empresas bilionárias durante sua existência.

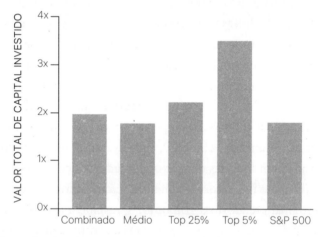

Os 5% melhores fundos de capital de risco de 2009 geraram retornos extremamente altos em dez anos, se comparados ao mercado, mas o fundo médio teve um retorno similar ou inferior. Fonte: Cambridge Associates, Venture Capital Index, and Benchmark Statistics, 31 de dezembro de 2018, reproduzido em Chip Hazard, "Venture Investor's Playbook: Part 2" (gráfico), Medium, 19 de setembro de 2019, https://medium.-com/@flybridge/venture-investors-playbook-part-2-865ebd94453f.

No entanto, investir em um número maior de empresas bilionárias não significa necessariamente mais sucesso para uma firma de capital de risco, conforme medido pelo retorno do fundo. Algumas firmas podem ter fundos maiores e, portanto, investem em mais empresas. Outras não lideram rodadas nem são sensíveis à propriedade. Analisar qual porcentagem das apostas de uma firma resultou em empresas bilionárias pode nos dar uma ideia melhor de quais são as investidoras mais bem-sucedidas. Analisando os dados, esse grupo tem nomes conhecidos, como Union Square Ventures, Sequoia, Benchmark, Khosla Ventures, Founders Fund, Accel e First Round Capital.

Talvez mais importante do que a própria empresa de capital de risco seja o parceiro específico que lidera o investimento – porque, quase sempre, o parceiro que lidera a rodada se juntará ao conselho de administração da startup. "Sempre, sempre, sempre decidimos levando em conta a pessoa que se juntará ao conselho", disse-me Michelle Zatlyn, cofundadora da Cloudflare. "Não importava qual fosse a empresa, o nome da marca ou o *status* de celebridade; era tudo sobre se gostávamos do que essa pessoa traz para o conselho." Os membros do conselho têm muito impacto na direção da empresa, por meio de direitos legais e influência sobre outros membros. A decisão é tão importante que muitos a descrevem como um casamento.

Nem todas as startups têm o luxo de encontrar um investidor – muito menos ter várias opções para escolher –, mas, no caso de muitas empresas bilionárias em meu estudo, os fundadores receberam várias ofertas e tiveram uma escolha. "A captação de recursos acabou sendo um pouco mais fácil do que se pensava", disse-me Neha Narkhede, cofundadora da Confluent. "Na época em que lançamos, mil empresas estavam usando o código livre Apache da Kafka. Então, eu quero dizer que é uma daquelas histórias inusitadas, porque a adequação do produto ao mercado já estava lá antes de conseguirmos dinheiro". Narkhede também expressou apoio à lei Women on Boards (Mulheres nos Conselhos) da Califórnia, que determina que as empresas de capital aberto tenham pelo menos uma mulher em seu conselho. "Acredito que ela genuinamente leva a conversas diferentes, melhores e mais equilibradas", diz Narkhede. "Acho que ter mais fundadores como membros do conselho, se você tiver influência com seus investidores, é sempre melhor. Você nunca pode errar tendo mais vozes ao redor da mesa."

Minhas conversas com fundadores confirmaram que muitos valorizam a diversidade ao adicionar membros do conselho à mesa. Mario Schlosser, fundador e CEO da Oscar Health, disse que era importante "ter alguém em seu conselho que ultrapassasse os limites em termos de como crescer ainda mais rápido. E outra pessoa que tomasse a posição oposta e perguntasse por que você precisa crescer em vez de se concentrar nos negócios que já possui". É claro que os membros do conselho não estão administrando a empresa no dia a dia. O CEO precisa reunir os próprios dados e chegar a uma conclusão independente. Os membros do conselho podem superestimar os sucessos iniciais de modo que os fundadores não o fariam. Ou, observa Schlosser, quando as coisas estão indo mal, "o conselho pode se exceder e fazer cortes ou retirar as pessoas rápido demais". Os membros ideais do conselho são aqueles que não amplificam os problemas, mas agem como um amortecedor para o CEO – pessoas que podem ajudar a tomar as melhores decisões quando surgem problemas e a entender o que realmente está funcionando e vale a pena investir consideravelmente.

Adicionar membros ao conselho e ter um conselho grande traz seus próprios problemas. Você precisa ter reuniões regulares, relatar o progresso, desenvolver métricas e discutir questões com várias pessoas. Dependendo do estágio, as startups têm de quatro a oito reuniões do conselho por ano, o que exige muita preparação por parte dos fundadores. Henrique Dubugras, da Brex, disse-me que as reuniões do conselho "não devem ser uma apresentação de como a empresa está indo". Em vez disso, a Brex envia slides com antecedência, convida todos os membros do conselho a comentar e fazer perguntas, e, em seguida, passa o tempo na sala do conselho discutindo algumas questões estratégicas. "Acho que essa é a maneira mais eficaz que encontramos de conduzir uma reunião do conselho – ou seja, deixar os investidores fazerem suas perguntas em seu próprio tempo e de forma assíncrona, e, na reunião, discutir os problemas reais sobre os quais você quer que comentem e que quer resolver".

Em uma pesquisa feita pelos investidores Henri Deshays e Owen Reynolds, os fundadores disseram que valorizavam o relacionamento pessoal e a química com o parceiro de capital de risco como o fator mais importante, seguido dos termos do negócio e da rapidez com que a empresa de capital de risco movimentou-se para tomar a decisão de investimento. Surpreendentemente, os fundadores consideraram esses fatores mais importantes do que o histórico do investidor de risco ou sua rede de contatos no setor.[3] Eles também observaram que a maioria dos fundadores não considerava a ajuda operacional do investidor tão valiosa.

SUPERFUNDADORES

O QUE OS INVESTIDORES DE RISCO BUSCAM?

O que os investidores de risco analisam ao decidir investir em uma empresa? De acordo com uma pesquisa com 900 investidores de risco realizada pela Escola de Pós-Graduação em Negócios de Stanford, 53% dos investidores em estágio inicial disseram que a "equipe" foi o fator mais importante na decisão de investir, seguido pela adequação com o fundo (ou seja, se o investidor gosta de investir em um setor ou área específicos; 13%) e pelo produto ou tecnologia (12%).[4] Embora a equipe pareça ser um dos fatores mais importantes considerados pelos investidores, infelizmente há muito preconceito na avaliação de equipes e vários equívocos em relação a certas características (como o viés contra os fundadores solo, conforme discutido no início deste livro).

Quando foi solicitado que esses mesmos investidores analisassem as empresas mais bem-sucedidas de seu portfólio, 64% atribuíram de novo o sucesso delas à equipe. Outros 11% indicaram o *timing* e 7% a sorte. Fatores como setor, tecnologia e mercado tiveram uma classificação mais baixa quando os investidores observaram a situação em retrospectiva. Eles acreditavam que o tempo e a sorte haviam desempenhado um papel mais importante nas empresas que se tornaram bem-sucedidas. Claro, nos primeiros dias, quando os anjos ou investidores de risco fazem seus investimentos iniciais, as coisas podem parecer bem diferentes.

FATORES IMPORTANTES PARA SELEÇÃO DO INVESTIMENTO		
Fator mais importante	Entre investidores de estágio inicial	Entre investidores de estágio posterior
Equipe	53%	39%
Adequação com o fundo	13%	13%
Produto/tecnologia	12%	8%
Modelo de negócio	7%	19%
Mercado	7%	11%
Setor	6%	4%
Capacidade do investidor de agregar valor à startup	2%	2%
Avaliação	0%	3%

Paul Gompers, William Gornall, Steven N. Kaplan e Ilya A. Strebulaev, "How Do Venture Capitalists Make Decisions?", *National Bureau of Economic Research*, 1º de setembro de 2016, www.nber.org/papers/w22587.

Marc Andreessen, que fundou a Andreesen Horowitz, disse que a maneira "padrão" como alguns trabalham com capital de risco é assinalar opções em uma lista: "fundador muito bom, ideia muito boa, produtos muito bons, clientes iniciais muito bons. Assinala, assinala, assinala, assinala. O que você encontra com esses tipos de negócios com opções fixas – e eles são feitos o tempo todo – é que, muitas vezes, não têm algo que os torne realmente notáveis e especiais". Em vez disso, Andreessen segue este lema: "Invista em força *versus* falta de fraqueza". Claro, algumas startups com muita força também são extremamente falhas. "Uma das lições de alerta sobre capital de risco é que, se você não investe nas bases com falhas graves, não investe na maioria dos grandes vencedores. E podemos passar por exemplo após exemplo após exemplo disso. Mas isso teria descartado quase todos os grandes vencedores ao longo do tempo", diz Andreessen. "Então, o que aspiramos fazer é investir nas startups que têm uma força realmente extrema, junto a uma dimensão importante, [para] estarmos dispostos a tolerar certas fraquezas".[5]

O MISTÉRIO DAS AVALIAÇÕES

As avaliações são um grande mistério para muitos empreendedores. E por um bom motivo. Nos estágios iniciais, a avaliação não é um fator de receita ou muito mais que isso. De acordo com pesquisa feita por Ilya Strebulaev, professor de capital de risco da Escola de Pós-Graduação em Negócios de Stanford, e seus colaboradores, a maioria dos investidores de risco, especialmente em estágio inicial, não usa técnicas como fluxo de caixa descontado, valor presente líquido ou outros modelos financeiros para avaliar. Em vez disso, nos estágios iniciais, a avaliação, em geral, é apenas um fator de quanto dinheiro a empresa está obtendo na rodada.

Nas primeiras rodadas de investimento em startups de tecnologia, cada nova rodada costuma dar um total de 15% a 30% de propriedade aos investidores. O principal investidor fica com cerca de metade a dois terços da rodada, e os investidores menores ficam com o restante, diluindo a propriedade dos fundadores e dos funcionários nessa porcentagem. A avaliação é calculada com base no valor em dólares investido na rodada e na diluição de 20% a 30%; efetivamente, portanto, não há ciência exata implícita na atribuição de uma avaliação a uma empresa (isso vale, sobretudo, para rodadas de estágio inicial e empresas de tecnologia, embora as empresas de ciências da vida normalmente vejam maiores quantidades de diluição). A avaliação é um mero resultado desse cálculo, não o valor usado como ponto de partida. Por exemplo, se uma empresa de tecnologia está captando uma rodada inicial de 2,5 milhões de dólares, é provável que a avaliação pós-investimento esteja na faixa de 8,5 a 12,5 milhões, dando aos investidores uma propriedade total de 20% a 30%. Ou, se a empresa está captando 5 milhões, a avaliação costuma estar em algum ponto entre 16 e 25 milhões. A empresa pode já ter obtido receita e ganhado alguma tração ou pode estar apenas começando. A avaliação nesse ponto normalmente não é calculada com base em um múltiplo de receita, mas, sim, no que pode ajudar a empresa a chegar ao próximo estágio significativo e o que pode dar aos investidores uma participação considerável no negócio pelo risco que estão assumindo. É mais uma questão de viabilidade do que de modelagem financeira.

Os fundadores devem decidir quanto obter com base em quanto dinheiro eles precisam para alcançar as próximas etapas. As startups têm muitas camadas de risco empilhadas umas sobre as outras. Leo Polovets, sócio-administrador da Susa Ventures, chama as startups de "pacote de risco".[6] Essas camadas de risco podem ser tão amplas quanto o "risco do produto", mas, de preferência, devem ser definidas pelo empreendedor como mais matizadas e específicas. Existe algum risco em relação à economia de unidade, isto é, a incapacidade de produzir e comercializar cada unidade do dispositivo ou serviço por menos do que custa? Existe o risco de não conseguir adquirir novos clientes por menos do que determinada proporção do preço de venda? Ou um risco de que os usuários *"freemium"* nunca se convertam em usuários pagantes? Em vez de trabalhar em dez objetivos diferentes e obter sucesso parcial em cada um, as startups devem pensar em suas camadas de risco e tentar concentrar todos os seus esforços, incluindo arrecadar dinheiro, para eliminar totalmente uma ou duas camadas de risco em cada rodada de financiamento.

"Digamos que eu obtive um financiamento inicial, alcancei essas metas, eliminei esses riscos", disse Marc Andreessen, oferecendo conselhos sobre como fazer um *pitch* a uma empresa de capital de risco. Então, "eu captei investimento na rodada A. Alcancei essas metas; eliminei esses riscos. Agora, conseguirei na rodada B. Aqui estão minhas metas, aqui estão meus riscos e, quando eu for captar em uma rodada C, aqui está o estado em que estarei".[7] Dessa forma, você pode calcular e justificar a quantia de dinheiro que obtém e criar objetivos tangíveis em torno do uso de fundos.

Os fundadores devem ser muito explícitos sobre os riscos de sua empresa. Toda startup os tem – sem exceção –, então vale a pena ser muito direto sobre eles. Os melhores investimentos que já vi são aqueles em que o investidor e os fundadores estão alinhados e plenamente conscientes dos riscos, bem como usam o capital de forma intencional e metódica para eliminá-los um a um. No cenário ideal, o investidor de risco continua pesquisando e aprendendo mais sobre um investimento até perceber completamente o caso positivo, mas também o que pode não dar certo. Se eu fosse criar uma apresentação para um *pitch*, eu a criaria como uma série de slides, cada um discutindo um risco no caminho para a dominação global e um plano sobre como o fundador os eliminou ou planeja eliminá-los.

Observando as primeiras rodadas de captação de recursos das startups que acabaram se tornando empresas bilionárias, notei que elas captaram em rodadas maiores do que as do grupo aleatório. No grupo bilionário, a primeira rodada média de captação de recursos foi de 4 milhões de dólares, em comparação com 2,1 milhões no grupo aleatório. A média da segunda rodada de captação de recursos foi de 15 milhões, mais de três vezes a do grupo aleatório (4 milhões). Essas empresas conseguiram arrecadar muito em cada rodada, em virtude da força combinada de captação de recursos dos fundadores e seus principais apoiadores na primeira rodada. Isso mostra que o mercado, na maioria dos casos, reconheceu a qualidade das equipes fundadoras desde o início, e que os investidores de risco, muitas vezes, competiram para ganhar a oportunidade de investir nessas empresas fortes, em vez de os fundadores lutarem para captar. No entanto, a captação de recursos não foi fácil para todas as startups bilionárias – e no próximo capítulo vamos ler sobre elas.

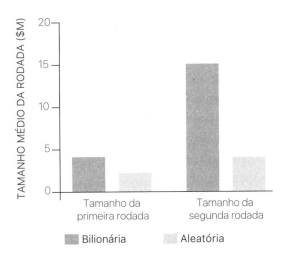

As startups bilionárias captaram, em média, maiores investimentos iniciais e com maiores avaliações. O mercado reconheceu sua qualidade desde cedo. Fonte: Partes dos dados usados para esta análise vieram da Pitchbook Data, Inc. (Os dados não foram revisados por analistas da Pitchbook.)

TRANSFORMANDO DINHEIRO NO PAPEL EM DINHEIRO DE VERDADE

Os investidores de risco não estão interessados apenas no crescimento; eles também estão olhando para o *exit*. Investidores, fundadores e funcionários precisam de um *exit* para transformar essas avaliações em papel em dinheiro real. Estes *exits* normalmente acontecem por meio de aquisições, ou indo para as bolsas de valores por meio de um IPO. Entre todas as startups apoiadas por capital de risco que fazem um *exit*, os IPOs respondem por 15%, as aquisições por 50% (muitas das quais são abaixo da média, retornando centavos por cada dólar investido) e o restante é composto por fracassos sem retorno. Dito isso, as aquisições são menos comuns entre as startups bilionárias.[8] Afinal, poucas empresas têm bilhões de dólares adicionais ou ações sobrando por aí.

A maioria das startups bilionárias no meu conjunto de dados fez o *exit* por meio de IPOs. Das empresas bilionárias fundadas entre 2005 e 2010 (excluí as lançadas posteriormente, pois algumas delas não tiveram tempo de amadurecer e distorceriam os dados), 46% fizeram o *exit* por meio de IPO, 19%

por meio de aquisições e 20% ainda eram privadas. Cerca de 17% perderam oficialmente seu *status* de unicórnio, caindo abaixo de 1 bilhão de dólares em rodadas de financiamento subsequentes, ou permaneceram inativas.

Mas sempre leva tempo para o *exit*, e as tendências mudaram ao longo das décadas. Na década de 1990, as empresas tendiam a iniciar IPOs muito mais rapidamente, porque as fontes privadas de capital eram menos abundantes. A Amazon passou por um IPO três anos após a fundação, a Netflix quatro anos depois, e o Google cinco anos depois. Enquanto as empresas costumavam levar em média cinco anos e meio da fundação ao IPO, esse número agora é superior a oito.

A maioria das aquisições de startups bilionárias é doméstica (por exemplo, uma megacorporação americana compra a startup), mas também há casos em que empresas americanas adquirem startups bilionárias internacionalmente. Por exemplo, a Zynga, uma empresa sediada em São Francisco que desenvolve jogos populares para dispositivos móveis, adquiriu uma empresa de desenvolvimento de jogos na Turquia chamada Peak por 1,8 bilhão de dólares. Da mesma forma, a Uber fez vários negócios internacionais, entre eles a aquisição da empresa Careem, do Oriente Médio, por 3,1 bilhões.

Na captação de recursos, é importante obter a quantia certa. Como Katrina Lake apontou, se captar demais, a liberdade de alocar recursos para cada projeto e ideia poderá distrair a equipe de gestão de entender os problemas reais que estão bloqueando o crescimento do negócio principal. Capte um pouco demais e as restrições podem pressionar indevidamente a equipe, exigir cortes e afetar negativamente o moral. Se o financiamento for obtido, é importante que os fundadores possam pagar um salário para si mesmos, a fim de que se concentrem na empresa. Como lemos no começo deste capítulo, a avaliação é frequentemente calculada com base no valor captado; assim, uma empresa que parece atrativa e favorável aos investidores pode ser tentada a captar mais dinheiro do que precisa, colocando a avaliação à frente de sua posição. Se a empresa se mostrar incapaz de cumprir as metas até a próxima rodada de financiamento, ela se encontrará no perigoso território de ter de cortar sua avaliação, o que pode prejudicar o moral da equipe e resultar na saída de funcionários. A chave é que os empreendedores conectem sua captação de recursos a metas concretas e tangíveis, dando a si mesmos proteção suficiente e espaço para erros e atrasos.

SUPERFUNDADORES

UM INVESTIDOR DE EMPRESAS COMO AIRBNB, DOORDASH, HOUZZ, ZIPLINE E OUTRAS
ENTREVISTA COM ALFRED LIN, DA SEQUOIA CAPITAL

A Sequoia Capital, uma das empresas de capital de risco mais bem-sucedidas e antigas da história, dispensa apresentações. Seu portfólio inclui Apple, Atari, Yahoo, Google, Oracle, YouTube, Stripe, Dropbox, Cisco, Zoom, LinkedIn e Instagram. Alfred Lin, um dos sócios da Sequoia, concentra-se, sobretudo, em empresas de internet de consumo. Lin faz parte dos conselhos de empresas como Airbnb, Zipline, Houzz, DoorDash, entre outras. Falei com Alfred para saber mais sobre como ele se tornou um investidor de capital de risco e ingressou na Sequoia, e como os fundadores devem pensar na captação de recursos e na abordagem de investidores de risco. Vamos ler diretamente as palavras dele.

Nasci em Taiwan. Meus pais eram banqueiros comerciais e, por causa do trabalho do meu pai, viemos para os Estados Unidos. No ensino médio, fiquei muito interessado em empresas e ações de tecnologia. Então, quando fui para Harvard estudar Matemática Aplicada na graduação, eu queria estagiar em gestão de patrimônio privado e aprender sobre como os gerentes escolhem as ações. Fiquei um pouco na Merrill Lynch e aprendi o que eles recomendavam aos clientes. Aprendi a ler um balanço patrimonial, demonstrações de lucros e perdas e de fluxo de caixa. Participei de uma aula do Robert Merton, que, mais tarde, ganhou o prêmio Nobel. Ele sugeriu que eu fizesse um doutorado em vez de trabalhar em finanças, e foi assim que acabei indo para Stanford. Logo, porém, aprendi que conseguir um doutorado era algo muito solitário para mim. Desisti e me juntei a Tony Hsieh, um amigo meu de Harvard. Tony trabalhava na Oracle e, em paralelo, criava sites e os comercializava. Poucas pessoas sabiam como criar esses sites, e menos ainda como gerar tráfego para eles. Então, Tony fundou uma rede de publicidade em *banner* chamada LinkExchange, para ajudar a conectar e promover sites, e entrei como vice-presidente de finanças. Para cada dois anúncios em *banner* que o LinkExchange coloca em seu site, colocamos um anúncio sobre seu site no de outra pessoa na rede. Dessa forma, geramos tráfego para todos os sites da rede e conseguimos manter metade do estoque de anúncios para nos promovermos ou para monetizá-lo por meio de venda. Foi uma ideia muito inteligente para a época, e a empresa acabou sendo vendida para a Microsoft por 265 milhões de dólares.

Quando estávamos começando, arrecadamos menos de 3 milhões de dólares de amigos, familiares e da Sequoia; depois, aumentamos a receita para mais de 15 milhões e empregamos mais de cem pessoas. Estávamos pensando em abrir o capital. Em 1999, a maioria das empresas abria o capital sem nenhuma receita. Houve uma oferta do Yahoo para comprar a empresa por 25 milhões, que recusamos. Mike Moritz [sócio da Sequoia Capital] atuou no conselho do Yahoo; ele soube de nós e foi assim que a Sequoia investiu 2,75 milhões na LinkExchange. A Sequoia ganhou 17 vezes seu dinheiro [sobre esse investimento] em 17 meses.

Depois que a LinkExchange foi vendida [e a Sequoia ganhou tanto dinheiro], Tony e eu pensamos que o capital de risco devia ser algo fácil. Não é. Começamos com um fundo de capital de risco inicial chamado Venture Frogs, obtendo 27 milhões de dólares. Investimos todo o dinheiro que havíamos conseguido em 27 empresas em um ano. Era 1999. Tudo era possível, e todas as empresas pareciam prestes a se tornar grandes sucessos. Mas a bolha da internet estourou e, em 2000 e 2001, Tony e eu lidávamos com as consequências de ter feito todos esses investimentos com tanta rapidez. Tivemos sorte com algumas que foram adquiridas no momento certo, mas muitas empresas faliram entre 2000 e 2002. Então, decidimos focar nos dois investimentos que poderíamos ajudar a aumentar. Um deles foi uma empresa chamada Zappos, que vendia sapatos on-line, e o outro foi a Tellme Networks, uma plataforma de reconhecimento de fala na nuvem (antes da nuvem). Ingressei na Tellme Networks para ajudar com as finanças. Ela obteve muito dinheiro, mas estava perdendo 60 milhões de dólares por ano sem receita. Após alguns anos de trabalho árduo, que exigiu um pivô no modelo de negócios e algumas rodadas de demissões, conseguimos vender a empresa com sucesso para a Microsoft por 800 milhões. Enquanto isso, Tony ingressou na Zappos como consultor e acabou se tornando CEO, ajudando a empresa a crescer para mais de 100 milhões em vendas, mantendo o ponto de equilíbrio. Juntei-me a Tony em 2005 na Zappos como CFO e depois me tornei COO. Aumentamos para mais de 1 bilhão de dólares em vendas e, em 2010, a Amazon a adquiriu por 1,2 bilhão. Após a aquisição, ingressei na Sequoia Capital.

Muitos fundadores têm curiosidade sobre a captação de recursos e sobre a melhor forma de obter dinheiro. Você precisa saber que cada dólar que obtiver nos estágios iniciais será o capital mais caro que você obterá, então deve estar atento a isso. Todo mundo pensa em como conseguir o acesso para fazer um *pitch* aos investidores de risco. Pouquíssimas pessoas pensam em quem querem à mesa de capitalização. Captar recursos é sobre fazer *pitches*, mas também é sobre selecionar um parceiro. Se deseja captar recursos, deverá fazer uma pequena lista das pessoas que quer conhecer melhor. Você vai ter de desenvolver um relacionamento ao longo do tempo. Muitos fundadores dizem uns aos outros para manter um processo apertado, para captar em um espaço de tempo muito curto. Se está tentando executar um processo de leilão, tudo bem, mas está optando pelo preço mais alto e pelo proponente mais rápido, uma ação que não é necessariamente projetada para obter o melhor sinal sobre quem será seu melhor parceiro no longo prazo. Se as coisas correrem bem, você trabalhará com esse investidor por dez, quinze anos e, se derem errado, ainda serão cinco a sete anos.

E-mails podem funcionar para conseguir acesso. Eu leio cada um dos meus e-mails. Se forem atenciosos, responderei. Se for um e-mail padrão que você enviou para mim e outras quinze pessoas sem nenhuma alteração, é provável que não haja resposta. Para cada investidor a quem estiver enviando um e-mail, dê uma olhada em seus investimentos, veja seu perfil público. Você pode aprender muito sobre o que esses investidores estão pensando e o que os anima em relação ao futuro. Pense em por que poderiam gostar de sua empresa; entenda como sua empresa se encaixa no tema de investimento deles. Restrinja sua lista de alvos ao parceiro de capital de risco específico que teria *insights* exclusivos para ajudar sua empresa. Se estiver disposto a refletir sobre isso e a colocar esse nível de consideração em seu e-mail, acho que receberá uma resposta. No fim das contas, nosso trabalho é encontrar talentos ainda não descobertos pelas redes nas quais não penetramos, em busca de raras oportunidades. Todo investidor sabe ir aos *campi* óbvios de Ciência da Computação. Devemos encontrar algumas outras redes também.

Quando você está fazendo o *pitch*, precisa ter cuidado sobre como vai explicar seu negócio. Porque vai precisar explicar por bastante tempo. Vai precisar convencer as pessoas a financiá-lo. Vai precisar convencer os funcionários a se juntarem à empresa. Vai precisar convencer os parceiros a se tornarem seus parceiros de negócios. Fundamentalmente, será preciso determinar como será seu *pitch* e adorar fazer isso. Muitos fundadores odeiam captação de recursos. Não pense nisso desse modo. Pense como uma apresentação de sua visão única do mundo e por que você está nela. Não acho que fazer um *pitch* para candidatos a emprego ou para parceiros de negócios seja tão diferente de um para um investidor. Se você deseja contratar os melhores talentos ou fazer parceria com as melhores empresas, precisa de ponderação, e sua consideração mostrará que você tem uma visão forte e a capacidade de transformá-la em realidade. Isso é também verdade para um investidor. Apenas trate a captação de recursos da mesma forma.

Todos os investidores buscam a mesma coisa. Queremos apoiar uma grande equipe que esteja atacando um grande problema. Você tem um produto ou um serviço, ou um plano para eles, que possa resolver esse grande problema e tem uma maneira diferenciada de ganhar dinheiro. No entanto, esse não é realmente o *pitch*. O ponto não é exatamente apenas ter todos os elementos que mencionei. Queremos ver se você tem o que é superficial ou se aprofundou na segunda ou na terceira camada. Por exemplo, no mercado, você vai precisar mostrar como será capaz de conquistar esse setor. Já existe uma estrutura do setor em vigor. Qual é a sua abordagem? Muitos fundadores dão a impressão de que vão abordar tudo, mas os de sucesso concentram-se em um pequeno número de iniciativas importantes. Seu produto ou serviço não pode conquistar um grande mercado sem uma maneira específica de chegar a ele. Entenda qual é a brecha necessária para entrar no mercado. Ouço muitos fundadores, e alguns pensam que querem desafiar toda suposição em um setor, então eu recuo. Os fundadores mais bem-sucedidos desafiam uma ou duas premissas importantes em seu setor. Estão criando uma solução porque acham que há uma ou duas suposições que simplesmente não fazem sentido. E já se perguntaram por que, por que, por quê. E não conseguiram uma boa resposta. Aprofundaram-se muito no setor e no motivo pelo qual a solução será bem-sucedida. Portanto, em essência, a pergunta que Don Valentine, o fundador da Sequoia, sempre fazia era: "Por que essa empresa é importante?". Essa é uma pergunta superpoderosa. A outra maneira de fazer a pergunta, sobretudo para investidores em estágio inicial, é: "Por que sua empresa será uma parte importante do futuro em dez anos?".

Elaboramos uma lista de itens sobre como gostamos que os *pitches* sejam estruturados. Você não precisa seguir exatamente esta ordem, mas é uma maneira de organizar os pensamentos sobre a importância de sua empresa. Aqui está a ordem:

1. Propósito da empresa
2. Problema
3. Solução
4. Por que agora?
5. Tamanho do mercado
6. Concorrência
7. Produto
8. Modelo de negócios
9. Equipe
10. Finanças

Também é importante criar confiança durante o processo de captação de recursos. Uma das coisas que acho um pouco enganosas é se você apenas me mostrar os dados bons e eu tiver de cavar para encontrar os ruins. Mas, então, como desenvolvemos uma boa dinâmica de trabalho após o encerramento da rodada? Você quer ter um relacionamento com seu investidor em que possa falar sobre más notícias. Se não souber das más notícias, não posso ajudá-lo. Nunca deixei passar uma proposta só porque os fundadores me mostraram que algo está errado. Recusei porque não sou o parceiro certo para ajudá-lo, não estou realmente de acordo com sua visão ou missão, ou tenho uma visão muito diferente do mercado e sua dinâmica. Todos os problemas atuais que você está enfrentando – eu vou descobri-los, não importa se vai me contar no início, no meio ou no fim. Para que eu possa desenvolver um relacionamento de confiança, não quero ser surpreendido. Não quero descobrir um monte de informações ruins que surgem nos estágios finais da diligência. Não quero ir à primeira reunião do conselho e me arrepender de não saber nada sobre uma série de questões. Se você tratar seus investidores como parceiros, eles o ajudarão a resolver alguns desses problemas. Durante seu processo de captação de recursos, mesmo que alguém não invista, pode lhe dar ideias nas quais talvez você não tenha pensado antes. Use sua captação de recursos para encontrar parceiros que serão úteis. Em vez de um leilão, projete seu processo para chegar àquele parceiro real que trará o dinheiro, que acredita em você e em sua visão, e também será útil no longo prazo. Use todo o processo de captação de recursos a seu favor para melhorar a apresentação do negócio, sua maneira de pedir conselhos sobre sua empresa e, sim, obter o dinheiro para financiar seu futuro. Idealmente, você vai aprender com aquelas pessoas para quem faz o *pitch*. Se não acha que vai aprender com um investidor, por que então fazer um *pitch* para ele?

O ex-acadêmico em mim gostaria de dizer que contar histórias e ter uma apresentação de slides bonita não importam. Você não quer julgar um livro pela capa, mas ela dá algumas pistas e ajuda um pouco. Se tiver tempo para esclarecer a história mais ainda, faça isso. Se tiver um ótimo negócio, nós descobriremos, mas a história dá o contexto sobre quão criterioso você foi para chegar até aqui. Se a apresentação não tiver um design bonito, devemos olhar além disso, mas, se estiver trabalhando em um negócio de consumo em que a UI [interface do usuário] importa e seu design é uma porcaria, isso dirá muito sobre sua atenção. Se você está me dizendo que terá um aplicativo com um design maravilhoso, mas sua apresentação não foi criada decentemente, algo parece errado. Não é que a história tenha de ser, tipo, superinspiradora, mas vou colocar desta maneira: Se você não pode nos inspirar, como vai inspirar outras pessoas a se juntarem à sua empresa? Uma coisa sobre contar histórias é que mostra clareza de pensamento. Se você não é convincente e o *pitch* é confuso, perguntamo-nos se você pensa com clareza. Muito do sucesso nos negócios é ter ideias, pensamentos e estratégias claros, e, em seguida, executá-los com base nessa clareza.

Um conselho que tenho para ajudá-lo a tirar o máximo proveito de seus investidores e membros do conselho é apenas perguntar. Como fundador, você sempre sabe muito mais sobre a empresa. Se me apresentar um problema específico, trabalharei nele. Se puder ajudá-lo, eu o farei. Na Sequoia, nós nos esforçamos para receber o primeiro telefonema que um fundador faz quando precisa de ajuda ou simplesmente quer conversar. É importante desenvolver um relacionamento em que você possa contar ao seu investidor, parceiro ou membro do conselho sobre qualquer coisa que não vá bem, e esteja disposto a pedir ajuda. Não acho que muitos fundadores mostrem essa vulnerabilidade até que algo muito ruim esteja prestes a acontecer, o que é uma tolice. Você deve ter essa vulnerabilidade e esse tipo de relacionamento com seus investidores desde o primeiro dia. Eles já estão com você. Já investem em você. E não podem vender as ações deles amanhã. Precisam estar do seu lado, e estarão.

E se você fizer todo esse trabalho e nós recusarmos, lembre-se: os investidores cometem erros. Por exemplo, conhecemos Tony Xu, da DoorDash, antes do Y Combinator Demo Day. Consideramos seriamente uma parceria e nos encontramos com ele e seus cofundadores algumas vezes. Nós ficamos preocupados se este era um serviço generalizável para as massas, ou se era para os estudantes de Stanford que têm as contas pagas pelos pais. Por ter crescido na cidade de Nova York, eu sabia que muitas pessoas pedem comida para viagem e entrega, mas a DoorDash só funcionaria em lugares como Nova York? Ou poderia se expandir além? Também havíamos analisado a GrubHub e a Postmates anteriormente, então tínhamos uma mente preparada para o fato de que essa poderia ser uma categoria grande. Ainda assim, continuamos preocupados com o fato de a DoorDash estar focada sobretudo no *campus* de Stanford e em Palo Alto. Recusamos o investimento na rodada inicial, mas mantivemos contato com eles até ganharmos convicção, e investimos na rodada série A. Foi um erro doloroso e caro, mas, mais importante que isso, tivemos a oportunidade de corrigi-lo.

Isso foi parte do desenvolvimento do relacionamento em que Tony e eu criamos confiança. Lembro-me de conversar com Tony de vez em quando para ter atualizações sobre o negócio. Em um evento de *networking*, sentei-me ao lado de Tony para jantar. Discutimos suas observações de todos os detalhes operacionais do restaurante e quão profundamente ele entendia os problemas operacionais reais. Exploramos muitos detalhes sobre as operações do restaurante e da DoorDash. Com base nessa interação, percebemos que a DoorDash é um trabalho duro. É uma operação intensa, mas Tony foi exatamente o fundador certo para chegar e tornar o negócio uma realidade.

Depois de conversar com Alfred Lin, ficou claro para mim que o que ele mais valoriza é a ponderação. Lin busca fundadores que tenham uma compreensão profunda do negócio em que estão. Busca aqueles que tenham pensado de forma abrangente sobre a segunda e a terceira camadas do motivo da existência do problema que estão resolvendo e como eles têm a chance de corrigi-lo. Ele busca clareza de pensamento na estratégia e na execução. Ao abordar investidores, mesmo que seja por e-mail, considere por que um investidor específico será a pessoa certa para se associar. Em seguida, escreva um e-mail atencioso, e isso poderá fazê-lo passar pela porta.

CAPTAÇÃO DE RECURSOS

Quando as pessoas se machucam levantando coisas pesadas, geralmente é porque tentam levantar com as costas. A maneira certa de levantar coisas pesadas é deixar suas pernas fazerem o trabalho. Fundadores inexperientes cometem o mesmo erro ao tentar convencer os investidores. Eles tentam convencê-los com seu *pitch*. A maioria estaria melhor se deixasse sua startup fazer o trabalho – se começasse entendendo por que vale a pena investir em sua startup, então simplesmente explicar isso bem aos investidores.

– Paul Graham, cofundador da Y Combinator

Ryan Hudson estava pedindo pizza. Ele realmente queria que tivesse um cupom. O dinheiro estava apertado depois de vários fracassos consecutivos com startups, e ele se acostumou a medidas de economia de dinheiro. Recentemente, havia ligado para a empresa de TV a cabo, o provedor de internet e todos os seus provedores de serviços públicos para negociar uma redução total de 200 dólares nas contas mensais.

"Isso é parte do motivo pelo qual eu estava pensando em cupons quando comprava aquela pizza", disse Hudson mais tarde. "Pensei que provavelmente haveria um cupom que poderia me economizar um dólar, e isso importava naquele momento". Enquanto procurava o cupom, ele percebeu que poderia automatizar o processo. Ele montou um protótipo para uma extensão de navegador que automaticamente vasculharia a web em busca de cupons relevantes.

A extensão do navegador, chamada Honey, foi lançada em outubro de 2012. Hudson e o cofundador, George Ruan, financiaram o projeto por conta própria por dois anos e meio, incapazes de convencer os investidores do valor de uma extensão de navegador para *desktop*, especialmente quando o interesse do consumidor havia mudado para o celular. Em 2013, Hudson ficou sem dinheiro novamente e conseguiu um emprego como gerente de produto em uma empresa de tecnologia de publicidade para pagar as contas.

Ainda assim, os usuários da Honey continuaram aumentando. Enquanto Hudson dava um passo para trás e Ruan continuava com uma equipe mínima, mais e mais pessoas instalaram a Honey, com base nas recomendações de amigos e em uma publicação no Reddit vazada de um de seus testadores beta. Sobre suas startups fracassadas que precederam a Honey, Hudson disse: "Nada nunca havia dado certo, mas ter algo de que os consumidores claramente gostavam e que estava crescendo de forma orgânica por meio do boca a boca porque as pessoas realmente amavam o produto, eu sabia que havia algo naquilo".

Hudson e Ruan tentaram atrair o interesse dos investidores, mas continuaram ouvindo "nãos" dos investidores na Sand Hill Road do Vale do Silício. "Ficou claro que os investidores de risco não estavam prontos para assinar um cheque para o que estávamos desenvolvendo", disse Hudson.[1] Alguns investidores não gostaram do histórico dos fundadores, outros não gostaram do fato de estarem criando uma extensão de navegador, e não um aplicativo, e alguns não aceitaram o plano de monetização – ganhar dinheiro por meio do marketing de afiliados. Mas Hudson e Ruan viram seu número de usuários crescer e sabiam que o produto poderia tornar-se expressivo algum dia.

Por fim, a Honey obteve uma rodada inicial da Mucker Capital, da Ludlow Ventures, da BAM Ventures e da Plug and Play Tech Center ("foi uma sensação boa", disse Hudson sobre os investimentos). Quatro anos depois, eles conseguiram uma rodada série A da RTA Capital e da SGH Capital, duas empresas de capital de risco relativamente desconhecidas. Em outubro de 2017, a Honey havia obtido uma rodada série B de 9 milhões de dólares da Wonder Ventures e uma série C de 26 milhões, realizada pela Anthos Capital. Nenhum dos fundos de capital de risco que investiram na Honey era um investidor conhecido. Independentemente disso, em janeiro de 2020, a Honey foi adquirida por 4 bilhões pela PayPal. Outro dos investimentos da Anthos Capital, a ApplyBoard, que ajuda estudantes internacionais a conseguir entrar em universidades, também nunca captou investimento de empresas de capital de risco conhecidas nas primeiras rodadas. A empresa cresceu, chegando a centenas de milhões em receita, e chamou a atenção da Index Ventures, uma firma de investimento conhecida, em sua rodada série C, que avaliou a empresa em mais de 1,5 bilhão.

Assim como a Honey e a ApplyBoard, algumas ideias bilionárias não são totalmente óbvias para os investidores – pelo menos não no início. A captação de recursos pode ser um processo lento e doloroso, e os fundadores podem ouvir uma série de "nãos". Outras startups passam facilmente pela captação de recursos. Importa quanto tempo leva para conseguir a primeira rodada e de quem ela vem?

Das empresas bilionárias em meu conjunto de dados, cerca de 60% conseguiram sua primeira rodada de financiamento de empresas de capital de risco de primeiro nível (conhecidas), como Sequoia, Andreessen Horowitz, Benchmark e Accel, em contraste com 20% das empresas do grupo aleatório, outra diferença significativa observada entre os dois grupos. Isso pode ser interpretado como um sinal de que captar desses grandes investidores de risco transforma as empresas em grandes sucessos, mas, muitas vezes, é provável que seja o contrário. Os melhores fundadores têm acesso e conexões para fazer o *pitch* para as empresas mais prestigiadas e, quando um negócio parece ótimo, são os principais investidores que acabarão ganhando a oportunidade de investir. Captar a primeira rodada de qualquer um dos principais investidores de risco ajudará no sucesso da empresa deles também. Investidores reconhecíveis ajudam a obter visibilidade, atrair os melhores talentos e obter financiamento futuro. Alguns deles auxiliam suas empresas ativamente com serviços como recrutamento e desenvolvimento de negócios.

Isso significa que todas as empresas que conseguirem seu primeiro financiamento de investidores de risco de primeiro nível conhecidos valerão um bilhão de dólares? Definitivamente não. A matemática do risco ainda está em jogo, e a maioria das startups, mesmo que financiadas por investidores de risco conhecidos, tem *exits* modestos ou fracassam. E muitas empresas com alto investimento de firmas de primeiro nível acabam em fracassos gigantescos.

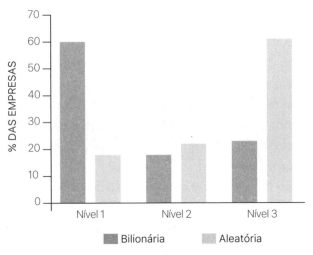

As startups que acabaram alcançando avaliações bilionárias eram mais propensas a ter conseguido uma rodada inicial (semente ou série A) de fundos de capital de risco de primeiro nível.

Claro, a maior parte disso é um ciclo que se completa, beneficiando os investidores de risco conhecidos. As empresas conhecidas conseguem ver os melhores negócios e, geralmente, podem conquistá-los – e o ciclo se repete. Se um investidor de risco menos conhecido for capaz de encontrar e identificar corretamente um grande negócio, pode ter dificuldade em ganhar a oportunidade de investir. É nos casos não óbvios que os investidores de risco recém-chegados podem criar uma arbitragem* e fazer fama. Embora realizar essa façanha seja difícil, acontece o tempo todo, resultando na criação de novos fundos de capital de risco bem-sucedidos e com forte desempenho.

---

* Operação na qual o investidor busca obter lucro sem se expor a riscos significativos e, idealmente, sem utilizar seus próprios recursos. (N. da T.)

SUPERFUNDADORES

TODAS ELAS CONSEGUEM DINHEIRO DE IMEDIATO?

A Honey não foi a única startup bilionária a enfrentar grandes desafios de captação de recursos nos estágios iniciais. Mais de um ano depois de iniciar o Airbnb, os cofundadores Brian Chesky e Joe Gebbia tinham, respectivamente, 25 mil e 10 mil dólares em dívidas. O site estava recebendo menos de 50 visitas por dia, e o terceiro cofundador, Nathan Blecharczyk, estava pronto para jogar a toalha. "Fizemos nosso *pitch* a 20 investidores para vender 10% da empresa por 150 mil dólares", lembra Chesky. "Metade não respondeu ao e-mail. O restante disse algo como: 'Isto não se encaixa em nossa tese de investimento', ou 'Não estamos animados sobre viagem como uma categoria'. Não conseguíamos captar um único dólar e já estávamos no negócio há um ano e meio".[2]

Para se livrar das dívidas, os fundadores começaram a vender caixas de cereais com os nomes dos candidatos presidenciais das eleições de 2008, Obama O's e Cap'n McCain's, a 40 dólares cada. Obtiveram mais de 30 mil dólares em lucros com os cereais, o que os ajudou a continuar construindo o Airbnb. Finalmente, um ano e meio após a fundação, a startup conseguiu uma vaga na Y Combinator. Paul Graham os aceitou especificamente porque eram "como as baratas": tenazes e haviam tentado de tudo para sobreviver, inclusive vendendo cereais. Graham buscava baratas durante a recessão de 2008. Em um jantar na YC, os cofundadores conheceram Greg McAdoo, um sócio da Sequoia Capital, e eles se aproximaram para fazer um *pitch* para ele. "Em duas semanas, tínhamos um termo de compromisso para uma rodada inicial de 600 mil dólares", disse Chesky.[3] Daquele ponto em diante, as coisas mudaram para o Airbnb.

Olhando para trás, o sucesso do Airbnb deveria ter sido uma conclusão óbvia. A plataforma tem mais de 150 milhões de usuários, no total, e ajuda mais de 2 milhões de viajantes a encontrar acomodação e experiências todas as noites. A empresa foi avaliada em 100 bilhões de dólares no dia do IPO, o que teria produzido aos investidores um retorno excepcionalmente alto sobre o investimento, se eles tivessem aceitado a oferta de 150 mil por uma participação de 10%. No início, porém, o Airbnb lutou muito para garantir o financiamento.

A Peloton, que vende bicicletas ergométricas em casa e aulas de ginástica por *streaming* por assinatura, também lutou para captar dinheiro com investidores de risco nos primeiros anos. A essa altura, a Peloton cultivou uma base de fãs fervorosos. Apesar do alto preço de seus equipamentos, muitas pessoas descobriram que desembolsar mais de 2 mil dólares por uma de suas bicicletas estacionárias é mais econômico e conveniente do que se associar a uma academia. A empresa obteve um total de 550 milhões de dólares antes de iniciar um IPO em 2019, que a avaliou em 8 bilhões. Mas, no início, as coisas não eram tão bonitas.

10/28/08

to Brian

Brian

We decided yesterday to not take this to the next level

We've always struggled with travel as a category

We recognize its one of the top e-commerce categories but for some reason, we've not been able to get excited about travel related businesses

9/2/08

to Brian, Joe, Nathan

Brian

Thanks for the follow up. I was unavailable to get on the call today as I'll be out of town through end of day Thursday. I really like the progress you guys have made, but between issues outstanding with ABB and my current time commitments to other projects, specifically existing investments, I'm not going to be able to proceed with an investment at this point. My biggest remaining concerns are:
- significant ramp up in traction post the DNC and RNC
- technical staffing
- investment syndicate

8/1/08

to Brian, Joe, Nathan

Hi Brian,

Apologies for the delayed response. We've had a chance to discuss internally, and unfortunately don't think that it's the right opportunity for   from an investment perspective. The potential market opportunity did not seem large enough for our required model.

E-mails de vários investidores a Brian Chesky, CEO do Airbnb, recusando o investimento em sua rodada de capital semente, a uma avaliação de menos de 2 milhões de dólares. Fonte: Brian Chesky, "7 Rejections", Medium, 12 de julho de 2015, https://medium.com/@bchesky/7-rejections-7d894cbaa084.

"Nos planos que apresentava aos investidores, eu dizia: 'Vou dominar o mundo', e durante os três primeiros anos eles diziam: 'Claro que você vai, não, obrigado'. Os investidores institucionais não me davam dinheiro", disse John Foley, fundador da Peloton.[4] Nenhum investidor de capital de risco conseguia se empolgar com um equipamento esportivo caro que parecia ter um mercado pequeno.

Foley e sua equipe recorreram ao investimento anjo quando os investidores de risco viraram as costas para o negócio. "Foi difícil; há tão poucos investidores que conseguem entender a exclusividade do que estamos fazendo", disse Foley. "Era incompreensível por que eles não corriam para investir na categoria." Acabaram captando um total de 3,5 milhões de dólares em uma rodada série A de grupos-anjo desconhecidos e outros 300 mil em pré-vendas de produtos no Kickstarter. "Todas as rodadas, por seis rodadas. Andreessen, Bessemer, Sequoia... eles repetidamente recusavam." Foi apenas na rodada série E – ponto em que a base de clientes e os números de receita da Peloton eram bons demais para serem ignorados – que investidores de risco conhecidos, como Kleiner Perkins, juntaram-se à missão e investiram.

Apesar desses exemplos proeminentes, a captação de recursos foi mais fácil para muitas startups que acabaram se tornando empresas bilionárias. Conforme discutido anteriormente, o grupo bilionário provou ser capaz de gerar rodadas de financiamento iniciais quase duas vezes maiores do que as das startups aleatórias, e conseguiu fazê-lo em um período de tempo mais curto. Lembra-se do Arie Belldegrun, que fundou a Kite Pharma? Você pode pensar que, depois de vender sua empresa por quase 12 bilhões de dólares, é possível comprar uma ilha, aposentar-se e relaxar. Esse não é o caso desses superfundadores. Belldegrun e seus cofundadores iniciaram uma nova empresa apenas três meses depois de vender a Kite Pharma e captaram o que provavelmente é o maior valor para uma startup no menor período de tempo.

Em uma festa para comemorar a aquisição da Kite Pharma, Belldegrun travou uma conversa com alguns dos banqueiros de investimento que haviam negociado o acordo. Um mencionou uma nova oportunidade de licenciar ou comprar um medicamento da Pfizer, uma gigante farmacêutica. Belldegrun imediatamente se pôs a trabalhar e persuadiu a Pfizer a colaborar com ele.

Ele iniciou sua quarta startup, a Allogene Therapeutics, uma empresa criada para desenvolver a terapia alogênica CAR-T, que envolve o tratamento de pacientes com células T derivadas de doadores saudáveis.

"À medida que a discussão com a Pfizer se acelerou, tornou-se imperativo que a Allogene garantisse o financiamento para finalizar a parceria com a empresa", diz Belldegrun. Em um mês, a Allogene havia obtido 420 milhões de dólares por meio dessa série A e de alguns empréstimos conversíveis. Logo depois, a empresa – então com apenas cinco meses – decidiu iniciar um IPO para captar mais dinheiro. Realizou um dos maiores IPOs biofarmacêuticos de todos os tempos em outubro de 2019, captando quase 375 milhões de dólares em uma oferta que subitamente a avaliou em cerca de 3 bilhões. Em junho de 2020, a Allogene captou outros 633 milhões na maior oferta secundária da história do setor de biotecnologia.

Quando você tem um histórico de vender três empresas de sucesso consecutivas, as coisas certamente ficam mais fáceis. Ao todo, a Allogene obteve um total de 800 milhões de dólares, sendo avaliada em 3 bilhões menos de um ano depois que os fundadores pensaram em iniciá-la.

Vale a pena repetir aqui que, embora uma alta proporção de startups bilionárias tenha conseguido captar sua primeira rodada de financiamento das principais empresas de capital de risco (e aquelas que o fizeram tiveram maior probabilidade de se tornar empresas bilionárias), 40% delas não foram financiadas por investidores de risco de primeiro nível. Em vez disso, muitas delas tiveram investidores desconhecidos.

Se você não consegue captar com investidores de risco conhecidos, ainda assim pode criar uma empresa bilionária. Tome a Uber como exemplo. A Uber não foi vista como um investimento "óbvio" em sua rodada de capital semente, embora tenha sido criada por dois superfundadores e acabasse por dar retornos de mais de mil vezes aos investidores iniciais. Durante a rodada de capital semente, a ideia ainda estava limitada a táxis privados e carros de luxo; havia apenas cerca de nove ou dez UberCabs na plataforma. Dezenas de investidores de risco e investidores-anjo rejeitaram a oportunidade, citando o pequeno tamanho do mercado – ninguém via a capacidade de substituir os táxis, muito menos expandir esse mercado, mesmo que pareça óbvio agora – e a luta jurídica já prevista com as autoridades municipais por causa de licenças de táxi, o que parecia um risco enorme. Além disso, nenhum dos dois fundadores ainda havia se comprometido a trabalhar em tempo integral; eles trouxeram um CEO para administrar a empresa. A First Round Capital deu à Uber seu capital semente a uma avaliação de 4 milhões de dólares, com investidores-anjo como Mitch Kapor, Cyan and Scott Banister, Chris Sacca e Jason Calacanis.

QUANTO TEMPO LEVOU?

A seguir, veremos quanto tempo levou para essas empresas se tornarem unicórnios. Com base nos meus dados, levou de um a dois anos desde a primeira rodada de financiamento (por exemplo, Allogene) até doze anos ou mais. A média é de cerca de cinco anos.

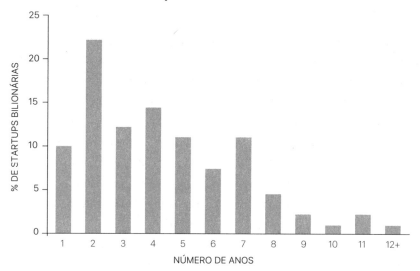

Algumas startups bilionárias precisaram de apenas um curto tempo para alcançar o *status* de unicórnio; outras precisaram de uma década ou mais.

Algumas empresas existem por muito tempo antes de atingir a marca de 1 bilhão de dólares. A Medallia, uma empresa de gerenciamento de experiência do cliente, cresceu lenta e constantemente por mais de uma década antes de receber seu primeiro financiamento de investidores de risco e ver uma avaliação bilionária. Amy Pressman fundou a Medallia em 2001, depois de uma carreira no Boston Consulting Group. Em suas viagens de trabalho, Pressman percebeu que as equipes de gestão dos hotéis raramente sabiam se seus hóspedes estavam satisfeitos ou insatisfeitos com o serviço. Sua ideia original envolvia coletar dados de *benchmarking* para organizações de serviços como hotéis e comparar os níveis de satisfação do cliente com os da mesma marca, bem como com os de concorrentes diretos. Com a ascensão das mídias sociais, o *feedback* do cliente estava rapidamente se tornando mais importante do que nunca: as empresas podiam ver que um cliente insatisfeito que reclamasse on-line podia realmente prejudicar os negócios – e um cliente feliz podia ajudar.

Pressman e seus cofundadores fizeram planos para captar dinheiro. Realizaram reuniões com investidores e fizeram demonstrações em hotéis. "Em 10 de setembro [de 2001], fomos à Hilton Hotels. Fizemos o *pitch* do piloto gratuito. Voltamos e era 11/9", diz Pressman.[5] "Nem nos preocupamos em ir atrás da decisão sobre se conseguiríamos o financiamento ou não".

O 11 de Setembro deu o primeiro golpe no negócio nascente, afetando tanto o financiamento quanto os clientes. A Medallia só conseguiu o primeiro cliente pagante em 2002, mas, em 2003, o negócio já era lucrativo. A receita aumentou o suficiente para que Pressman decidisse não captar dinheiro. Sobre essa escolha, ela disse mais tarde: "A desvantagem é [a falta de] reconhecimento do nome. Quando há o apoio de um investidor de risco de primeiro nível, isso dá a você credibilidade instantânea. Você é aprovado. Nós não tínhamos essa aprovação".

A recessão de 2008 também atingiu os negócios, mas a empresa resistiu à tempestade e permaneceu lucrativa. Em 2011, a Medallia teve uma receita de 30 milhões de dólares e clientes como Kate Spade, Tory Burch, Western Union, Best Western, Nordstrom e Vanguard. Foi quando a Sequoia Capital ligou. As mídias sociais e as avaliações on-line tornaram-se uma parte fundamental de como as empresas faziam dinheiro; o *timing* ajudou a acelerar o crescimento e a aumentar a demanda pelo software da Medallia. A Sequoia Capital continuou financiando a empresa e, em 2015, catorze anos após a fundação, a Medallia atingiu *status* de unicórnio, com uma avaliação de 1,25 bilhão de dólares. Quatro anos depois, um IPO avaliou a empresa em mais de 2,6 bilhões.

A Medallia levou mais tempo para alcançar o *status* de unicórnio do que a maioria das outras startups bilionárias, mas os fundadores permaneceram no controle e desenvolveram uma empresa com receita lucrativa e estável. O tempo também desempenhou um papel crucial, desacelerando o crescimento logo após o lançamento da empresa e novamente em 2008, e acelerando-o depois que as avaliações on-line e as mídias sociais ampliaram o impacto da satisfação do cliente na receita e transformaram a Medallia em uma ferramenta essencial para o gerenciamento da experiência do cliente.

INTERVALO ENTRE RODADAS DE INVESTIMENTO

A que ritmo os fundadores de startups bilionárias tentaram captar fundos? Com base nos meus dados, parece que a maioria das empresas bilionárias conseguiu obter dinheiro em um ritmo mais rápido. Talvez seus produtos tenham tido uma grande popularidade entre os clientes e puderam atingir suas metas mais cedo. A startup bilionária média captou sua primeira rodada de financiamento em apenas seis meses, e a segunda, em menos de dois anos desde a fundação. Em comparação com o grupo aleatório de empresas financiadas por capital de risco, as diferenças sao significativas: a empresa aleatória média levou, desde a fundação, um ano para captar sua primeira rodada e quatro anos para a segunda.

MEU CONSELHO SOBRE CAPTAÇÃO DE RECURSOS

Pesquise no Google "como captar recursos" e você encontrará centenas de artigos explicando como criar sua história e como preparar sua apresentação de slides. Com base em minhas conversas com muitos colegas que são investidores de risco, no entanto, essas coisas não parecem extremamente importantes. Já vi rodadas de financiamento de capital semente de 5 milhões de dólares de empresas de capital de risco conhecidas sem um único slide – muito menos um conjunto deles – baseadas na força da equipe (às vezes, até fundadores iniciantes com forte histórico de criação de projetos em outras startups ou corporações têm facilidade em captar). Também vi fundadores lutarem para obter uma quantia muito menor, apesar de apresentações lindamente elaboradas e materiais abrangentes, *timing* e sinalização perfeitos, além de narrativa e história esplêndidas.

Nem toda startup *precisa* de financiamento de capital de risco. Apenas certos tipos se encaixam no modelo de alto risco e recompensa – e, das que se encaixam, muitas têm sucesso com *bootstrapping*. Para os fundadores que desejam captar investimento de risco, aqui está o meu melhor conselho:

Comece obtendo uma pequena rodada de um grupo estratégico de investidores-anjo. Essa é a sua oportunidade de ganhar um grande conjunto de conselheiros que têm parte no jogo. Use esse dinheiro para procurar adequação do produto ao mercado e faça quantos pivôs forem necessários até ver os clientes sendo atraídos pelo produto. Em seguida, obtenha uma rodada de capital semente ou série A de investidores de risco. Em cada rodada de financiamento, reserve uma pequena parte para investidores individuais, como mentores, consultores, executivos do setor e influenciadores. O ideal é desenvolver seus maiores promotores e pessoas que possam ajudar sua empresa, partes interessadas em seu sucesso. Os investidores de risco conversam entre si o tempo todo; assim, seu *pitch* precisa ser consistente. Se você precisa de 3 a 5 milhões de dólares para alcançar sua próxima meta, comece a propor aos investidores o número mais baixo. Se vir muita demanda deles para investir, mude sua proposta para o valor maior. Geralmente, é mais fácil captar um valor menor, e reduzir o valor da sua captação cria o risco de sinalizar aos investidores que não há demanda suficiente. De preferência, você deve ser capaz de usar seus investidores-anjo para chegar aos investidores de risco. Alinhe todas as suas primeiras reuniões em um curto espaço de tempo, mas dê tempo suficiente para que todos façam sua devida diligência, para que você os conheça e para que eles conheçam você também. Certifique-se de manter o ritmo. Não diga ao investidor de risco com quem mais você está falando. Use seus contatos a seu favor; peça à pessoa que fez a apresentação ou aos seus consultores para fazer um acompanhamento com o investidor de risco após a sua reunião inicial.

Coloque-se no lugar dos investidores: avalie se você investiria em sua startup e por quê, e quais são os riscos. A captação de recursos também é um ótimo momento para refletir sobre sua empresa e o que você realmente deseja alcançar. Não importa muito como você organiza os slides em sua apresentação e como você conta a história. O que importa é que, como fundador, você pensou profundamente sobre sua startup. Você pode identificar exatamente qual problema está resolvendo e para quem. Se tiver de listar cinco pontos para os problemas que está resolvendo, cinco para suas propostas de valor, além de listar alguns pontos sobre por que agora é a melhor hora, pense mais. Vá até a raiz. Tente entender a única coisa que você realmente está resolvendo, quem é de fato o cliente, a principal proposta de valor, a única razão que torna hoje o momento ideal para iniciar esta empresa. Quando conseguir persuadir a si mesmo, vá em frente e faça o *pitch*.

A melhor coisa que um fundador pode fazer para aumentar suas chances de obter dinheiro com os principais investidores de risco é montar uma equipe excelente e ajustar a ideia o suficiente para encontrar grande atração dos clientes. Um dos melhores exemplos que vi de alguém que fez isso é a Katrina Lake, da Stitch Fix. Oito meses depois de se formar na escola de negócios e tendo apenas obtido uma rodada de capital semente, Lake conseguiu trazer Mike Smith, COO do Walmart.com, para tornar-se COO da Stitch Fix. Alguns meses depois, ela conseguiu que Eric Colson, vice-presidente de ciência e engenharia de dados da Netflix, juntasse-se a ela. Foram duas contratações extraordinárias para uma startup financiada com capital semente e com uma fundadora que não tinha nenhuma experiência no setor. Da mesma forma, os fundadores da Brex trouxeram um CFO experiente e um advogado da Stripe e da SoFi como suas primeiras contratações. Os fundadores devem identificar as principais pessoas que gostariam de contratar e trabalhar duro para trazê-las a bordo.

Em um estágio muito inicial, sem dinheiro, dar a um contratado o título de cofundador pode ajudar. Depois de conseguir um pouco de dinheiro, você pode oferecer um pequeno salário-base para atrair as melhores pessoas para se juntarem a você. Monte uma equipe excepcional – pessoas apaixonadas pela causa, mas que também tenham experiência superior, conexões com clientes ou habilidades em engenharia – e o dinheiro virá em seguida. Rebecca Kaden, da Union Square Ventures, diz: "Os melhores fundadores que já vi fazem isso. Antes de terem o capital, antes de terem recursos, eles de alguma forma trazem pessoas a bordo. Eles podem atrair pessoas que querem tentar ajudá-los antes que seja óbvio".[6] Mesmo que ainda não tenha obtido dinheiro, identifique as melhores pessoas e convença-as a se juntar a você, desde que seja capaz de captar recursos. Nos primeiros dias, você pode (e deve) ser mais generoso com patrimônio e títulos; portanto, certifique-se de usar esses pontos de alavancagem para atrair sua equipe dos sonhos. Depois de trazer trinta pessoas a bordo, é doloroso contratar uma nova pessoa e dar a ela um título de cofundador ou mais patrimônio do que deu aos primeiros funcionários; portanto, convença as superestrelas a se juntarem a você logo no início. É a capacidade de atrair talentos de alto nível que dá aos investidores de risco a confiança para investir, mesmo que a receita ou outras métricas ainda sejam insignificantes.

Na maioria das vezes, você não ouvirá um investidor de risco dizer "não" imediatamente. Mas, se um deles estiver interessado, você saberá. Eles agirão rápido, farão movimentações, garantirão que a parceria aconteça em grande velocidade. Se você tem o luxo de conhecer pessoas diferentes na empresa, encontre a pessoa certa para se apresentar. Por fim, se receber várias termos de compromisso, o parceiro que lidera sua rodada é mais importante do que a própria empresa de capital de risco. Não subestime o poder de investidores de risco juniores, consultores ou diretores de uma empresa. É preciso alguém interno dedicado que promova sua ideia para fazer que o negócio seja fechado, e, muitas vezes, o consultor ou diretor pode fazer esse trabalho. Claro, você pode ter mais facilidade se esse entusiasta for um sócio ou um gestor, mas o que importa é o nível de convicção que essa pessoa tem e até onde ela irá lutar por você. Não gaste muito tempo falando sobre sua história, sua origem e como você chegou à ideia; em vez disso, concentre-se no motivo pelo qual oferece uma grande oportunidade. Já vi fundadores se esforçarem demais para descrever sua startup como uma resolução a um problema pessoal ou compartilhando uma história sobre como chegaram à ideia. Em vez disso, deixe a força de sua equipe e as métricas falarem. Deixe seu *pitch* simples. Pense mais sobre o que você quer que os investidores de risco lembrem e que digam aos seus sócios do que sobre seus slides. Tenha um pedacinho de informação clara e tenha certeza de que eles se lembrarão disso. Comece com os pontos fortes. Se possível, tente usar comparações casuais – por exemplo, refira-se a algo como "LinkedIn para médicos", para usar um exemplo que já vimos anteriormente no livro.

Muitos aconselhariam os fundadores a realizar reuniões de desenvolvimento de relacionamento com investidores, independentemente de você estar captando recursos de forma ativa ou não. Discordo. Os investidores de risco veem cada interação como um *pitch*, e é preciso apenas uma interação um pouco menos impressionante para criar uma impressão negativa para sempre. Não vá a todos os eventos de investidores de risco para fazer amizade com eles. Seja modesto, mantenha a cabeça baixa. A melhor maneira de captar recursos é criar impulso na sua empresa e reunir a melhor equipe e os melhores investidores-anjo que possam apresentá-lo aos outros. Se tiver essas coisas, poderá obter dinheiro. Mesmo se você for o melhor amigo de um monte de investidores de risco, eles podem assinar pequenos cheques pessoais para mostrar apoio, mas não vão liderar uma rodada multimilionária só porque vocês são amigos.

A captação de recursos é parte integrante da história de sucesso de startups bilionárias, e é verdade que grande parte das que estudei teve facilidade em obter dinheiro, rodada após rodada, de investidores conhecidos. No entanto, as startups que não desfrutaram desse nível de atenção dos principais investidores de risco também foram capazes de alcançar resultados bilionários. Concentre-se em seus clientes, em obter receita e em atrair as melhores pessoas para acompanhar você em sua jornada, e o dinheiro seguirá seu sucesso. Torne-se um nome tão bom que não pode ser ignorado. Claro, é mais fácil falar do que fazer.

ALI TAMASEB

UM INVESTIDOR DE EMPRESAS COMO FACEBOOK, SPACEX, STRIPE E OUTRAS
ENTREVISTA COM PETER THIEL

Peter Thiel dispensa apresentações. Ele esteve nos dois lados da mesa de captação de recursos, às vezes simultaneamente. Investiu primeiro no precursor da PayPal e logo depois se juntou à empresa nos primeiros dias como cofundador e CEO. Mais tarde, fundou e investiu na Palantir, especializada em análise de *big data*. Em agosto de 2004, Thiel fez um investimento de 500 mil dólares no Facebook para uma participação de 10,2% na empresa e ingressou no conselho. Esse foi o primeiro investimento no Facebook e colocou a avaliação em 4,9 milhões. Em 2005, Thiel cofundou o Founders Fund, empresa de capital de risco com sede em São Francisco. Além do Facebook, ele fez investimentos de estágio inicial em várias startups (pessoalmente ou por meio do Founders Fund), como Airbnb, LinkedIn, Yelp, Spotify, SpaceX, Asana, Quora, TransferWise e Stripe. Encontrei-me com Peter em seu escritório em Los Angeles. Aqui está o que ele teve a dizer.

Fui o primeiro investidor institucional do Facebook. Com certeza não pensava sobre quão grande o Facebook se tornaria, mas o produto original era voltado aos *campi* universitários. Eles estavam em mercados muito pequenos. Se você tem um produto abstrato de rede social, pode haver espaço para muitos deles no mundo como um todo. Mas, se você tem um que era apenas para estudantes de Harvard e passou de 0% a 60% de participação de mercado em dez dias após o lançamento, pode não ser expandido, mas parecia algo bastante robusto. Se houvesse centenas de *campi* universitários diferentes, era como se você tivesse uma empresa de mídia que possuísse todos os jornais estudantis do país. Achei que seria uma empresa bem valiosa... Pensei que poderia valer alguns bilhões de dólares.

Eles só precisavam de dinheiro para computadores, porque precisavam de mais servidores. Qualquer empresa em que você precise de mais hardware porque há muita demanda pelo produto é bastante incomum, mas muito bom. Acredito que parte da retrospectiva que tenho sobre isso é que as definições de mercado estão sempre um pouco incorretas. Acho que, olhando agora, podemos dizer que as empresas de sucesso tinham um produto e um mercado diferenciados. Às vezes, eles não eram vistos dessa maneira, e talvez seja porque muitas vezes foram rotulados de modo equivocado. No caso do Google, ele foi descrito como um mecanismo de busca, e havia vinte outros deles, e por isso as pessoas hesitavam em investir na empresa em 1998 ou 1999 – era apenas uma das muitas assim. E, então, descobriu-se que era, na verdade, a primeira busca alimentada por máquina. Antes do Google, outros mecanismos de busca dependiam dos resultados de classificação ascendente e descendente dos usuários, mas o Google descobriu uma maneira de usar o *computador* para classificar os resultados. E, se disser que o que o Google tinha era uma pesquisa feita por máquina, em oposição a uma feita por humanos, isso era algo único.

Em relação ao Facebook, foi descrito como uma "rede social", e é claro que não foi a primeira. Meu amigo Reid Hoffman criou a SocialNet, em 1997. Ele colocou "rede social" no nome da empresa sete anos antes do Facebook. A SocialNet era basicamente esses avatares no ciberespaço, e você podia ser um cachorro virtual. Eu era um gato virtual. E essas regras para todos os gatos e cães virtuais interagiam entre si. O que tornou o Facebook diferente, único, poderoso e, de certa forma, controverso é que não se tratava de redes abstratas com pessoas fictícias. Tratava-se de identidade real. O MySpace, que era o concorrente mais próximo que o Facebook teve no início, era muito diferente. Começou em Los Angeles e seus usuários queriam ser celebridades; eram todos atores fingindo ser outra pessoa. Portanto, havia uma maneira pela qual o MySpace estava ancorado na identidade fictícia, e o Facebook falava mais de identidade real. Ter identidade real acabou sendo superimportante, e isso parece óbvio agora, mas, naquela época, as pessoas não queriam ter sua identidade real na internet.

Como fundador, você quer ter uma história bem diferenciada. Mas, às vezes, nem tem a linguagem para descrever por que é de fato diferenciado no começo. Acho que Sean Parker tinha essa linguagem para o Facebook desde o início, que era sobre abrir a identidade real, e eu tinha esse olhar diverso, essa estrutura completamente diferente, em que, para mim, o Facebook era esse império de mídia universitário, não outro site de rede social.

Investimos no Friendster no ano anterior ao Facebook, que já estava com problemas naquele verão. Estávamos muito focados na questão: "Você consegue expandi-lo?". O que, em alguns sentidos, não é grande coisa, mas, se fosse possível expandi-lo, poderíamos dar um jeito no Friendster. Este, por todo tipo de estranhas razões, não conseguiu expandir a tecnologia. Quando chegaram a 2 milhões de usuários, o site ficou mais lento. O Friendster tinha uma função em que você calculava os graus de separação entre você e outras pessoas e, à medida que adicionava pessoas ao site, isso se tornava um problema exponencialmente mais complexo de cálculo.

Ao longo dos anos, fomos e voltamos em todos esses critérios diferentes para investir nas pessoas. Acredito que o caso do Facebook foi estranhamente subrepresentado. Estava decolando muito rápido. Foi oferecido a uma avaliação razoável. Parecia pertencer a um nicho, mas talvez isso fosse poderoso. Acho que muitas das pessoas que criaram grandes empresas são muito boas em falar sobre diversas coisas. De certa maneira, elas são uma espécie de polímatas. Se você conversar com Zuckerberg, ele poderá falar sobre detalhes do produto. Poderá falar sobre como as redes sociais estão crescendo, sobre os desafios em diferentes partes do mundo. Poderá falar sobre análise econômica e teorias de administração. Como CEO, é preciso fazer várias coisas muito bem. Acho que uma das coisas nas quais presto atenção é em quanto o conhecimento deles é variado. É o mesmo caso da Stripe. A primeira conversa que tive com os irmãos Collison [fundadores da Stripe] foi sobre o setor de pagamentos em geral, e era óbvio que eles tinham pensado muito naquilo. Havia uma visão competitiva e, depois, a visão de produto; temos muitas partes diferentes que foram pensadas. Nenhuma delas é à prova de balas, no entanto.

Acho que uma das coisas sobre as quais estranhamente pensei e repensei ao longo dos anos é o fato de tudo girar sempre ao redor de tecnologia, modelo de negócios, pessoas – uma tricotomia simplista. E havia uma parte da internet de consumo em que havia essa tentação de dizer que tudo girava realmente em torno de produto e modelo de negócios. Se o produto e o modelo de negócios funcionassem, você conseguiria um feito incrível e continuaria a funcionar. E, mesmo quando havia sérias dúvidas sobre as pessoas, isso não era tão decisivo. Acho que, com várias empresas de internet de consumo, há certas maneiras de classificar as pessoas como não tão fortes, mas mesmo assim elas tiveram sucesso. Esse parece ser o caso apenas das empresas de internet de consumo. Se as pessoas são ruins, não funciona. Mas, se elas têm uma nota 7 em vez de um 10 e têm uma ótima ideia, esta será limitada a um patamar muito mais baixo do que seria de outra forma. Talvez Jeff Bezos fosse mais talentoso do que os fundadores do eBay em algum nível. E, sabe, o eBay tinha três vezes o valor de mercado da Amazon em 2002 e 2003, e acabou perdendo o fio por vinte anos, mas, ainda assim, alcançaram algo incrível. Então, quero dizer que sempre há um ajuste para o setor. Na minha opinião, no software empresarial, *quem* são os fundadores é absolutamente primordial. Acho que nas empresas de ciências exatas há algum tipo de combinação de pessoas, talvez um cientista e um empresário. Tem de ser a combinação certa.

A importância do *pitch* é exagerada. É provável que tenham existido alguns *pitches* muito bons para empresas que não eram grande coisa, em que o *pitch* e o seguimento foram perfeitos, mas ainda assim não havia uma boa empresa. Quero dizer que o *pitch* ou a história são 20%, e os outros 80% giram em torno de substância ou realidade. Acredito que não há *pitch* que seja realmente perfeito. O melhor *pitch* é aquele em que a história básica é mesmo boa e você está superciente dos problemas ou desafios exatos. Meu conselho geral para uma apresentação é que você tenha vinte slides e coloque-os em ordem do mais óbvio e incontroverso ao mais especulativo e louco. E deve ser apenas uma estrutura monótona. Acho que é uma técnica insanamente poderosa. Assim, "É um dia ensolarado em Los Angeles e estou vendendo a você uma ponte no Brooklyn" é mais forte do que "Estou vendendo uma ponte no Brooklyn". Acho que todas essas questões e técnicas de apresentação... a principal utilidade delas não é convencer as pessoas a oferecer dinheiro. A principal utilidade é aguçar sua intuição sobre o próprio negócio e ajudá-lo a entender o que deseja construir. Portanto, essa técnica vai auxiliar na obtenção de dinheiro. Mas, se realmente fizer isso, você descobrirá: "Que partes da minha ideia são óbvias, que partes são mais questionáveis?". E, então, se forem mais questionáveis: "Existe uma maneira de dizê-las para que sejam mais plausíveis para as pessoas? E como faço para eliminar o risco dessa parte ao longo do tempo?".

Thiel reforçou uma ideia que encontramos no início do capítulo: que a importância do *pitch* em si costuma ser exagerada em relação à capacidade dos fundadores de captar recursos dos investidores. Ele também nos deu alguns modelos mentais de como organizar o *pitch* e descreveu como eram algumas das empresas famosas em que investiu no começo. Os empreendedores devem olhar para o processo de captação de recursos como uma forma de aprimorar seu pensamento sobre sua ideia, seu caminho e seus riscos, e, uma vez que consigam articular com clareza o negócio e sua visão, terão mais facilidade em persuadir os investidores. Trata-se de chegar a um ponto em que você, como fundador, esteja pensando nitidamente no problema, na solução e no mercado. Este capítulo encerra o livro. Em seguida, concluirei recapitulando o que aprendemos e o que podemos aprender.

O QUE É IMPORTANTE LEMBRAR?

Se as histórias de criação de empresas bilionárias nos ensinam alguma coisa, deveria ser isto: os mitos nem sempre correspondem à realidade. Os dados podem dissipar os mitos e fornecer uma nova base para a compreensão do sucesso dessas empresas. Ao analisar mais de perto os dados e ouvir as histórias de muitos fundadores e investidores bem-sucedidos, espero ter fornecido uma noção mais clara do que diferencia empresas bilionárias. Eis aqui algumas lições importantes:

- Há muitos mitos sobre os fundadores. Esqueça-os. Os fundadores de empresas bilionárias começaram em qualquer idade – metade deles tinha 34 anos ou mais – e tiveram origem de todos os tipos. A idade não foi um fator. Para alguns, como os fundadores da Brex, ser jovem os ajudou a fazer as perguntas certas e obter cobertura da mídia. Tanto os fundadores técnicos quanto os não técnicos tiveram sucesso como CEOs (embora os técnicos tenham tido uma pequena vantagem), e os fundadores solo não foram menos propensos a criar empresas bilionárias. O número de cofundadores não afeta o sucesso; então, sinta-se à vontade para dar a um

recém-contratado o título de cofundador para ajudar a atrair a melhor equipe principal.
- O mítico fundador que abandonou uma faculdade de elite e abriu uma empresa em seu dormitório representa apenas uma pequena porcentagem dos fundadores de startups bilionárias. Estes eram, em média, mais instruídos do que seus pares e mais propensos a frequentar escolas com melhores posições nos rankings, mas era uma distribuição de Barbell: não houve grande diferença entre o número dos que frequentaram as dez melhores escolas e os que foram àquelas que nem sequer estavam entre as cem melhores. Entre os fundadores de startups bilionárias, havia mais doutores do que pessoas que abandonaram a faculdade. Alguns, como Arie Belldegrun, atingiram o ápice do sucesso acadêmico antes de abrir empresas.
- Não há certo ou errado em decidir onde trabalhar para se preparar para sua própria jornada empreendedora. Em média, os fundadores de empresas bilionárias tinham onze anos de experiência profissional antes da fundação. Entre eles, a probabilidade de ter fundado empresas ao longo de sua carreira ou de ter trabalhado em corporações conhecidas, como Google, McKinsey e Facebook, foi maior. Surpreendentemente, a maioria não tinha conhecimento da área. Você pode revolucionar um setor que não conhece bem (as exceções, em geral, são ciências da vida e exatas), desde que tenha adquirido as habilidades pessoais e as conexões certas. Lembre-se da história da Flatiron Health: nenhum dos fundadores sabia qualquer coisa sobre câncer. A velocidade do aprendizado é o fator mais importante, seguido da engenhosidade e da capacidade de fazer as perguntas certas às pessoas certas.
- As ideias que se tornaram empresas bilionárias não se encaixam em nenhum arquétipo. Alguns fundadores atuaram como missionários, resolvendo seus problemas pessoais, mas muitas startups foram resultado de uma ideação deliberada e guiada pelas oportunidades. Os fundadores de sucesso raramente contam as histórias dos dias em que pulavam de uma ideia para outra a fim de encontrar a certa. Muitas empresas bilionárias, como a Confluent, começaram a vida

em grandes corporações. E os pivôs aconteceram com muita frequência, uma prova do fato de que grandes fundadores não estavam emocionalmente ligados a uma ideia específica e estavam dispostos a ouvir o mercado. Mude completamente sua ideia se for necessário, até perceber o mercado demandando o produto de você. Lembre-se de que o YouTube estava destinado a ser um site de namoro, e o Slack começou como um jogo multijogador on-line.

- Embora as startups bilionárias fossem mais propensas a ter sede no Vale do Silício, metade delas estava espalhada por outros centros de tecnologia. Algumas, como a Guild Education, saíram intencionalmente do Vale com grande sucesso, uma tendência que provavelmente se intensificará com o trabalho remoto e equipes distribuídas.

- Startups com produtos altamente diferenciados foram mais propensas a se tornar empresas bilionárias – como a Nest, que transformou completamente a ideia de um termostato. Analgésicos tiveram mais chance de se tornar startups bilionárias, mas as vitaminas que criaram um hábito ou uma marca forte também funcionaram. As startups que criaram um produto para economizar tempo ou dinheiro de seus clientes tiveram maior probabilidade de se tornar empresas bilionárias do que aquelas que buscavam conveniência ou entretenimento.

- Empresas bilionárias foram criadas de forma desproporcional em mercados que já eram grandes, mas aquelas que criaram novos mercados não tiveram menos probabilidade de sucesso. Ao contrário da crença popular, as startups que criaram mercados não resultaram em empresas maiores.

- Não se trata de ser o primeiro com uma ideia – trata-se de ser o mais próximo do ponto de virada. Pense em como o Affordable Care Act permitiu o crescimento da Oscar Health. Muitas ideias recicladas acabam se tornando bilionárias.

- A concorrência é boa ou pelo menos não é um risco de extinção; mais da metade das startups bilionárias competiu com grandes empresas estabelecidas no momento da fundação. É bom competir com as empresas já existentes ou em mercados fragmentados; eles são mais fáceis de vencer do que uma startup altamente financiada com a mesma ideia. Lembre-se do fundador da Zoom contando a história de concorrer com empresas estabelecidas como Cisco e Skype, concentrando-se na qualidade do produto e na atenção aos clientes. Empresas bilionárias criaram defensibilidade por meio da engenharia – o conhecimento, a quantidade de tempo e trabalho necessários para desenvolver um produto –, mas também por meio de efeitos de rede, dimensionamento, marca e propriedade intelectual. Aquelas com efeitos de rede tiveram maior probabilidade de se tornar empresas bilionárias.

- O capital de risco é relativamente novo na história do financiamento de novos negócios, mas tem um impacto descomunal. As startups apoiadas por capital de risco geraram trilhões de dólares em valor para os acionistas e representam uma grande proporção do mercado de ações. Cerca de 10% das startups bilionárias foram financiadas por meio de *bootstrapping* ou autofinanciadas. GitHub, Atlassian, UiPath e Qualtrics, todas operaram com *bootstrapping* por, pelo menos, quatro anos.

- O capital de risco tem uma matemática pouco intuitiva por trás dele, e as leis de poder dos resultados das startups ditam por que os investidores de risco preferem startups arriscadas com enorme potencial às de baixo risco com menos vantagens percebidas. O tamanho do fundo da empresa de capital de risco da qual você está obtendo dinheiro determina os resultados mínimos de *exit* que dariam aos investidores dinheiro suficiente para se mexer.

- Mesmo em recessões, as startups ainda foram financiadas e as bilionárias ainda foram criadas, ainda que com avaliações e quantias reduzidas. Embora os investidores prefiram startups com eficiência de capital, algumas empresas de uso intensivo de capital geraram grande valor sem sacrificar a eficiência.

- Muitos fundadores de sucesso tornam-se investidores-anjo e tendem a ter uma chance maior de identificar futuras empresas bilionárias. Ao captar fundos, a maneira que você faz o *pitch*, a linda estrutura de sua apresentação e quão abrangentes são seus materiais têm menos importância do que o histórico dos membros da equipe. Reflita profundamente sobre qual é exatamente o problema que você está resolvendo e para quem. Na sua apresentação, menos é mais. Use sua energia, seu dinheiro e seu patrimônio para convencer as melhores pessoas a se juntarem a você e a conquistar clientes. Dedique seu tempo a posicionar melhor sua empresa para que os investidores de risco não tenham como ignorá-lo, em vez de gastar tempo em convencê-los.

As coisas que as startups bilionárias têm em comum são, muitas vezes, diferentes do que fomos levados a acreditar. Vamos esquecer os mitos e os estereótipos. Em vez disso, espero que a próxima geração de fundadores e investidores se concentre em empresas impactantes e que resolvam os problemas reais do mundo. Algumas áreas de que pessoalmente gosto são melhorar a segurança hídrica e alimentar, reduzir o custo de construção de edifícios e infraestrutura, reduzir o custo dos serviços de saúde, fornecer educação e novas oportunidades de trabalho para aqueles que ficaram para trás e abordar os desafios de energia, clima e meio ambiente. Também espero que a próxima geração de fundadores e investidores venha de origens mais diversas – não apenas em termos de raça e gênero, mas também em termos socioeconômicos e de planos de carreira.

Algumas das empresas que mencionei neste livro perderão seu *status* de unicórnio ou deixarão de existir em algum momento (o que, conforme discutido, é esperado e incorporado ao modelo de capital de risco). As empresas que incluí não são exemplos de impérios geracionais destinados a resistir ao tempo, mas empresas que conseguiram um grande progresso inicial e tornaram-se parte de um grupo razoavelmente exclusivo. Este livro não pretende ajudar a prever quem pode ou não ter sucesso na criação da próxima empresa bilionária; é um olhar em retrospectiva dos padrões e da história. Como em qualquer livro de negócios, você deve tirar as conclusões com uma dose saudável de ceticismo e utilizar os *insights* e conselhos com cuidado. O que quero que você obtenha é uma visão mais bem informada que, espero, leve a resultados superiores e a menos vieses.

Se há uma lição a tirar deste livro, deve ser a de que o caminho para uma startup bilionária geralmente começa com uma vontade de criar. A melhor preparação para iniciar uma empresa de grande sucesso é abrir uma empresa. Se você nunca fez isso, a melhor preparação é começar *algo*, talvez um clube ou uma atividade paralela. A CEO da Cloudfare havia iniciado a Honey Pot, uma comunidade sem fins lucrativos para denunciar e-mails de *spam*, e os fundadores da Confluent haviam iniciado a Kafka dentro do LinkedIn com um projeto de código aberto. Tom Preston-Werner criou o Gravatar, avatares reconhecidos no mundo todo, e vendeu o código-fonte para o WordPress por uma pequena quantia antes de lançar o GitHub. Muitos fundadores já haviam iniciado empresas bem ou malsucedidas antes de criar a empresa que atingiu a marca do bilhão. Os superfundadores de ontem – aqueles que fundaram pelo menos uma empresa anterior que atingiu certa escala e um resultado modesto, arbitrariamente fixado em 10 milhões de dólares de receita anual ou um *exit* desse tamanho – tiveram maior probabilidade de criar startups bilionárias. A marca de 10 milhões não deve ser considerada de modo literal; ela representa apenas a verdadeira geração de valor. Um valor diferente pode ser mais apropriado em diferentes regiões ou períodos. Nat Turner abriu e vendeu uma empresa de entrega de pizzas depois da faculdade e, então, vendeu uma empresa de tecnologia de publicidade ao Google antes de criar a Flatiron Health. Henrique Dubugras vendeu uma pequena empresa de tecnologia financeira no Brasil na adolescência antes de fundar a Brex. Os irmãos Collison criaram e venderam uma startup de gerenciamento de leilões antes de fundar a Stripe. Howie Liu abriu uma empresa e a vendeu para a Salesforce antes de criar a Airtable. Mesmo empreendedores de primeira viagem, como os fundadores do Airbnb, já haviam criado muitos projetos e atividades paralelas antes de apresentar sua grande ideia. Alguns, como os fundadores da Honey, fracassaram várias vezes antes de abrir uma empresa de sucesso. Qualquer pessoa de qualquer origem pode se tornar um superfundador – e estes têm mais facilidade para criar empresas bilionárias, considerando a marca que podem construir, o talento que podem atrair e o financiamento que podem captar. Essa jornada é cheia de altos e baixos. Você pode chegar ao resultado bilionário na primeira tentativa, mas é mais provável que isso aconteça na segunda, na terceira ou na décima. Para o aspirante a investidor de risco, minha recomendação é ter uma visão centrada nas pessoas: crie um portfólio de pessoas em vez de empresas. Invista em pessoas de forma consecutiva em seus vários empreendimentos. Devemos também reconhecer o papel que a sorte, o privilégio e o acesso desempenharam no sucesso de muitos desses fundadores. Até as pessoas mais inteligentes e com as melhores ideias tiveram sorte em algum momento. O que é importante, porém, é que esses fundadores continuaram a desenvolver até que a sorte aparecesse.

Esqueça todos os mitos. Continue a criar. Idealize, desenvolva, venda, repita – e você estará no caminho para se tornar o próximo superfundador.

P.S.: Obrigado por ler *Superfundadores* e chegar ao final! Espero que possa ter desmentido alguns mitos e revelado novos *insights* para você. Agradeço se puder deixar uma avaliação do livro no site onde o comprou, recomendando-o às pessoas em sua rede que podem achá-lo útil.

AGRADECIMENTOS

Realmente precisamos de uma aldeia. Nada surge na vida sem a ajuda de muitas pessoas. Este projeto começou com uma planilha do Excel, que foi transformada em uma postagem de blog e cresceu de um esboço para centenas de páginas de manuscrito de um livro. A cada passo do caminho, eu me beneficiei da ajuda de colegas, amigos e até de estranhos. Nada disso seria possível sem a generosidade deles. Serei breve em agradecê-los, mas minha gratidão é enorme. A lista a seguir não está completa, e posso ter me esquecido de incluir pessoas que ajudaram de forma direta ou indireta.

À minha editora, que ajudou a transformar um assunto que poderia ter sido muito seco e acadêmico em algo mais acessível e, espero, mais legível: Arielle Pardes.

Ao meu agente, que me orientou pelo mundo editorial. Qualquer autor teria sorte em tê-lo como promotor de seu livro: Chris Parris-Lamb e a Gernert Company.

Aos editores adquirente, de projeto, de texto e toda a equipe que ajudou a transformar um documento do Word em um produto físico que muitos podem acessar: Colleen Lawrie, Melissa Veronesi, Kelley Blewster, Lindsay Fradkoff, Jaime Leifer e toda a equipe da PublicAffairs e do Hachette Book Group.

À minha equipe de relações públicas, que ajudou no relacionamento com a mídia e garantiu que este livro e sua missão chegassem a quem o procura: Rimjhim Dey, Andrew DeSio e toda a equipe da DEY.

Aos fundadores e investidores que entrevistei, bem como seus assistentes e relações públicas: Henrique Dubugras, Arie Belldegrun, Nat Turner, Max Mullen, Neha Narkhede, Rachel Carlson, Tony Fadell, Max Levchin, Mario Schlosser, Eric Yuan, Tom Preston-Werner, Michelle Zatlyn, Elad Gil,

Keith Rabois, Alfred Lin, Peter Thiel, Carmen Collyns, Linda Barnes, CJ Jackson, Elise Houren, Aida Zepada-Torres, Natalie Miyake e Jackie Kahn.

Aos fundadores da DCVC, Matt Ocko e Zack Bogue, por seu suporte ao longo dos anos, bem como meus outros parceiros e colegas da DCVC.

Às pessoas que fizeram as apresentações e me ajudaram a abrir portas: Alan Cohen, Ali Partovi, Balaji Srinivasan, Beth Turner, James Hardiman, John Hamer, Kiersten Stead, Mar Harshensan, Niko Bonatsos, Noosheen Hashemi, Parsa Saljoughian, Pejman Nozad, Scott Kupor e Shawn Carolan.

Às pessoas que fizeram comentários ao longo do caminho e/ou me ajudaram de outras maneiras: Alex Bitaraf, Ali Kashani, Amin Tehrani, Andrew Chen, Andrew Job, Ankit Jain, Arash Delijani, Babak Hamedani, Bahar Bazargan, Behrad Toghi, Behzad Haghgoo, Brad Torenberg, Brian Jacobs, Chris Boshuizen, Daniel Ahmadizadeh, Diego Rey, Diego Saez-Gil, Doug Hamilton, Eric Bielke, Eric Topol, Erik Torenberg, Galym Imanbayev, George Netscher, Gurjeet Singh, Hosain Rahman, Ian Hathaway, Ilya Strebulaev, Jared Seehafer, Jonathan Norris, Karim Emami, Kevin Lee, Kian Katanforoush, Lainy Painter, Mahyar Salek, Michael Driscoll, Mike Maples, Neil Devani, Nima Hamidi, Omid Aryan, Pardis Noorzad, Pourya Moradi, Reza Namin, Reza Takapoui, Robert Scoble, Saam Motamedi, Saman Farid, Scott Barclay, Scott James, Tanguy Chau, Zach DeWitt, Zavain Dar e Zod Nazem. Agradecimentos especiais a Abe Othman, por passar horas fornecendo *feedback* detalhado.

À minha amada parceira, Hoda, que não apenas abriu mão de muitos fins de semana e noites divertidas para que eu pudesse coletar dados ou escrever, mas também fez recomendações inestimáveis a cada passo, o que causou um enorme impacto.

Também tive a ajuda e o apoio de muitas pessoas em minha vida antes de escrever este livro, pessoas que me ajudaram a chegar onde estou hoje. Pessoas que me ajudaram quando eu tinha acabado de imigrar de Teerã para ir à faculdade, pessoas que me orientaram quando estava no mundo acadêmico e fazendo pesquisa, pessoas que apoiaram e investiram em meus empreendimentos anteriores e fundadores com quem trabalho, que realizam um verdadeiro trabalho e assumem riscos intransponíveis. Todos vocês me fizeram alguém melhor.

Viver e trabalhar no Vale do Silício é um privilégio ao qual não posso e não vou parar de dar valor. Considero-me uma das pessoas mais sortudas de terem sido recebidas aqui. Muitas pessoas fizeram favores ao longo dos anos, e sou grato a elas por sua gentileza e generosidade com seu tempo. Espero que eu possa retribuir também, do meu jeito.

E, por fim, aos meus pais, Masoud e Sima. Sem seu amor e sacrifício, eu não seria nada. Sou grato por ter vocês.

P.S.: Antes que eu me esqueça, obrigado a todos os baristas e cafeterias locais que me forneceram café e wi-fi enquanto escrevia este livro!

NOTAS

CORRELAÇÃO NÃO É CAUSALIDADE:
UMA OBSERVAÇÃO SOBRE MÉTODOS E ESTATÍSTICA
1. Yoav Benjamini e Yosef Hochberg, "Controlling the False Discovery Rate: A Practical and Powerful Approach to Multiple Testing", *Journal of the Royal Statistical Society: Series B (Methodological)* 57, n. 1 (1995): 289–300, doi: 10.1111/j.2517-6161.1995.tb02031.x.

CAPÍTULO 1: MITOS SOBRE A ORIGEM DOS FUNDADORES
1. Jason Greenberg e Ethan R. Mollick, "Sole Survivors: Solo Ventures Versus Founding Teams", *SSRN Electronic Journal*, 13 de janeiro de 2018, doi: 10.2139/ssrn.3107898.
2. Angela Gratela, "Meet the 18 Original Founders of Alibaba", *E27*, 19 de outubro de 2018, https://e27.co/meet-18-original-founders-alibaba-20181019/.

CAPÍTULO 2: MITOS SOBRE A EDUCAÇÃO DOS FUNDADORES
1. Tom Huddleston, "How This 33-Year-Old College Dropout Co-Founded GitHub, Which Just Sold to Microsoft for $7.5 Billion", *CNBC*, 4 de junho de 2018, www.cnbc.com/2018/06/04/chris-wanstrath-co-founded-github-which-microsoft-bought-for-billions.html.
2. "Number of People with Master's and Doctoral Degrees Doubles Since 2000", *United States Census Bureau [Departamento do Censo dos Estados Unidos]*, fevereiro de 2019, www.census.gov/library/stories/2019/02/number-of-people-with-masters-and-phd-degrees-double-since-2000.html.

CAPÍTULO 3: MITOS SOBRE A EXPERIÊNCIA PROFISSIONAL DOS FUNDADORES

1. Rachel Askinasi, "Meet Ben Silbermann, CEO and Cofounder of Pinterest Who's One of the Richest Millennials and Self-Made Billionaires in the World", *Business Insider*, 16 de outubro de 2019, www.businessinsider.com/ben-silbermann-net-worth-pinterest-billionaire-family-2019-10.
2. Daniel Laynon, "Credit Karma's UK Plans: An Interview with Nichole Mustard", *AltFi*, 5 de março de 2019, www.altfi.com/article/5123_credit-karmas-uk-plans-an-interview-with-nichole-mustard.

CAPÍTULO 4: O SUPERFUNDADOR

1. Alyson Shontell, "All Hail the Uber Man! How Sharp-Elbowed Salesman Travis Kalanick Became Silicon Valley's Newest Star", *Business Insider*, 11 de janeiro de 2014, www.businessinsider.com/uber-travis-kalanick-bio-2014-1.
2. Rachel King, "How Aaron Levie and His Childhood Friends Built Box into a $2 Billion Business, Without Stabbing Each Other in the Back", *TechRepublic*, 6 de março de 2014, www.techrepublic.com/article/how-aaron-levie-and-his-childhood-friends-built-box-into-a-2-billion-business-without-stabbing-each-other-in-the-back/.

CAPÍTULO 5: A ORIGEM

1. Ari Levy, "How Okta's CEO Convinced His Wife in 2008 That He Should Leave Salesforce to Start a Company", *CNBC*, 26 de dezembro de 2019, www.cnbc.com/2019/12/26/how-okta-ceo-todd-mckinnon-convinced-wife-he-should-leave-salesforce.html.
2. Y Combinator, "DoorDash's Application Video for YC S13", *YouTube*, 9 de dezembro de 2020, www.youtube.com/watch?v=Rzlr2tNSl0U.
3. Evan Moore, @evancharles, *Twitter*, 9 de dezembro de 2020, https://twitter.com/evancharles/status/1336835870859485184.
4. James Currier, "The Hidden Patterns of Great Startup Ideas", *NFX*, acesso em 25 de outubro de 2020, www.nfx.com/post/hidden-patterns-great-startup-ideas/.
5. Eniac Ventures, "Mike Maples, Founding Partner of Floodgate, on Spotting the Thunder Lizards Before They Hatch", *Seed to Scale*, podcast, 13 de julho de 2018, https://anchor.fm/seedtoscale/episodes/Mike-Maples-Founding-Partner-of-Floodgate-on-spotting-the-Thunder-Lizards-before-they-hatch-e1pe76.

6. Celeste Quianzon e Issam Cheikh, "History of Insulin", *Journal of Community Hospital Internal Medicine Perspectives* 2, n. 2 (2012), doi: 10.1007/bf02821338.

CAPÍTULO 6: PIVÔS

1. John O'Farrell, "Slack", *Andreessen Horowitz*, 20 de junho de 2019, https://a16z.com/2019/06/20/slack/.
2. Rick Spence, "Flickr Founder Finds Success in Failure–Twice–by Pivoting Quickly", *Financial Post*, 29 de maio de 2014, https://financialpos.com/entrepreneur/flickr-founder-finds-success-in-failure-twice-by-pivoting-quickl3.
3. Jason Koebler, "10 Years Ago Today, YouTube Launched as a Dating Website", *Vice*, 23 de abril de 2015, www.vice.com/en_us/article/78xqjx/10-years-ago-today-youtube-launched-as-a-dating-websit4.
4. Kevin Systrom, "What Is the Genesis of Instagram?", *Quora*, 11 de janeiro de 2011, www.quora.com/What-is-the-genesis-of-Instagra5.
5. Sarah Guo, "The Only Question That Matters: Do We Have Product-Market Fit?", *LinkedIn*, 10 de abril de 2020, www.linkedin.com/pulse/only-question-matters-do-we-have-product-market-fit-sarah-guo/?articleId=6654505667254202369.

CAPÍTULO 7: O QUE E ONDE?

1. Marc Andreessen, "Why Software Is Eating the World", *Wall Street Journal*, 20 de agosto de 2011, www.wsj.com/articles/SB10001424053111903480904576512250915629460.
2. Root Insurance (@rootinsuranceco), "Why Are We Expanding in Columbus–and Not Somewhere Else?", *Twitter*, 21 de maio de 2018, 17:06, https://twitter.com/rootinsuranceco/status/99871667 3980018688.
3. Patrick Carone, "Here's How the Entrepreneur Behind Carvana Got the Idea That's Revolutionizing the Way We Buy Cars", *Entrepreneur*, 20 de fevereiro de 2019, www.entrepreneur.com/article/328646.

CAPÍTULO 8: PRODUTO

1. Eric Berg, "Marketing at Scale", *Okta*, 4 de agosto de 2020, www.okta.com/blog/2010/08/marketing-at-scale/.
2. Mohan Pavithra, "BuzzFeed's Audience Spends Over 100 Million Monthly Hours on BuzzFeed", *Fast Company*, 18 de fevereiro de 2016, www.fastcompany.com/3056667/buzzfeeds-audience-spends-over-100-million-monthly-hours-on-buzzfeed.
3. Gerrit Tierie, "Cornelis Drebbel", *Isis* 20, n. 1 (1933): 285–286, doi: 10.1086/346778.

CAPÍTULO 9: MERCADO

1. Kevin Rose, "Foundation 35: Brian Armstrong", *YouTube*, vídeo, 17 de dezembro de 2013, www.youtube.com/watch?v=ZwG1roO70co.
2. Alexia Tsotsis e John Biggs, "Coinbase's Brian Armstrong", *TechCrunch*, vídeo, 22 de maio de 2013, https://techcrunch.com/video/coinbases-brian-armstrong/.

CAPÍTULO 10: *TIMING* DO MERCADO

1. Paul A. Gompers *et al.*, "How Do Venture Capitalists Make Decisions?", *Journal of Financial Economics* 135, n. 1 (2020): 169–190, doi: 10.1016/j.jfineco.2019.06.011.
2. Pete Flint, "Why Startup Timing Is Everything", *NFX*, acessado em 21 de julho de 2020, www.nfx.com/post/why-startup-timing-is-everything/.
3. Eric Eldon, "Startups Weekly: Plaid's $5.3B Acquisition Is a Textbook Silicon Valley Win", *TechCrunch*, 18 de janeiro de 2020, https://techcrunch.com/2020/01/18/startups-weekly-plaids-5-3b-acquisition-is-a-textbook-silicon-valley-win/.
4. Sterling Price, "Largest Health Insurance Companies of 2020", *ValuePenguin*, 12 de outubro de 2020, www.valuepenguin.com/largest-health-insurance-companies.

CAPÍTULO 11: CONCORRÊNCIA

1. "History", *Warby Parker*, acessado em 28 de julho de 2020, www.warbyparker.com/history.
2. Max Chafkin, "Warby Parker Sees the Future of Retail", *Fast Company*, 17 de fevereiro de 2015, www.fastcompany.com/3041334/warby-parker-sees-the-future-of-retail.
3. Inc. staff, "How We Took on Goliath and Won", *INC*, vídeo, 18 de maio de 2012, www.inc.com/neil-blumenthal/neil-blumenthal-warby-parker-disrupting-an-old-industry.html.
4. Adam Grant, "How to Spot One, How to Be One", entrevista por Shankar Vedantam, *NPR*, 1º de março de 2016, www.wbur.org/npr/468574494/originals-how-to-spot-one-how-to-be-one.
5. Alex Konrad, "Freight Startup Flexport Hits $3.2 Billion Valuation After $1 Billion Investment Led by SoftBank", *Forbes*, 21 de fevereiro de 2019, www.forbes.com/sites/alexkonrad/2019/02/21/flexport-raises-1-billion-softbank/#682793ca5650.
6. Ken Yeung, "Sidecar: 'We Failed Because Uber Is Willing to Win at Any Cost,'" *VentureBeat*, 20 de janeiro de 2016, https://venturebeat.com/2016/01/20/sidecar-we-failed-because-uber-is-willing-to-win-at-any-cost/.

CAPÍTULO 12: O FATOR DEFENSIBILIDADE

1. Barnaby J. Feder, "Prepping Robots to Perform Surgery", *New York Times*, 4 de maio de 2008, www.nytimes.com/2008/05/04/business/04moll.html.
2. Jonathan Shieber, "J&J Spends $3.4 Billion in Cash for Auris Health's Lung Cancer Diagnostics and Surgical Robots", *TechCrunch*, 2019, https://techcrunch.com/2019/02/13/jj-spends-3-4-billion-in-cash-for-auris-healths-lung-cancer-diagnostics-and-surgical-robots/.
3. Peter Thiel, "Competition Is for Losers", *Wall Street Journal*, 12 de setembro de 2014, www.wsj.com/articles/peter-hiel-com petition-is-for-losers-1410535536.
4. Celia Shatzman, "Emily Weiss on Glossier's New Makeup, Why She Launched into the Gloss and Desert Island Beauty Staples", *Forbes*, 14 de março de 2016, www.forbes.com/sites/celiashatzman/2016/03/14/emily-weiss-on-glossiers-new-makeup-why-she-launched-into-the-gloss-desert-island-beauty-staples/#72de97f84b69.

CAPÍTULO 13: CAPITAL DE RISCO *VERSUS BOOTSTRAPPING*

1. Clare O'Conner, "How Sara Blakely of Spanx Turned $5,000 into $1 Billion", *Forbes*, 14 de março de 2012, www.forbes.com/global/2012/0326/billionaires-12-feature-united-states-spanx-sara-blakely-american-booty.html#2b8182537ea0.
2. David A. Laws, "A Company of Legend: The Legacy of Fairchild Semiconductor", *IEEE Annals of the History of Computing* 32, n. 1 (2010): 60–74, doi: 10.1109/mahc.2010.12.
3. "Small Business Investment Act", *U.S. Small Business Administration [Administração de Pequenas Empresas dos EUA]*, março de 2019, www.sba.gov/document/policy-guidance-small-business-act.
4. "Venture Capital in the Blood", *Computer History Museum*, acessado em 30 de julho de 2020, https://computerhistory.org/events/venture-capital-blood/.
5. "USA Asset Management Industry: Growth, Trends, and Forecasts (2019–2024)", *Mordor Intelligence*, 2019, www.mordorintelligence.com/industry-reports/usa-asset-management-industry.
6. National Venture Capital Association [Associação Nacional de Capital de Risco], *2019 Yearbook*, https://nvca.org/wp-content/uploads/2019/08/NVCA-2019-Yearbook.pdf.
7. "The Economic Impact of Venture Capital: Evidence from Public Companies", *Escola de Pós-Graduação em Negócios de Stanford*, 1º de novembro de 2015, www.gsb.stanford.edu/faculty-research/working-papers/economic-impact-venture-capital-evidence-public-companies.
8. Fred Wilson, "The Venture Capital Math Problem", *AVC*, 29 de abril de 2009, https://avc.com/2009/04/the-venture-capital-math-problem/.
9. Georgeta Gheorghe, "The Story of UiPath: How Did It Become Romania's First Unicorn?", *Business Review*, 4 de setembro de 2018, https://business-review.eu/news/the-story-of-uipath-how-it-became-romanias-first-unicorn-164248.
10. Mary Azevedo, "Why the CEOs of These Once Bootstrapped (but Still) Profitable Companies Took VC Money", *Crunchbase News*, 25 de novembro de 2019, https://news.crunchbase.com/news/why-the-ceos-of-these-once-bootstrapped-but-still-profitable-companies-took-vc-money/.

CAPÍTULO 14: BULL MARKET VERSUS BEAR MARKET

1. "R.I.P. Good Times", *Sequoia Capital*, acessado em 28 de julho de 2020, www.sequoiacap.com/article/rip-good-times.
2. Michael Arrington, "Benchmark Capital Advises Startups to Conserve Capital, Look for Opportunities", *TechCrunch*, 9 de outubro de 2008, https://techcrunch.com/2008/10/09/benchmark-capital-advises-startups-to-conserve-capital/.
3. Don Butler, "Pre-Money Valuation" (chart), *Forbes*, 17 de março de 2020, www.forbes.com/sites/donbutler/2020/03/17/this-downturn-will-be-different-what-we-expect-in-a-recessionmarred-by-coronavirus/#201610ad2cd7.
4. Todd McKinnon, "Why I'm Not Crazy", *Scribd*, acessado em 30 de julho de 2020, www.scribd.com/document/440970657/Why-I-m-Not-Crazy-Todd-McKinnon-Okta-002#from_embed.

CAPÍTULO 15: EFICIÊNCIA DE CAPITAL

1. "How Katrina Lake Defied the Investment World to Build $3 Billion Business", Forbes, vídeo, 9 de agosto de 2018, www.youtube.com/watch?v=Ro68PlHeB53.
2. Eric Johnson, "In 10 Years, Every 'Relevant' Company Will Be a Tech Company, Stitch Fix CEO Katrina Lake Says", *Vox*, 24 de julho de 2019, www.vox.com/recode/2019/7/24/20707751/katrina-lake-stitch-fix-retail-fashion-clothing-data-kara-swisher-recode-decode-podcast-intervie3.
3. Stephanie Schomer, "How Stitch Fix CEO Katrina Lake Learned to Embrace Her Power", *Entrepreneur*, 4 de março de 2020, www.entrepreneur.com/article/346304.
4. Matt Wallach, "What Makes Veeva Systems So Successful?", entrevista por Kristine Harjes, *Industry Focus*, podcast, Motley Fool, 22 de março de 2017, www.fool.com/podcasts/industry-focus/2017-03-22-healthcare-interview-with-veeva.

CAPÍTULO 16: ANJOS E ACELERADORAS

1. "Box Is the Unicorn That Mark Cuban Let Get Away", *Pando*, 31 de janeiro de 2014, https://pando.com/2014/01/31/box-is-the-unicorn-that-mark-cuban-let-get-away/.
2. "How I Hustled My Way to Mark Cuban's Inbox", *DraperTV*, vídeo, 7 de março de 2015, www.youtube.com/watch?v=Z4SgDvH4mL0.

3. Robert Wiltbank, "Angel Investors Do Make Money, Data Shows 2.5x Returns Overall", *TechCrunch*, 13 de outubro de 2012, https://techcrunch.com/2012/10/13/angel-investors-make-2-5x-returns-overall/.
4. Laura Huang, Andy Wu, and Min Ju Lee et al., *The American Angel*, Wharton Entrepreneurship and Angel Capital Association, novembro de 2017, www.angelcapitalassociation.org/data/Documents/TAAReport11-30-17.pdf?rev=DB68.

CAPÍTULO 17: INVESTIDORES DE RISCO

1. Kara Swisher, "Q&A with Sequoia's Jim Goetz on Wassssup with the WhatsApp Deal", *Vox*, 20 de fevereiro de 2014, www.vox.com/2014/2/20/11623738/qa-with-sequoias-jim-goetz-on-wassssup-with-the-whatsapp-deal.
2. Katie Roof and Sarah McBride, "Sequoia Capital Warned of a 'Black Swan.' Instead, 2020 Is One of Its Best Years Ever", *Bloomberg*, 6 de dezembro de 2020, www.bloomberg.com/news/articles/2020-12-06/sequoia-capital-s-black-swan-warning-gives-way-to-huge-returns?sref=ipW5reFz.
3. Carl Fritjofsson, "Do VCs Really Add Value? Founders Say Sometimes", *Medium*, 10 de junho de 2018, https://medium.com/hackernoon/do-vcs-really-add-value-founders-say-sometimes-f27bb956eb8c.
4. Paul Gompers, William Gornall, Steven N. Kaplan, and Ilya A. Strebulaev, "How Do Venture Capitalists Make Decisions?", *National Bureau of Economic Research*, 1º de setembro de 2016, www.nber.org/papers/w22587.
5. "How to Raise Money", *Startup School*, vídeo, 21 de outubro de 2014, https://startupclass.samaltman.com/courses/lec09/.
6. Leo Polovets, "Startups Are Risk Bundles", *Codingvc* (blog), 3 de março de 2016, www.codingvc.com/startups-are-risk-bundles/.
7. Sam Altman, "Lecture 9: How to Raise Money (Marc Andreessen, Ron Conway, Parker Conrad)", *How to Start a Startup*, 21 de outubro de 2014, https://startupclass.samaltman.com/courses/lec09/.
8. National Venture Capital Association [Associação Nacional de Capital de Risco], *2020 Yearbook*, https://nvca.org/research/nvca-yearbook/.

CAPÍTULO 18: CAPTAÇÃO DE RECURSOS
1. Libby Kane, "A Struggling Dad Built an App to Buy His Kids Cheaper Pizza–and Now His Company Has 5 Million Downloads and $40 Million", *Business Insider*, 17 de novembro de 2017, www.businessinsider.com/honey-app-ryan-hudson-2017-10.
2. Sarah Lacy, "An Unbelievable Journey: Interview with Brian Chesky: Founder Story", *Startups.com*, 2 de janeiro de 2017, www.startups.com/library/founder-stories/brian-chesky.
3. Lacy, "An Unbelievable Journey."
4. Kate Clark, "Peloton's Founder Had a Hard Time Raising VC– Now His Company Is Worth $4.1B", *PitchBook*, 3 de agosto de 2018, https://pitchbook.com/news/articles/the-founder-of-peloton-had-ahard-time-raising-vcand-now-his-companys-worth-4b.
5. "To Be Funded or Not to Be Funded with Medallia", *SaaStr*, vídeo, 18 de abril de 2018, www.saastr.com/funded- not-funded-medallia-video-transcript/.
6. Startup Grind, "Rebecca Kaden (Union Square Ventures)", *YouTube*, vídeo, 22 de junho de 2018, www.youtube.com/watch?v=PYNpwKYasCw.